编委会

顾　问:柯佳敏　　况明安
　　　　李文华　　王桂林

主　编:郑　瑜

副主编:侯　玲　　吴　涯
　　　　陈春梅　　涂华勋
　　　　靳万强

思想政治教师专业技能训练

SIXIANG ZHENGZHI JIAOSHI ZHUANYE JINENG XUNLIAN

主编 郑瑜

重庆大学出版社

图书在版编目(CIP)数据

思想政治教师专业技能训练/郑瑜主编.—重庆：
重庆大学出版社,2012.12
（教师素质教育系列丛书）
ISBN 978-7-5624-7167-7

Ⅰ.①思…　Ⅱ.①郑…　Ⅲ.①思想政治教育—教学研
究—高等学校　Ⅳ.①G641

中国版本图书馆 CIP 数据核字(2013)第 000366 号

思想政治教师专业技能训练

主编　郑　瑜

策划编辑:唐启秀

责任编辑:李桂英　夏　宇　　版式设计:唐启秀
责任校对:刘　真　　　　　　责任印制:赵　晟

*

重庆大学出版社出版发行
出版人:邓晓益
社址:重庆市沙坪坝区大学城西路 21 号
邮编:401331
电话:(023) 88617190　88617185(中小学)
传真:(023) 88617186　88617166
网址:http://www.cqup.com.cn
邮箱:fxk@ cqup.com.cn（营销中心）
全国新华书店经销
POD:重庆新生代彩印技术有限公司

*

开本:787mm×1092mm　1/16　印张:14.5　字数:284 千
2012 年 12 月第 1 版　　2012 年 12 月第 1 次印刷
ISBN 978-7-5624-7167-7　定价:29.00 元

序 言

新一轮基础教育课程改革("新课改")的目的就是要在 21 世纪构建起符合素质教育要求的基础教育课程体系。"思想政治课"是"新课改"中一个比较特殊的领域,因为他是关于教育者(教师和学生)自身的教育。这就为我国高等教育中的思想政治教育专业的培养方案提出了新的要求。

本著作集中关注高校思想政治教育专业学生的技能培养,是对"新课改"要求的具体回应。结合"新课改"和高校思想政治教育专业的自身特征,著作在明确高校思想政治教育专业学生技能培养的总体目标的基础上,进一步探索并践行了技能培养的具体内容、详细步骤、方式方法、效果评估等一系列环节。用多年积累的实践教学案例分别对重点技能、核心技能、专项技能训练进行示范,增强了技能培养的专业性和可操作性。这体现了该著作的特色。

著作由长期从事思想政治教育专业的高校教师、研究人员、中学教师共同完成。它既是作者辛勤从事相关(省级、校级)教改课题研究的丰硕成果,也是高校思想政治教育专业学生技能培训过程的经验总结。

我相信,该著作的出版将对高校思想政治教育专业人才培养起到积极作用,也期望在此基础上涌现出更多、更好的思想政治教育专业技能培养的研究成果。

李文华

2012 年 11 月 9 日于重庆师范大学政治学院

前　言

　　"每一位受着感情的驱策,想要从事学术的人,必须认识到他面前的任务的两重性。他不但必须具备学者的资格,还得是一名合格的教师,两者并不完全是相同的事情。一个人可以是一名杰出的学者,同时却是个糟糕透顶的老师"。① 2012 年《中学教师专业标准(试行)》颁布,合格中学教师的标准渐现明朗。当新的教育教学理念、专业知识水平差不多的情况下,一个具有较强教育教学技能的教师无疑将会是受学校、学生、家长欢迎的教师。

　　思想政治(品德)课程改革从课程理念、标准、课程内容都发生了很大的变化,一改以往的知识本位教育理念;课程以学生不断扩展的生活为内容构建的基础,伴随学生成长而成长;认知性学习退到后台,情意引导走到前台。这样的变化不仅要求思想政治教师转变教育理念,还需要教师具有较高的教育教学技能才能适应新课程发展的需要。

　　本书结合课程改革对新教师的要求,形成了思想政治教师的专业技能内容和训练方式方法。特点如下:

　　第一,关注教师技能的重点。教师基本技能很多,常见的就有导入技能、讲解技能、语言技能、板书技能、演示技能、提问技能、变化技能、反馈强化技能、组织技能和结束技能等。本书着重关注思想政治教师两个方面的技能,即课堂教学技能和教研技能。课堂教学技能中着重关注教学口语技能、板书技能、导入技能、提问技能和结语技能等;教材分析技能,教研、信息检索技能既为课堂教学技能服务,又是教师教研能力中的重要技能,是教师课堂教学能力与教研能力沟通的桥梁。

　　第二,教师技能要领领会、训练同案例结合。教师教学技能训练通常采用案例教学法,借助案例的分析,技能要领凸显更清楚;借助案例展示,便于学生在模仿中体会技能运用的效果。本书的各项教师技能要领和训练都有来自研究者和教学一线的众多案例做支撑,并且为技能训练提供了各种素材。

　　第三,教师技能训练步骤详细,便于操作。本书中的各项教学技能训练都从内容、步骤、方法等方面进行详细说明,操作性强,有利于直接指导师范生的教师技能训练。

　　本书可以作为思想政治教育专业教师技能训练的教材,也可以作为中学思想政治教师职后培训与提高的教材,还可以作为思想政治教育专业硕士研究生的参

---

① 马克斯·韦伯.学术与政治[M].冯克利,译.北京:三联书店,1998:21.

考读物。

　　本书的大纲、体例由郑瑜设计,各章的具体编写者如下:导论、第二章、第四章:郑瑜;第一章:陈春梅;第三章:吴涯;第五章:靳万强;第六章、第七章:涂华勋;第八章、第九章:侯玲。全书由郑瑜统稿定稿。

　　重庆师范大学教务处、政治学院对本书的编写给予了大力支持;在编写过程中,我们还参考了大量书籍,吸收了许多相关研究成果;重庆大学出版社的唐启秀老师为本书的出版付出了大量的心血。在此,我们表示衷心的感谢。

　　由于编写时间仓促,加之编者的水平所限,书中难免有遗漏或不当之处,恳请各位专家和读者批评指正。

郑　瑜

2012 年 11 月 8 日于重庆师范大学

目　录

导　论

振兴民族的希望在教育,振兴教育的希望在教师。

基础教育改革如火如荼地进行,教师已经成为今天基础教育改革的关注点。目前,新课程教师一方面通过各级培训,促使现任教师转变教育教学理念,提升教师素质和能力;另一方面则通过规范高等学校教师教育的培养,让合格的新教师毕业,直接接轨新课程。

一、当前师范生教师技能培训中存在的问题

当前,在高等院校师范专业教师培养中,关注新课程、关注教育教学实践,已较之以往有了很大的改善,师范生教师素质培养也不只是关注专业理论知识和教育教学理论知识,还关注了教师教学技能的训练。但是,在教师教学技能的培养中,还表现出如下问题:

一是技能培养的泛化。师范生技能训练的专项性不够,常常表现为用备课、讲课、说课、评课等综合性技能训练取代教师专项技能训练,有的甚至简单地将撰写教案、试讲等同于教师技能训练;同时,在技能训练过程中,步骤、流程不清,使得技能训练效果难以提升。

二是基本技能培养中学科性不够。例如,教学口语技能、教学板书技能很少与相关学科结合进行技能训练。近年来,一些研究者在研究中注意教学技能与学科的结合,努力实现其针对性。

三是技能培养的功利化。师范生教师技能训练内容主要围绕就业应聘内容来进行,缺乏教师技能训练规律性的讲究和整体规划。

高等学校师范专业教师技能培养从标准到实施都应该与新课程要求合拍,这样才符合师范教育的办学性质。

二、思想政治(品德)课程的突出特点

思想政治(品德)新课程最大的特点就是生活化。在课程理念上,思想政治(品德)课程要求以学生的生活为课程构建的基础;在课程内容中,从"我上中学了""男生·女生""在责任中成长""消费心理面面观""投资理财的选择""当代中

国人的政治生活"我们总要参与我们总会参与""文化对人的影响""生活处处有哲学"等内容可以看到思想政治(品德)课程贴近学生学习与成长的生活;从课程涉及的相关理论学习来看,其出发点和最终归宿都是服务于学生的学习与成长的。

思想政治(品德)新课程另一个值得关注的特点就是课程凸显情意目标。课程标准明确展示的课程性质说明,初中思想品德课程旨在促进初中学生思想品德健康发展;高中思想政治课则要引导学生初步形成正确的世界观、人生观、价值观,并为终身发展奠定思想政治素质基础。虽然两阶段课程教学中也存在知识目标、能力目标的实现,但是两阶段课程首要的目标则是情感、态度、价值观目标。

三、中学思想政治新课程教师的突出特征

基于以上分析,如果给思想政治教师画个像,有两个突出的特征:

第一,思想政治教师是研究型教师。研究学生的思想特点、学习特点、人际交往特点、社会化特点与把握时代特征、透辟分析社会热点难点等是教师教学的基础,是教师分析教材、开发课程资源的主要方向和内容;同时,研究型教师还要具有促使自己在实践中发展自己的能力,即不断在实践中反思,自觉提升教育教学素养和能力,实现自己的专业发展。

第二,思想政治教师与学生之间民主平等。课堂教学中,思想政治教师尊重学生,课堂是教师与学生对话交流的场所,教师要在分析研究学生的基础上,结合学生实际引导学生的身心成长并树立正确的世界观、人生观和价值观,引导学生情、意、行积极健康发展。没有师生之间的民主平等,思想政治教师教学的情意目标难以实现。

思想政治新课程教师要实现以上要求,这个"新"字还真不能忽略。

四、内容体系构建的逻辑思路

思想政治教师专业技能培养与训练,在技能内容和技能训练方式的设计上有如下思考:

(1)思想政治教师专业技能既体现新课程新教师属性,也体现思想政治学科性。在内容构建上设计了教师教学口语技能、教学板书技能和课堂教学中导入、提问、结语核心技能,以提升思想政治教师教学综合技能;教师说课技能、评课技能、教研技能和信息检索技能提升思想政治教师教育教学研究能力。同时,每一项技能要求和训练要领都紧密结合思想政治(品德)课程教育教学实际。

(2)思想政治教师专业技能训练体现整体性与步骤性相结合。遵循技能训练的长期性原则,要求师范生教师技能训练从进校就开始,整个专业从整体上规划教师技能长期训练的内容和计划;学生在教师指导下结合自己的实际情况,规划个人

教师技能训练计划,体现整体性。同时,每一项技能训练根据技能形成规律,设计详细的训练流程。整个训练是有计划、有步骤的,借助训练的步骤性,保证训练的整体效果。

(3)思想政治教师专业技能训练体现综合性与专项性相结合。思想政治教师技能通常是通过教学、教研活动综合展现,但是教师技能的训练则要在专项与综合结合中下工夫,才能最终提升和展现综合技能水平。例如,教师教学口语技能、教学板书技能、导入技能、提问技能、结语技能等专项技能的训练有独立、详细的训练方式和步骤,但是,最终还要从课堂教学综合技能角度训练其灵活运用能力和教育的艺术性。所以,专项技能训练以提升综合技能为目标,综合技能训练要落脚在专项技能的基本功上。

(4)思想政治教师技能训练体现模拟教学环境与真实教学环境相结合。当前,师范生教师技能训练加强了校内模拟教学环境的训练,这改变了过去技能训练只是依赖教育实习环节的现象,但是,也不能因此而忽略教育实习环节对技能训练的重要性。

表1　大学技能训练与教育实习技能训练之比较

项　目	环　境	内　容	目　的	方　式
大学技能训练	大学模拟教学环境(微格实验室等)	专项与综合技能相结合	训练—检验—训练	个人与小组结合
教育实习	中学真实教学环境	综合技能	试金石(检验)、磨刀石(训练);训练—检验—训练	个人与小组结合

两相比较可以从不同之处看出(表1),正是由于教育实习面对的是真实教育环境,所以教师技能训练不可能从专项做起,只能面对综合的课堂教学技能进行综合技能的训练。同时,也由于大学技能训练面对的是微格实验室等模拟教学环境,所以技能训练的实际效果具有或然性,使得不管是专项技能训练还是综合技能训练都会有折扣。因此,大学校内技能训练要与中学真实教学环境技能训练两相结合,在真实环境的综合技能检验中看到不足,从专项入手,提升综合技能;模拟环境的技能训练要以对真实环境状况的了解为基础,促使模拟环境的技能训练更加有效。

第一章　思想政治教师技能概述

学习目标

1. 明了思想政治教师专业技能的内容。
2. 理解思想政治教育专业技能成长规划的要求。
3. 掌握思想政治教育专业技能训练的基本内容和方法。

教师的心灵感染着学生的心灵,教师的品格熏陶着学生的品格,教师的能力影响着学生的能力,简言之,教师的素养决定着学生的素养,教师的今天,预见着学生乃至国家的明天。在众多教师素养要求中,专业技能是最基础的能力表现,也是成为一名合格专业教师最基本的要求。

第一节　思想政治教师素养、能力和技能

思想政治教育专业是我国主要为培养中学思想政治教师而开设的专业。该专业主要培养具有掌握马克思主义、毛泽东思想、邓小平理论和思想政治教育专业的基本理论和基本知识,接受过思想政治教育专业技能与方法的基本训练,并掌握从事思想政治教育工作的基本能力,最终形成具有思想政治教师素养的学生。

一、素养与能力、技能的关系

国内外关于人的素养、能力、技能的研究成果比较多,不同的学者对它们的阐释也会有所不同。但在日常生活中,人们对于这三个概念的认识还是比较模糊,甚至有时还会出现混淆的情况。

（一）素养的概念与构成

在我国现代汉语词典中对"素养"的解释是"平日的修养",随着心理学和教育学在素养方面的深入研究,对它的概念阐释也在不断完善。

1. 素养的概念

从心理学的角度看,所谓素养指的是以人的先天禀赋为基础,在环境和教育的影响下形成和发展起来的相对稳定的身心组织的要素、结构及其质量水平。从教

育学的角度看,素养是指人在先天禀赋的基础上(如感觉器官和神经系统方面的特征),通过教育和社会实践活动发展而来的人的主体性品质,如人的智慧、道德、品格、能力的系统整合。①"素养"具有以下特征:

(1)它是指人的身心组织结构整体的要素、特点或属性,具有整体性。

(2)它是自然遗传与社会文化交互作用的产物。

(3)它是人的内在特性在人的行为、人的社会实践中形成、发展并表现出来。但人的行为本身并非人的素质,而只是素质的外在表现。

(4)它具有相对稳定性,既非未经内化的、偶然发生的东西,也非凝固不变的东西。它的形成,是人的身心潜能的开发、加工、塑造,是社会文化素质在身心结构的积淀,并呈现于独特的个性心理品质和人格模式。

2.素养的构成

关于素养的构成,国内外的诸多观点大体可归纳为以下两大类。

(1)多元结构论。多元结构论的观点主要认为人的素养是由多维度的素养共同构成的。不同的学者基于不同的研究领域或需要,会总结出不同的素养构成的观点。从获得的情况来看,可以分为先天的、发展中形成的和习得的三大类;从发展水平来看,可以分为自然生理素质、心理素质和社会文化素质三个层次;从教育的组成部分看,可以分为思想道德素养、科学文化素质、身体素质、审美素质、劳动技术素质;从职业发展来看,可以分为人文素养、职业素养、情商。

(2)素质冰山模型论。该理论是由美国著名心理学家麦克利兰于1973年提出的,所谓"冰山模型",就是将人员个体素质的不同表现形式划分为表面的"冰山以上部分"和深藏的"冰山以下部分"。其中,"冰山以上部分"包括基本知识、基本技能,是外在表现,是容易了解与测量的部分,相对而言也比较容易通过培训来改变和发展。而"冰山以下部分"包括社会角色、自我形象、特质和动机,是人内在的、难以测量的部分。它们不太容易通过外界的影响而得到改变,但却对人员的行为与表现起着关键性的作用(图1.1)。

图 1.1　素质体系的冰山模型

① 彭隆辉,孙继儒.中学思想政治课教学与改革新论[M].武汉:武汉大学出版社,2003:4.

素质冰山模型理论目前在人力资源管理中被广泛运用,根据此理论设计出具体岗位的胜任力模型,不仅为人才招聘时提供了人员素质参考,还为绩效考核提供了考核指标。

(二)能力与技能的概念与构成

在日常生活中,能力与技能的概念最容易被混淆,有关两者的研究主要来自心理学领域。

1. 能力的概念与构成

能力是顺利实现并完成某项活动所必需且直接影响活动效率的一种个性心理特征。能力在英文中通常用 ability 和 capacity 来表示,两个单词意义相近但并不完全相同。ability 是指人完成某项任务或活动现有的成就水平,即现在已具备的知识和能力,代表着现有的能力,即个体在先天遗传的基础上经过自身努力学习而在行动上所表现出来的实际能力,国外心理学家称之为成就;而 capacity 则是指容纳、接受或保留事物的可能潜力,它是指个体将来可能在行为上表现出来的能力,国外心理学家称之为性向。性向可分为两类:一类是普通性向(即普通能力),指一般性的潜能,具有此潜能者,将来有机会学习和锻炼,可能成为一名通才;另一类是特殊性向(即特殊能力),指某一方面的特殊潜能,这类人如有机会学习锻炼,可能成为某方面的专门人才。因此,能力就包含着以上两层含义,同时也就包含了两方面的内容。①

有关能力的构成理论有很多,如因素构成理论(二因素说、群因素说),三位结构理论(内容、操作和产品),层次结构理论(一般因素、大因素群、小因素群、特殊因素),三元智力理论(成分性智力、经验型智力、情境性智力),多元智能理论(语言智能、音乐智能、逻辑数学智能、空间智能、肢体动觉智能、内省智能、人际智能和自然观察智能),每种理论在不同领域均有其应用价值。

2. 技能的概念与构成

技能是通过学习而形成的合法则的活动方式。英文通常用 skill 来表示。基本特征是它是通过学习或练习形成的,不同于本能行为;它是一种活动方式,区别于程序性知识,它属于动作经验,不同于认知经验的知识;它是合法则的活动方式,区别于一般的随意行为。

研究表明,合法则的熟练技能具有以下五个基本特征:一是流畅性,即各动作成分以整合的、互不干扰的方式和顺序运作;二是迅速性,即快速地作出准确的反应。对专家与新手的研究发现,专家可以快速地处理大量信息;三是经济性,完成某种活动所需的生理与心理能力较小;四是同时性,即熟练的活动的各种成分可以同时被执行或者可以同时进行两个无关的活动;五是适应性,即能够适应各种变化

---

① 冯鸿滔.心理学教程[M].北京:中国人民大学出版社,2012:182.

条件,显示其活动的稳定性与灵活。

基于不同的分类标准,对技能的分类也会有所不同,目前,比较倾向于将技能分为操作技能和心智技能两种。

(1)操作技能(operative skill),又叫运动技能、动作技能,是通过学习而形成的合法则的操作活动方式。如日常生活中的写字、打字、绘画,音乐方面的吹、拉、弹、唱,体育方面的跑步、打球、游泳,生产劳动方面的车、铣、刨、磨等活动方式,都属于操作技能的范畴。操作技能除了技能的一般特点外,还具有心智技能不同的其他特点。首先就动作的对象而言,操作活动的对象是物质性客体或肌肉,具有客观性;其次,就动作的进行而言,操作技能的执行是通过外部显现的肌体运动实现的,具有外显性;最后,就动作的结构而言,操作活动的每个动作必须切实执行,不能合并、省略,在结构上具有展开性。

(2)心智技能(intellectual skill),也称智力技能、认知技能,是通过学习而形成的合法则的心智活动方式。阅读技能、写作技能、运算技能、解题技能等都是常见的心智技能。它与操作技能相比,也有三个特点。首先,动作对象的观念性。它的活动对象是客观事物在人脑中的主观映像,是客观事物的主观表征,是知识和信息。其次,动作执行的内潜性。由于心智活动是对观念性对象进行的加工改造,心智动作的执行是在头脑内部进行,具有内潜性。最后是动作结构的简缩性。由于心智活动动作是借助内部言语这一工具进行,这就决定了心智动作不必将每个动作实际作出或一一说出,鉴于内部言语是不完全的、片段的,因而心智动作成分可以合并、省略及简化,具有简缩性。①

在现实生活中,两种技能同时运用的情况较多,比如教育活动中,既有操作技能方面的讲话,又涉及心智技能中有关讲话内容的选择。

除了这种分类法,还有一般或通用技能和特殊技能的分类法,不同的职业、岗位都需要拥有特有的技能。

(三)素养、能力、技能三者之间的关系

通过以上对素养、能力、技能三者的分析,三者之间的关系也清楚呈现。

素养是指人的身心组织结构整体的要素、特点或属性,具有整体性;能力是影响活动效率的一种个性心理特征;技能则是一种活动方式,具有外显性。

三者关系密切。第一,素养包含着能力和技能,能力和技能的增强提升着素养水平;第二,能力和技能都是素质的具体表现,素质的高低决定着能力和技能的强弱;第三,能力是影响技能的个性心理因素,技能的高低可以反映出某些能力的强弱;第四,技能不仅是能力和素质的外在表现,同时它的形成与运用,又提升着能力和素质。

———————————

① 冯忠良,伍新春,等.教育心理学[M].北京:人民教育出版社,2010:399-402.

二、教师素养

素养既可以指个体素养,也可以指群体素养,每一个职业群体都有其特殊的职业素养,教师也不例外。职业素养指人们在从事某一职业时,这一职业群体所必须具备的共同的素质和修养,具体是指职业内在的规范和要求,是在职业过程中表现出来的综合品质。有学者认为它应该包含职业道德、职业技能、职业行为、职业作风和职业意识等方面的内容,还有学者认为职业素养应该包括职业道德、职业技能(至少包括一般技能和专业技能)、职业心理素质三大方面。

作为教师职业,由于所处学段的不同,例如,幼儿园、小学、初中、高中、大学,教师也会因为其教学对象的不同,其具体的职业素养也会有所差别,不同学科的教师更是会在学科知识和专业技能方面有所差别,这些因素共同影响着教师职业素养的构成(以下简称"教师素养")。

(一)教师素养的概念与构成

教师素养是教师在教育教学过程中表现出来的决定教育教学效果,对学生身心发展有直接或潜在影响的品质的总和。[①]

就其应包括的内容来讲,不同的学者因其强调的侧重点不同,便产生了许多素养构成的观点,如汪贤文在他编著的《教师教育概论》一书中提出的教师十大素质有:正确的政治思想素质、优良的职业道德素质、过硬的教育教学素质、扎实的科学文化素质、较强的科研创新素质、先进的教育理念素质、健康的身心素质、审美素质、团结协作素质、人际交往素质;张仁贤在他主编的《教师十大素养》的系列丛书中提出教师的十大素养有:人文素养、科学素养、艺术素养、技术素养、礼仪素养、专业素养、心理素养、道德素养、法律素养、理论素养;还有赵希斌在他编著的《优秀教师四大核心素质》一书中提出教师的四大核心素质是:正确的教育价值观、良好的个人素质、深厚的专业素养、高效的教学能力;熊川武先生在他编写的《教学通论》一书中提到他所理解的教师素养应该从教授道德、教授感情与教授智慧三方面展开,即"志教(志在教学)""乐教(热爱教学)"与"会教(善于教学)"。

由于没有明确的划分标准,不同的学者可根据自己的理解衍生出许多不同的观点,不便学习者全面了解和把握,因此,近年来国内外出现了许多专门研究教师素养结构方面的成果,具体成果内容参见表1.1。

---

① 王鼎宏.新课程高中教师手册·政治[M].南京:南京大学出版社,2012:259.

表1.1　教师素养结构研究成果表①

叶澜	专业理念,知识结构,能力结构
艾伦	学科知识,行为技能,人格技能
林瑞钦	所教学科的知识,教育专业知能,教育专业精神
饶见维	教师通用知能,学科知能,教育专业知能,教育专业精神
姚志章	认知系统,情意系统,操作系统
唐松林	认知结构,专业精神,教育能力

依据素质冰山模型理论提出素质的构成包括动机、品格、价值观、能力与知识、行为等方面的内容,在众多学者的观点中,熊川武先生围绕教授道德、教授感情与教授智慧三方面提出的"志教(志在教学)""乐教(热爱教学)"与"会教(善于教学)"的教师素养构成还比较便于学习者理解和把握。乐教(热爱教学)属于动机层面,是最基本的动力源泉,志教(志在教学)属于价值观层面,是最重要的方向性问题,会教(善于教学)包括品格、能力、知识、行为等层面,是根本的实力问题。其实,大多数学者的观点都涉及了这三个层面,只是不如熊川武先生这般直接、形象和简单地归纳出作为教师特有的素质要求(表1.2)。

表1.2　教师素养结构研究成果比照图

学者姓名	职业价值观	职业情感	职业能力
叶澜	专业理念		知识结构、能力结构
艾伦			学科知识、行为技能、人格技能
林瑞钦	教育专业精神		所教学科的知识、教育专业知能
饶见维	教育专业精神		教师通用知能、学科知识、教育专业知能
姚志章	情意系统		认知系统、操作系统
唐松林	专业精神		认知结构、教育能力
熊川武	志在教学	热爱教学	善于教学

正所谓"因为有爱,所以才会坚持;因为有爱,所以才会有积极的心态和优秀的品质;因为有爱,所以才会树立正确的教育观念并实施正确的教育行为;因为有爱,所以才会不断提升自己的教育、教学的知识和技能","志教、乐教、会教"三项素养所包含的具体内容几乎涵盖了素质冰山模型中所有的素质要求。

---

① 教育部师范教育司.教师专业化的理论与实践[M].北京:人民教育出版社,2003:54.

（二）教师素养发展的层次

有学者认为:教师的专业素养从理论上分析可划分为三个层次(图1.2):基础层次为取得教师资格所要求的素养,表现为具备一定的教育理论,具备一定的综合文化及某学科专业素质和教学技能;中间层次为熟练地进行教育教学所需要的素养,表现为具有较新的教育理念,广博的专业知识和现代教育理论知识,具备良好的心理素质和现代教育能力;高层次的专业素养则集中表现为由各种教育能力生成的丰富的教育智慧。[①]教师素养发展的层次理论为其职业生涯规划发展方向提供了理论依据。

图1.2   教师职业素养发展层次图

从教师现实成长和考核的过程来看,教师职业素养发展有五个层次,根据我国在2011年8月31日召开的国务院常务会议关于扩大中小学教师职称制度改革试点的决定,全国的中小学教师的职称评定为"正高级教师、高级教师、一级教师、二级教师、三级教师"五个层次,其中正高级、高级属于高级层次,一级属于中级层次,二级、三级教师属于基础层次。各个层次的职称评定条件为中学教师的职业发展提供了方向和具体要求。

（三）中学教师素养、能力和技能要求

中学教师是基础教育的中坚力量,其教师素养、能力和技能状况如何,直接关系着基础教育的水平和质量。在新课程改革推进下,教师专业化是教师发展的要求,为促进中学教师专业发展,建设高素质中学教师队伍,根据《中华人民共和国教师法》和《中华人民共和国义务教育法》,教育部特在2012年制定了《中学教师专业标准(试行)》(见本章附录),它是国家对合格中学教师的基本专业要求,是中学教师开展教育教学活动的基本规范,是引领中学教师专业发展的基本准则,是中学教师培养、准入、培训、考核等工作的重要依据。在中学教师标准中,明确提出中学教师发展的基本理念和内容,现结合熊川武先生的分类法,将中学教师职业素养大致归纳如下(表1.3):

---

① 杜萍.生成教学智慧 迎战变化的课堂[N].中国教育报,2006-05-20;3.

表 1.3　中学教师素养、能力、技能表

	职业情感	职业价值观	职业能力
	热爱教学	志在教学	善于教学
中学教师素养	1. 热爱中学教育事业 2. 关爱中学生	1. 践行社会主义核心价值观 2. 以学生为本 3. 育人为本,德育为先 4. 尊重教育规律和学生身心规律,因材施教	1. 专业知识(教育学、心理学知识、学科知识、学科教学知识、通识知识) 2. 专业技能(教学、教育相关技能) 3. 个人修为 4. 信息收集与处理能力 5. 教育科学研究能力

三、思想政治教师素养、能力和技能

因教育对象、教授学科不同,教师素养也会有所区别,中学思想政治教师素养、能力、技能的形成与发展自然也会有其特有的内容,全面了解思想政治教师素养、能力和技能是开始着手训练的第一步。

(一)影响思想政治教师素养、能力、技能形成与发展的因素

思想政治教师素养、能力、技能的内容绝非一成不变,它会随着社会发展的需要、学生成长规律的要求以及因此而引发的课程改革等综合因素的影响而发生相应的变化。

1. 社会发展的需要

由于我国将长期处于社会主义初级阶段,随着改革开放以来,我国的社会经济成分、组织形式、就业方式、利益关系和分配方式日益多样化,人们思想活动的独立性、选择性、多变性和差异性都是前所未有的,国际国内形势也在发生着深刻的变化,中国特色社会主义理论与实践也在不断地探索和完善之中。简言之,我国经济、政治、文化、社会发展的内在需要必然影响着中学思想政治教师的素养、能力和技能的形成与发展。

2. 学生成长规律的要求

思想政治教育可以从不同方面和不同程度上引导中学生的健康发展,中学生会在政治教师指导下,逐步形成正确的社会发展观念、市场经济观念、民主法制观念、劳动观念、国家观念、道德观念等,这对他们将来走入社会将终身受益。不同时期的中学生,其人生观、价值观都会呈现出不同的特征,如何更好地引导中学生健康地发展,是学生个体全面发展对思想政治教师素养、能力、技能提出的要求。

3.课程改革的影响

面对社会的发展,学生发展的需求变化,必然引发思想政治课程的变革,课程改革是影响着思想政治教师素养、能力、技能形成与发展最直接的因素。初中思想品德新课程标准(2011年修订版)要求初中阶段的思想品德课程主要围绕"成长中的我,我与他人、我与集体、国家和社会"等关系,对学生进行道德、心理健康、法律和国情的教育,这必然要求思想政治教师在中国传统文化、伦理学、心理学、法学以及国情、时政等方面应具备相应的知识和能力。2004年颁布的《普通高中思想政治课程标准(实验)》则要求通过"经济生活、政治生活、文化生活、生活与哲学"四个模块的学习,让学生学会运用马克思主义的基本观点和方法,与时俱进地观察问题、分析问题、解决问题;具备即将成人的青年在现代社会中生活应有的自主、自立、自强的能力和态度;具有爱国主义、集体主义和社会主义思想,初步形成正确的世界观、人生观和价值观,这必然要求思想政治教师要涉及哲学、政治学、经济学、社会学、伦理学等学科专业基础知识和分析问题的能力。为了更好地实现学生在能力、情感、态度价值观的教学目标,思想政治教师在教学、教育技能方面的培养和提升更是不可避免的。

(二)思想政治教师素养与能力的主要特点

正是因为思想政治教师肩负着与其他学科完全不同的教学任务,育人功能,所以,思想政治教师的素养和能力方面才会呈现出与众不同的特点。

在职业感情方面,思想政治教师除了要热爱教师职业、关爱自己的学生外,还特别需要一颗赤诚的爱国之心。

在职业价值观方面,思想政治教师特别强调其坚定的政治理想信念,坚持党的基本路线,坚持四项基本原则,自觉维护党和国家的各项方针政策;把握时代脉搏,用"中国特色社会主义"理论武装自己的头脑,树立正确的人生观、价值观,拥有优良的道德品质是思想政治教师最重要的素养要求之一。

在职业能力方面,除了广博的文化基础知识(哲学知识类、自然科学类、人文类、技术方法类、艺术类、综合类)精深的专业知识(马克思主义理论、中国特色社会主义理论、西方经济学、哲学史、政治学、伦理学、中国传统文化、中西方文化比较、数学功底、物理学、生物学等自然科学知识等)和教育科学知识(教育学、心理学等知识)以及实践性知识(源于过去的教学经历,存在于教师当前的教学活动中,并预示着教师未来可能的教育活动)之外,还特别需要关注时事政治;个人修养则特别强调优良的品格,仁爱之心,因为言传身教比照本宣科的影响力更为有效,除此之外还需要很强的思辨能力、高度的政治鉴别力和敏锐力,善于透过现象看到本质的能力;等等。这些都是思想政治教师特殊且非常重要的职业能力。

(三)思想政治教师专业技能的内容

教师专业技能是属于教师职业特有的技能,必须经过系统的学习和训练才有可能掌握,各个学科的教师都需要掌握的专业技能大致上相同,主要侧重于教学、教育、教研三大方面。周静在她编著的《教师专业技能:走向专家型教师》一书中比较系统地介绍了在教学能力方面需要掌握的技能:教学方法的选择、课堂教学设计的能力、课堂组织与管理的技能、课堂的演示技能、巩固教学成果的技能、传授学习技能、教学语言技能;在教育能力方面需要掌握的技能有:如何管理学生、激励学生的技能、沟通与合作的技能、学生不良行为矫正及处罚的运用,特殊事件防范与班主任工作等。

不同学科,训练的侧重点会有所不同。例如语文老师在教学语言技能训练时,准确的发言,朗读的技巧等比其他学科的教师要求要高,思想政治教师在教学语言技能训练时,则更强调概念表述的准确性、逻辑性等。本教材从新课程研究型教师培养出发,着重针对教师的课堂教学能力和教学研究能力的提高,重点对思想政治教师技能中的教师教学口语技能、教师教学板书技能、教材分析技能、课堂教学的导入提问和结语技能、说课技能、评课技能、教研技能、信息检索技能等进行训练,促进师范生教师素养、能力、技能全面提升。

(四)思想政治教师专业技能成长的意义

1. 它是思想政治教师素养最基本的范畴

思想政治教师技能是职业能力的重要体现,要想成为一名合格,甚至更优秀的思想政治教师,教师的职业情感、职业价值观、职业能力三大素养必不可缺,善于教学的职业能力则是教师素养最直接的表现,所以,思想政治教师技能是教师素养最基本的范畴。提升素养,必先从提升技能开始。

2. 它可以促进教师素养、能力的发展

具备良好的教师技能不但可以更好地展现个人素养和能力,更重要的是它还可以更好地促进思想政治教师素养和能力的进一步发展和提升。技能提升了,素养、能力也同时提升了。

对于教师技能的学习和掌握仅仅是丰富的教师素养中最基本的要求,所有技能训练的背后都必须有教育情感的支撑,正确价值观的引导和广博而深厚的知识底蕴,因为有了它们,教学才有可能更有价值,而非照本宣科;因为有了它们,技能才有可能变得有生命,而非机械的运动。了解了职业技能的基本内涵后,技能的训练便可以正式开始啦!

第二节　专业技能成长规划与训练

技能是通过学习或练习而形成的合法则的活动方式,思想政治教育专业技能也不例外。在成长过程中,把握好技能的特点、训练时机、训练技巧、做好成长规划,对每一位思想政治教育专业的师范生而言都有着重要的意义。

一、思想政治教师专业技能成长特点

如前所述,技能是通过学习或练习而形成的,这是技能最基本的特征,如要掌握熟练的技能,达到流畅性、迅速性、经济性、同时性、适应性的程度,坚持长期的实践训练是成长的唯一途径,这是由技能成长特点所决定的。

（一）实践性

因为技能是一种实践经验活动,而非单纯的经验知识。例如在本教材中要训练的所有技能都需要在"做"中形成或提升,如教师语言技能,必须要多听标准的表达,知道合法则的表达方式,自己还要多说,可以检视并纠正不合法则的表达方式,也许我们知道很多教师语言表达的技巧知识,也知道很多教学技能的技巧知识,但不在实践中去运用和练习,这些经验知识都无法转化成相应的技能。

（二）合法则

技能的合法则性指它是区别于本能和随意的活动方式。所以,在训练技能之前,学习相应的合法则的经验知识是必要的。例如掌握粉笔字的书写技巧可以提升技能训练的效率;掌握板书的构成和书写要求,有助于形成规范板书的技能;掌握教学的各个环节的具体要求,有助于形成教学各个环节的技能。

（三）针对性

不同学科的技能会有所差别,思想政治教师的语言、教学技能等方面的训练都必须针对其学科知识的特点进行专门的训练。作为思想政治教师语言表达技能,就特别强调在专业知识中许多概念的准确表达,减少口误,提升表达的严谨性;尤其在教学技能成长的方面,更是需要与初中、高中的思想政治课程内容紧密联系起来训练。除了训练的内容有针对性外,训练的对象也有针对性,即针对不同层次、不同水平的师范生,训练重点也不同。

（四）长期性

由于技能的形成需要一个过程,也许在长期的实践过程中,突然顿悟一些技能要领,但并不代表技能是可以在一瞬间获得的。因为顿悟要领的前提是在长期实践过程中加入了思考、总结的心智技能的成分。一分耕耘一分收获的道理在技能成长过程中是绝对的真理。

（五）反复性

技能训练的反复性指任何技能的形成都不是一蹴而就的,往往要经过反复的实践练习。同时,技能的反复性还表现在一旦掌握了某项技能,通常情况下不会突然消失,除非是相应的机能出现改变,如语言表达技能除非是声带出现问题,不能发声,一般是不会突然消失的,但如果不经常使用,它的技能会出现一定的消退,因此在长期训练过程后,还要经常、反复地练习,防止技能消退。

（六）差异性

由于技能只是能力、素养的一种外化表现,所以,它的成长必然受到其他素养、能力的影响,显示出差异性。这种差异性在教学技能方面表现得尤为突出,因为教学技能是一种综合性技能,它涉及理论知识的储备、性格特征、语言表达技能等诸多因素的综合运用,因此,有可能同样接受了教学技能相关技巧知识的培训、同样花了相同的时间进行练习,但却会出现差异,这是正常现象,不应否定训练的成效,而应该在差异中找到自己的不足,努力改进,应该在差异中发现自己的特色,不断完善,只有这样,才会使我们未来的课堂变得更加丰富多彩。

（七）发展性

由于每个人都具有潜能,在技能成长过程中,潜能的力量可以使每个人的技能不断完善、发展。优秀教师的技能不是通过一定的训练就可以培养出来的,而是在长期的实践过程中,不断总结经验,不断学习新的知识,不断在教学过程中探索而发展起来的。技能的成长永无止境。活到老,学到老。

二、思想政治教师专业技能成长规划

凡事预则立,不预则废。根据自己的实际情况,结合环境能给到的相应支持,做好技能成长的规划,是做好技能训练的重要步骤。

（一）技能成长规划拟订的基本要求

1. 实事求是

成长规划的拟订一定是建立在对自己真实情况把握的基础上,一定要严肃、认真、实事求是地对待。在这个世界上最了解自己的人就是我们自己,如果今天我们欺骗了生活,四年后生活也会以同样的方式回报我们。

2. 可行性

成长规划能否实现,一定要看是否符合个人、环境的实际情况,如果方案设计中的训练任务过重,超出了本人的时间、精力的实际状况,很有可能就会流于形式,无法实现。

3. 实效性

成长规划在拟订过程中一定要讲效率,任何技能项目的训练要有时间期限,在训练结束时,配合检查环节,如果未达标再重新拟订训练计划。

4. 可测量性

任何一个训练目标,都要有可测量的标准,如教师普通话的达标等级是过甲级一等、二等;毛笔字的初级达标是可以背贴,中级达标是通过考试的测试,高级达标是参见专业的书法比赛获奖等。

5. 可修订性

由于规划在拟订后,出现了一些变化或不符合实际情况的因素,诸如学院提供了专门的讲座、见习计划,由于学习、社会实践任务太繁重,每天读 30 分钟的阅读根本无法实现,可随时在规划中添加、删除或修订。

(二)思想政治教师专业技能成长规划的基本环节

作为职业素养的外化表现,技能成长规划的意义与职业生涯规划的意义是一致的,因为它的成长规划就是大学生职业生涯规划内容的一部分,让自己有目标、有针对性、有计划地训练自己的技能会让你的大学生活变得井然有序,不至于进校门一片茫然,毕业时一片慌乱。而技能的成长本身就不是一朝一夕的事,合理地规划如何在四年中有针对性地训练自己的专业技能对于每一位思想政治教育专业的师范生而言都意义重大。

1. 学会评估自己的技能

通过评估可以知道自己的优势、劣势,才能针对自己的实际情况制订出相应的成长计划。主要采用自己检测、他人观察、参与比赛等途径。作为自己检测,根据不同技能的检测要求进行,例如:教师语言技能训练,在发音部分的检测可以依据普通话的考核标准来检验,专业语言的准确度可以通过做一些试题来检测;除了自测还可以通过他人观察法,由他人提供观察到的结果,并提出改进意见;参与一些比赛,在比赛中,专家、评委会给出一些意见,都是全面评估自己的方法。在自我评估过程中,可以发现不同的学生技能训练的起点和训练的重点都会不一样。例如,有的学生的语言表达技能很强,但专业术语表达不准确,说明专业知识不够扎实,在训练时,必须注意在专业知识方面的积累;有的学生专业知识掌握比较好,但教态、语言表达不够好,有的可能什么都好,但一上台,心理紧张,把什么都忘记了。所以,全面评估自己的技能情况,对于有针对性地制订成长方案是必要的。

案例:普通话考试模拟题

一、读单音节字词(100 个音节,共 10 分,限时 3.5 分钟)

扒波牙舌息泼趾而胎微

参喝概迟保奶飞着呆拭

蹈剖否扣揍色尊词潘难

惨门访彭必凿丛日藏天

供表垦来充加叠横仁泻

当扔荒痕肿震刁牛添芯
柳前您滨降炉率误寡托
尊刷络挫快端对贵端捐
算明均岭吮强寸笋广筐
翁女鼎据略穷雄学全悬

二、读多音节词语(100 个音节,共 20 分,限时 2.5 分钟)

破裂　敏感　选种　非常　代理　跑道　快乐　特殊　月饼　差点儿
操作　瓦解　压缩　纳税　芝麻　久远　天真　对话　浓厚　把门儿
产品　策略　声音　平凡　采购　持续　迫切　两旁　流血　脖颈儿
迅速　全民　佛教　轮廓　家乡　光荣　亏损　条款　内脏　手绢儿
讽刺　扭转　村庄　提防　被告　奏鸣曲　北半球　胸有成竹

三、朗读短文(400 个音节,共 30 分,限时 4 分钟)

爸不懂得怎样表达爱,使我们一家人融洽相处的是我妈。他只是每天上班下班,而妈则把我们做过的错事开列清单,然后由他来责骂我们。

有一次我偷了一块糖果,他要我把它送回去,告诉卖糖的说是我偷来的,说我愿意替他拆箱卸货作为赔偿。但妈妈却明白我只是个孩子。

我在运动场打秋千跌断了腿,在前往医院途中一直抱着我的,是我妈。爸把汽车停在急诊室门口,他们叫他驶开,说那空位是留给紧急车辆停放的。爸听了便叫嚷道:"你以为这是什么车? 旅游车?"

在我生日会上,爸总是显得有些不大相称。他只是忙于吹气球,布置餐桌,做杂务。把插着蜡烛的蛋糕推过来让我吹的,是我妈。

我翻阅照相册时,人们总是问:"你爸爸是什么样子的?"天晓得! 他老是忙着替别人拍照。妈和我笑容可掬地一起拍的照片,多得不可胜数。

我记得妈有一次叫他教我骑自行车。我叫他别放手,但他却说是应该放手的时候了。我摔倒之后,妈跑过来扶我,爸却挥手要她走开。我当时生气极了,决心要给他点颜色看。于是我马上爬上自行车,而且自己骑给他看。他只是微笑。我读大学时,所有的家信都是妈写的。他除了寄支票外……

四、命题说话(请在下列话题中任选一个,共 40 分,限时 3 分钟)

● 我喜爱的职业
● 我和体育

2. 了解环境的支持和要求

了解学校、地方、国家在技能方面提供的相关培训、政策、比赛都是成长规划的重要方法和环节。例如,学校的专门的训练课程、学校提供的硬件支持(微格实验室)、学校提供的相关比赛;地方学校在考核时的方法,国家在相关技能方面的考核要求,如普通话、三笔字考试的时间、要求等。这些都有利于制订有针对性的训练内容。例如,有些学校在招聘时,只给学生提供一个小时的备课时间,在没有多媒体使用的情况下,讲课15分钟来检测学生的专业素养,这就要求学生在之前的训练过程中,必须熟悉初中、高中的课程标准、相关教材内容,并反复地分析过初中、高中的教材内容,反复地训练过教案书写,反复地讲课、说课等。

案例:寻找环境信息

第一步:了解学院提供的训练方案(表1.4)

表1.4　某学院的技能训练计划

学　期	教学内容	理论学时	微格实验室	见习与比赛
2	第一讲　语言表达艺术(朗诵和演讲)	2	约6次	朗诵比赛、三笔字作品展览
2	第二讲　三笔字练习指导(毛、钢笔)	2		
3	第三讲　语言表达练习指导(朗诵和演讲)	2	约6次	演讲比赛、三笔字作品展览
3	第四讲　三笔字练习指导(粉笔)	2		
4	第五讲　备课(一个主题的教案、说案和课件的编写)	2	约6次	见习8学时、相关技能比赛体验
4	第六讲　讲课指导(15分钟主题讲课训练)	2		
5	第七讲　备课(一课时教案、说案和课件的编写)　　2	2	约9次	教案、课件比赛;讲课比赛
5	第八讲　讲课指导(一课时讲课训练)	2		
6	第九讲　说课指导	2	约9次	见习8学时、技能大赛
6	第十讲　评课指导	2		

第二步:了解学校提供的训练场地、比赛种类

第三步:了解每个阶段的考核要求

第四步:了解用人单位的招聘程序和要求

第五步:购买初中、高中的课程标准、未来应聘地使用的主流教材

……

3.拟订成长计划

在充分了解自己技能的基本状况下,再结合学校提供的培训方案,学校提供的成长机会,拟订自己的成长计划。一般来说,成长的过程可以分为以下几个阶段:掌握技能的基本要领,比较顺利地实施技能活动,比较熟练的技能活动,比较完美地实施技能活动;因每个人存在差异,处于每个阶段的时间不一定完全相同,有的人在掌握要领后,比较快地进入到熟练实施技能活动的状态,这是由他综合素养所决定和影响的结果。成长计划设计的内容要包括训练的技能目标、训练方式、训练时间、环境提供的支持与机会,检测成果五个部分。

案例：××同学的成长计划（表1.5）

表1.5 ××同学的技能训练计划

学　期	训练目标	理论学习方式	训练方式和时间	具体实现目标	检测方式
1	语言表达艺术	阅读相关书籍	个人朗诵训练（每天30分钟）	纠正地方口语中的h/f不分的情况	他人观察与检测
	三笔字	阅读相关书籍	钢笔字训练（每天30分钟）	达到背贴的程度	专业老师评估
2	语言表达艺术	看书与听专题讲座	个人演讲（3篇）	可以在公众场合自然演讲	参加比赛
	三笔字	阅读相关书籍	毛笔字训练（每天30分钟）	达到背贴的程度	专业老师评估与参加比赛
	讲课技能		观看讲课比赛	体验讲课所需要的素养	
……					
……					

4.开始训练行动

在做好计划以后，最重要的就是实施训练行动了，心动不如行动，再好的计划，如果不执行，一切都等于零。这是技能的本质特征所决定的。行动环节是直接影响技能训练效果的最重要的规划环节。

5.不断反思和改进

在完成一个阶段的训练后，必须对自己的整个训练过程进行反思，总结自己或他人做得好的成果经验，改进自己在训练过程中所存在的不足，并提出一些新的改进意见。例如，板书技能训练的效果不好，总结其原因是因为粉笔字书写的要领没有掌握，无论花多少时间练习，进步不是很大，改进的措施应该是重新学习粉笔字的书写要领；如果语言表达能力训练效果不好，总结其原因是平时训练机会太少，尤其是不敢在公众面前表达，改进措施应该是多参加一些可以训练自己公众演讲能力的活动，或报名参加一些演讲比赛，训练自己的胆量；如果是教学技能训练效果不好，总结原因比较多，如专业知识学得不够扎实，没有详细的教案，每次都讲得很随意，等等，找到原因再针对性地提出改进措施，是不断进步的重要环节。该部分内容可以直接添加在检测方式后面，也可以单独做，在做新学期的方案时，将调整的新措施填入新学期的训练计划中，或在训练过程中随时将方案中的相关内容添加、删减均可。

三、思想政治教育专业技能训练的原则和方式

技能训练基本原则和方式是由该项技能的特殊性所决定的,区别于其他技能训练的原则和方式。

(一)思想政治教育专业技能训练的基本原则

1. 技能理论知识先行原则

因为技能有合法则性这个特点,在训练之前,了解技能的基本理论知识是掌握技能要领的前提,教师语言表达技能有它特殊的要求,粉笔字有它的书写技巧,板书有它规范的要求,说课、讲课、评课都有相应的范式等,学好技能的理论知识可以让你在训练过程中有事半功倍的效果。

2. 循序渐进原则

根据个人成长的规律、技能自身特点,思想政治教育专业技能训练必须遵循循序渐进原则。例如,在训练教学技能前,首先要掌握一些最基础的听、说、读、写的技能,教师语言表达技能和板书技能是教学技能训练的前提,先基础技能后综合性技能的训练是由个人成长规律所决定的。综合性的讲课技能,必须是在储备了足够的专业基础理论知识,教育学、心理学等理念知识,教学法、教学设计等方法知识后,掌握了教材分析技能、学会书写教案、制作多媒体课件等技能后,才有可能完成讲课技能训练,这是由该项技能的特点所决定的。无论基础技能还是综合技能的训练都必须遵循该原则,不能逾越,不能急于求成。

3. 跳转原则

由于每个学生存在个体差异,所以在技能训练的过程中,在学校的统一训练计划下,个人的训练内容可以有所调整或跳转。例如,一个有书法功底的学生,他的粉笔字训练就不必花过多的学时,只需要学习板书的书写规范要求稍加训练便可结束板书技能的训练,或可直接跳转到其他或下一项技能的训练任务中。这主要是针对基础技能训练时,存在个体差异而提出的因人而异的训练原则。

4. 交叉训练原则

由于熟练技能的形成本身就需要一个长期的过程,一些综合性技能的训练要达到一个较好的状态更是如此,如果按照学校提供的培养方案,一些讲课的技能知识要在大二、甚至大三才有可能接触到,不利于综合性技能的训练和熟练掌握。为了学生在训练基础技能有针对性和前瞻性,可以在训练语言、板书等基础技能的时候提供一些思想政治课程教学技能感官上的体验,如到中学见习、观看高年级学生的讲课比赛,甚至可以依葫芦画瓢地让低年级学生参与一些讲课比赛,提前感知自己和他人的差距,自己在讲课时的不足,这对自己未来有针对性地强化相关技能训练和基础理论知识学习会有很大的帮助。这不但没有违背循序渐进原则,反而提高了技能训练的

效率,只是要注意训练方式的选择而已。

（二）思想政治教育专业技能训练的方式

由于思想政治教育专业技能不是单一的机械运动,它涉及操作技能、心智技能的综合运用,所以在训练时必须运用多种训练方式,方可取得理想的效果。

1. 理论知识检测方式

一些综合性技能的掌握需要许多基础理论知识作为支撑,如讲课技能涉及教育理念的指导,教学方法的运用,如果之前对这些都没有一定的理论知识储备,技能的训练就很有可能成为一种机械的运动,而非真正的教育。如果需要跳转训练一些技能时,可以先自学一些理论知识且必须真正理解,提前学习或跟学校教学进度学习,最后需要的检测方式就是做一些题目来增强记忆和加深印象。

2. 观摩与实际操作相结合的方式

观摩是指观看他人演练、比赛或教学的方式,由于在训练时可能出现交叉训练和跳转训练,要实现这些训练,一些综合性技能可以采用观摩来提前感知,建立一些初步的印象,有利于学生有针对性地训练。在观摩之后,必须配合实际操作,练习普通话、粉笔字、讲课等。

3. 个人与小组训练相结合的方式

一些基础技能训练和初期的综合技能训练采用个人训练的方式是可以的,但诸如评课技能的训练就必须以小组为单位训练,即有多人讲课后,大家有针对性地训练评课技能;同时讲课、说课技能的提升阶段,都需要有其他小组成员的配合,例如可以扮演学生的角色配合教师的提问,可以扮演同事的角色与训练者交流说课心得,等等。

4. 微格训练与班级训练相结合的方式

微格训练是师范生技能训练中通常会采用的一种训练方式,相对而言,这种方式一般会在高年级综合训练的时候用上。如果学校条件允许,在低年级如果有机会使用也会有很多帮助,如很多教态方面的问题,只有当自己看到自己的影像资料时才会有针对性地改进,即使小组成员提出改进意见,都没有亲自感受自己的表现状态来得真切。在没有条件的时候,可在一间教室采用班级模拟的训练方式,通过小组成员提出修改意见不断改进,也是可行的。

5. 平时训练与比赛训练相结合的方式

大多数情况的技能训练还是在平时,但容易出现倦怠情绪和不太清楚自己的进步和不足,对于出现动力不足或缺乏胆量情况的同学,又想检测一下自己的实力,参与比赛都是不错的方式,班级、学院、学校通常举行的比赛有:演讲比赛、书法比赛、讲课、说课比赛、师范生技能大赛等,积极参与比赛也是强化技能训练的一种方式。

6. 单项（专项）训练与综合训练相结合的方式

单项（专项）训练主要是指单一的技能训练,如教师口语技能训练、教学板书技能训练等,综合训练主要有讲课、说课、评课等技能,由于允许出现交叉训练、跳转训练,所以有可能出现单项(专项)技能训练和综合技能训练同时进行的情况。

7.教育见习、实习方式

根据学院、学校的实际情况,教育见习可以从大一就开始实施,尽早地感知真实的课堂授课,对学生自我评估、自我完善技能都会有所帮助;一般实习会安排在大三下学期或大四上学期,每个学校的情况不尽相同,但这两种方式都是提升综合技能必要的方式。

冰冻三尺,非一日之寒,技能训练尤其体现了这个道理,切忌一曝十寒,临时抱佛脚,在掌握了有关思想政治教师专业技能训练的相关知识后,就开始进行具体的技能训练吧!

附录

中学教师专业标准(试行)①

为促进中学教师专业发展,建设高素质中学教师队伍,根据《中华人民共和国教师法》和《中华人民共和国义务教育法》,特制定《中学教师专业标准(试行)》(以下简称《专业标准》)。

中学教师是履行中学教育工作职责的专业人员,需要经过严格的培养与培训,具有良好的职业道德,掌握系统的专业知识和专业技能。《专业标准》是国家对合格中学教师的基本专业要求,是中学教师实施教育教学行为的基本规范,是引领中学教师专业发展的基本准则,是中学教师培养、准入、培训、考核等工作的重要依据。

一、基本理念

(一)师德为先

热爱中学教育事业,具有职业理想,践行社会主义核心价值体系,履行教师职业道德规范,依法执教。关爱中学生,尊重中学生人格,富有爱心、责任心、耐心和细心;为人师表,教书育人,自尊自律,以人格魅力和学识魅力教育感染中学生,做中学生健康成长的指导者和引路人。

(二)学生为本

尊重中学生权益,以中学生为主体,充分调动和发挥中学生的主动性;遵循中学生身心发展特点和教育教学规律,提供适合的教育,促进中学生生动活泼学习、健康快乐成长,全面而有个性的发展。

(三)能力为重

把学科知识、教育理论与教育实践相结合,突出教书育人实践能力;研究中学

---

① 教育部.教师[2012]1号[EB/OL].[2012-2].http://wenku.baidu.com/view/0691d02f647d27284b735127.html.

生,遵循中学生成长规律,提升教育教学专业化水平;坚持实践、反思、再实践、再反思,不断提高专业能力。

(四)终身学习

学习先进中学教育理论,了解国内外中学教育改革与发展的经验和做法;优化知识结构,提高文化素养;具有终身学习与持续发展的意识和能力,做终身学习的典范。

二、基本内容

维度	领域	基本要求
专业理念与师德	(一)职业理解与认识	1. 贯彻党和国家教育方针政策,遵守教育法律法规。 2. 理解中学教育工作的意义,热爱中学教育事业,具有职业理想和敬业精神。 3. 认同中学教师的专业性和独特性,注重自身专业发展。 4. 具有良好职业道德修养,为人师表。 5. 具有团队合作精神,积极开展协作与交流。
	(二)对学生的态度与行为	6. 关爱中学生,重视中学生身心健康发展,保护中学生生命安全。 7. 尊重中学生独立人格,维护中学生合法权益,平等对待每一个中学生。不讽刺、挖苦、歧视中学生,不体罚或变相体罚中学生。 8. 尊重个体差异,主动了解和满足中学生的不同需要。 9. 信任中学生,积极创造条件,促进中学生的自主发展。
	(三)教育教学的态度与行为	10. 树立育人为本、德育为先的理念,将中学生的知识学习、能力发展与品德养成相结合,重视中学生的全面发展。 11. 尊重教育规律和中学生身心发展规律,为每一位中学生提供适合的教育。 12. 激发中学生的求知欲和好奇心,培养中学生学习兴趣和爱好,营造自由探索、勇于创新的氛围。 13. 引导中学生自主学习、自强自立,培养良好的思维习惯和适应社会的能力。 14. 尊重和发挥好共青团、少先队组织的教育引导作用。
	(四)个人修养与行为	15. 富有爱心、责任心、耐心和细心。 16. 乐观向上、热情开朗、有亲和力。 17. 善于自我调节情绪,保持平和心态。 18. 勤于学习,不断进取。 19. 衣着整洁得体,语言规范健康,举止文明礼貌。

续表

维　度	领　域	基本要求
专业知识	(五)教育知识	20.掌握中学教育的基本原理和主要方法。 21.掌握班级、共青团、少先队建设与管理的原则与方法。 22.掌握教育心理学的基本原理和方法,了解中学生身心发展的一般规律与特点。 23.了解中学生世界观、人生观、价值观形成的过程及其教育方法。 24.了解中学生思维能力、创新能力和实践能力发展的过程与特点。 25.了解中学生群体文化特点与行为方式。
	(六)学科知识	26.理解所教学科的知识体系、基本思想与方法。 27.掌握所教学科内容的基本知识、基本原理与技能。 28.了解所教学科与其他学科的联系。 29.了解所教学科与社会实践及共青团、少先队活动的联系。
	(七)学科教学知识	30.掌握所教学科课程标准。 31.掌握所教学科课程资源开发与校本课程开发的主要方法与策略。 32.了解中学生在学习具体学科内容时的认知特点。 33.掌握针对具体学科内容进行教学和研究性学习的方法与策略。
	(八)通识性知识	34.具有相应的自然科学和人文社会科学知识。 35.了解中国教育基本情况。 36.具有相应的艺术欣赏与表现知识。 37.具有适应教育内容、教学手段和方法现代化的信息技术知识。
专业能力	(九)教学设计	38.科学设计教学目标和教学计划。 39.合理利用教学资源和方法设计教学过程。 40.引导和帮助中学生设计个性化的学习计划。
	(十)教学实施	41.营造良好的学习环境与氛围,激发与保护中学生的学习兴趣。 42.通过启发式、探究式、讨论式、参与式等多种方式,有效实施教学。 43.有效调控教学过程,合理处理课堂偶发事件。 44.引发中学生独立思考和主动探究,发展学生创新能力。 45.发挥好共青团、少先队组织生活、集体活动、信息传播等教育功能。 46.将现代教育技术手段整合应用到教学中。

维　度	领　域	基 本 要 求
专业能力	(十一)班级管理与教育活动	47. 建立良好的师生关系,帮助中学生建立良好的同伴关系。 48. 注重结合学科教学进行育人活动。 49. 根据中学生世界观、人生观、价值观形成的特点,有针对性地组织开展德育活动。 50. 针对中学生青春期生理和心理发展特点,有针对性地组织开展有益身心健康发展的教育活动。 51. 指导学生理想、心理、学业等多方面发展。 52. 有效管理和开展班级、共青团、少先队活动。 53. 妥善应对突发事件。
	(十二)教育教学评价	54. 利用评价工具,掌握多元评价方法,多视角、全过程评价学生发展。 55. 引导学生进行自我评价。 56. 自我评价教育教学效果,及时调整和改进教育教学工作。
	(十三)沟通与合作	57. 了解中学生,平等地与中学生进行沟通交流。 58. 与同事合作交流,分享经验和资源,共同发展。 59. 与家长进行有效沟通合作,共同促进中学生发展。 60. 协助中学与社区建立合作互助的良好关系。
	(十四)反思与发展	61. 主动收集分析相关信息,不断进行反思,改进教育教学工作。 62. 针对教育教学工作中的现实需要与问题,进行探索和研究。 63. 制定专业发展规划,积极参加专业培训,不断提高自身专业素质。

三、实施建议

(一)各级教育行政部门要将《专业标准》作为中学教师队伍建设的基本依据。根据中学教育改革发展的需要,充分发挥《专业标准》引领和导向作用,深化教师教育改革,建立教师教育质量保障体系,不断提高中学教师培养培训质量。制定中学教师准入标准,严把中学教师入口关;制定中学教师聘任(聘用)、考核、退出等管理制度,保障教师合法权益,形成科学有效的中学教师队伍管理和督导机制。

(二)开展中学教师教育的院校要将《专业标准》作为中学教师培养培训的主要依据。重视中学教师职业特点,加强中学教育学科和专业建设。完善中学教师培养培训方案,科学设置教师教育课程,改革教育教学方式;重视中学教师职业道德教育,重视社会实践和教育实习;加强从事中学教师教育的师资队伍建设,建立科学的质量评价制度。

(三)中学要将《专业标准》作为教师管理的重要依据。制定中学教师专业发展规划,注重教师职业理想与职业道德教育,增强教师育人的责任感与使命感;开展校本研修,促进教师专业发展;完善教师岗位职责和考核评价制度,健全中学绩效管理机制。中等职业学校教师参照执行。

（四）中学教师要将《专业标准》作为自身专业发展的基本依据。制定自我专业发展规划，爱岗敬业，增强专业发展自觉性；大胆开展教育教学实践，不断创新；积极进行自我评价，主动参加教师培训和自主研修，逐步提升专业发展水平。

第二章 思想政治教师教学口语技能

学习目标

1. 明了思想政治教师教学口语的特点。
2. 掌握思想政治教师教学口语训练的方法和要求。
3. 能准确运用教学口语进行课堂教学信息的交流。

教学语言是教师用于课堂教学的工作用语。苏联教育家苏霍姆林斯基说"教师的语言修养在极大的程度上决定着学生在课堂上的智力劳动效率"。所以,教师的语言技能是促进学生学习的基本技能。

在师生之间的课堂教学交流活动中,教学口语是师生之间交流的主要载体。准确、丰富、形象、富有感染力的教学口语表达,是课堂教学具有吸引力、达到事半功倍教学效果的重要因素。对中学生进行情意引导的思想政治课,教师教学口语技能水平直接影响课堂教学效果。

第一节 教学口语概述

在课堂教学中,教师的语言表达形式多样,主要包括书面语言、教学口语和体态语言。书面语言主要体现为教学板书;教学口语是教师教学语言的主要形式,是每个教师应该具备的最基本的教育教学能力;体态语言也称无声语言,是一种以教师的表情、手势、动作、眼神等来传递信息、作用于学生视觉的无声语言,它是有声语言的辅助和补充。教学口语在课堂教学的运用中常常借助教学板书、体态语言辅助表达,增强教师言语效果。

一、教学口语的特点与构成要素[①]

口头语言指运用有声语言通过口耳进行交际的语言形式。教师教学口语即教师运用口头语言传递教学信息,其口语交流特定的时间(45 分钟内)、特定的场合(教室)、针对特定的对象(学生)、讲授特定的内容(课程内容)也标示了教学口语

---

① 胡田庚.新理念思想政治(品德)教学技能训练[M].北京:北京大学出版社,2009:95-96.

具有不同于一般口语的特点和构成要素。对此,胡田庚老师给我们提供了值得借鉴的阐述。

(一)教学口语的特点

(1)教育性。教师的职业和角色决定了他在任何情况下,都应将教书与育人有机地结合起来,教师必须有意识地注意自己的言行对学生的影响和教育作用。

(2)规范性。教师要为人师表,教学口语势必要规范。第一,教学口语必须使用标准的普通话;第二,教学口语要符合现代汉语语法规范;第三,教学口语要符合社会道德规范以及国家政策法规;第四,教学口语要符合学科的特点,尽量使用本学科的专业术语。

(3)科学性。首先,教学口语表达的内容要科学准确。教学是传授科学文化知识,不能出现知识性错误。其次,教学口语必须符合不同学科特定的思维形式和逻辑方法,用语准确,合乎逻辑。

(4)针对性。教学口语的运用要针对不同的教育对象、教学环境,要因人而异,因具体情况而有针对性地进行变化。

(5)启发性。教学口语要能够启发学生对学习目的的意义的认识,激发他们的学习兴趣和求知欲望,启发学生联想、想象、分析、对比、归纳、演绎,启发学生的情感和审美情趣,要有含蓄蕴藉、耐人寻味、发人深省、富有启发性的艺术效果。

(6)审美性。教学口语要具有美学价值,通过教学口语的内容美、形式美、节奏美等,体现出教师的个性特点和人格魅力。

(二)教学口语的构成要素

教学口语作为传递教学信息的工具,是由几个相互联系、相互制约的基本要素构成的。这些基本要素包括:

(1)语音。语音是语言的基本结构单位,多种有意义的音节信号的组合才能构成语言,传递信息。在教学中对语音的基本要求是发音准确、规范,吐字清晰,使用普通话。

(2)语调。语调是指讲话时声调的升降及抑扬顿挫的变化,它是增强语言生动性、情感性的主要因素。一般而言,平淡而低沉的语调易使课堂气氛沉闷,学生提不起精神,信息接收率低;而过于激昂高调的声音,又易使学生情绪烦躁或厌倦。因此,语调的运用要注意从教学需要出发,自然适度。例如,在讲解重点、难点和关键点处,说话要慢些,语调要高些,以引起学生的注意并留给学生思考和记笔记的时间;在进行一般难度内容的讲解时,语调可以平稳缓慢;若是发现学生呈现疲惫状态,教师又可以峰回路转,重新提高声调以引起学生注意。

(3)节奏。语言节奏是指语调高低、语速快慢的变化,它直接影响着学生的情绪和接收信息的效率。在教学中,教师根据教学需要有目的地变换语调、语速,使之高低相间、快慢交叠，就形成了教学节奏。

（4）速度。速度是指讲话的快慢。在日常生活中，人们讲话的速度各不相同，但是，教学口语作为一种工作用语，不应该以日常习惯的语言速度来进行，而必须受到教学自身规律的制约，受到与教学相关的多种因素的影响，既不可太慢，也不可太快。根据信息加工理论，发送信息的频率太高，学生大脑对收取的信息处理不迭，势必造成信息的遗漏、积压，导致信息处理的障碍；而如果信息发送得太慢，跟不上学生大脑处理的速度，不仅会浪费许多时间，还会使学生精力懈散。

（5）响度。响度是指声音的高低，包括声音的强度、长度、高度。课堂上教师声音的高、低、强、弱，不仅影响教学的效果，而且影响教师在学生心目中的形象。为了提高教学效果，教师必须寻求教学口语的合理响度，基本标准是让每个同学都能听清教师的讲话。

（6）词汇。教学口语是语音、语义结合的符号系统，词汇是这一系统的最基本构成单位，没有词汇就没有教学口语。在教学口语中，对词汇使用的基本要求是准确、生动。所谓准确，就是用词要准确恰当，不仅能够正确地表达信息内容，正确地表达教师的意图，而且能为学生做出典范。所谓生动，就是选词和用词要做到精选妙用，注意词的形象性、感染力和感情色彩。

（7）语法。语法是遣词造句的规则，是某一民族的共同语言在长期发展的历史过程中形成的。按照这一规则进行语言表达，就能被人理解，否则，就难以进行交流。因此，在教学中，教师要注意语言的逻辑性，做到思路清晰，环环相扣。

二、思想政治教师教学口语类型

思想政治教师教学口语技能是思想政治教师口语表达能力在教学过程中的体现，它既反映教师基本教学技能水平，也反映教师对思想政治课程的理解。

思想政治（品德）课教学要求教师教学口语针对性强，内容丰富多彩，富有感染力。其中，既有严谨、准确、字斟句酌的概念、原理等的认知教学，也有语言犀利、观点鲜明的事件、现象、行为评析的导向性教学，还有诙谐幽默，给人启发、引人深思的探索性教学……根据具体的课程内容教学特点，结合教师教学口语运用实际，思想政治（品德）教学口语常见的主要有以下几类。

（一）解释性语言

解释性语言是教师对概念、原理、观点等进行解释、正确说明时使用的教学语言。其使用中通常表现出简洁、准确、一语中的的特点。在思想政治教学中通常用以说明"是什么"的问题。

案例1："公有制为主体：公有制主体地位的体现"——教学中解释性语言的运用

公有制的主体地位主要体现在两个方面。第一，公有资产在社会总资产中占优势。理解这层意思要注意：这是就全国而言的，在有的地方、有的产业可以有所差别，例如，沿海地区、第三产业。第二，国有经济控制国家经济命脉，对经济发展起主导作用。理解这层意思需要注意：国有经济的主导作用主要体现在控制力上，即体现在控制国民经济发展方向、控制经济运行的整体态势、控制重要稀缺资源的能力上；在关系国民经济的重要行业和关键领域，国有经济必须占支配地位。例如，军工、大型水利设施、城市公共交通、电力电网、汽车集团等行业和企业，国有经济必须占支配地位。

该案例为解释"公有制的主体地位"，教师直接鲜明地指出，"第一，公有资产在社会总资产中占优势""第二，国有经济控制国民经济命脉，对经济发展起主导作用"。简洁、准确、一语中的地让学生明确公有制的主体地位通过什么来体现。

案例2："意识是客观存在在人脑中的反应"——教学中解释性语言的运用

"意识是客观存在在人脑中的反应"我们可以从三个方面来理解其意思。第一，正确的思想意识与错误的思想意识都是人们对于客观存在的事物的主观看法；第二，无论是人的具体感觉还是人的抽象思维，都是人脑对其他事物的反应；第三，无论是人们对现状的感受和认识，还是对过去的思考和总结，以至于对未来的预测，都是人脑对客观事物的反应。

（二）论证性语言

论证性语言是教师在教学中用事实、数字、论断、定理和定义等论据来证明论点的真实性与正确性时所运用的语言。用事实推出结论、通过理论阐述证明有关论题、论点的正确性、真实性是论证性语言常用形式。具有逻辑严密、层次清楚、结构严谨、用语简洁、具有高度的概括性的特点。在思想政治教学中，基本概念、基本原理的教学，经常使用论证性语言，常常用于说明"为什么"的问题。

运用时要注意做到论题鲜明，论据充分，论述过程有条不紊，层层深入，语言要简明清晰，口气要平缓严肃，以理服人，用事实说话。

案例1："各国的文化差异不是造成国际冲突的根本原因"——教学中论证性语言的运用

文化的差异是人类生活的基本特征，文化的多样性是人类文明进步的重要动力。在国际关系中，国家间出现分离聚合、亲疏冷热的复杂关系根本原因是由国家利益的追求造成的。国家间的共同利益是国家合作的基础，而利益的对立则是国家间发生分歧，引起摩擦乃至冲突的原因。一国国家利益是政治、经济、文化、历史、地缘等多种因素的综合诉求，文化只是其中之一。各国文化的差异可能带来相互借鉴、取长补短,也可能带来矛盾冲突,但它不是根本原因。

以上案例教师针对观点从三个层次论证其正确性。第一,文化差异的客观性;第二,国际冲突的根本原因;第三,文化差异在国际关系中有两面性,不能片面看待。逻辑严密、层次清楚,准确阐明"为什么"的问题。

案例2:"生产决定消费对象"——教学中论证性语言的运用

一个社会消费什么,不能由人的主观愿望决定,而要由客观的物质生产状况所决定。我们消费的对象,首先必须生产出来,才谈得上对对象的消费。所以,生产决定消费对象。

(三)叙述性语言

叙述性语言是教师清楚、完整、通俗表达事件、事物的过程、现状、内容所使用的教学语言。在中学思想政治教学中,叙述性语言运用频率高,主要着眼于事件的过程、事物的内容等表述,朴实、平淡、自然、具体完备、条理清楚、脉络分明是其特点。

案例1:"政府的职能:管理与服务"——教学中叙述性语言的运用

我国是人民民主专政的社会主义国家,人民民主的本质是人民当家做主,这就决定了我们的政府是为人民服务的政府,即了解民情、反映民意、集中民智、珍惜民力的有权威的政府,才能让人民真正享有富裕、民主、文明的生活。

以上案例以自然、平淡的语言说明"人民民主专政"国家体制下政府的职能职责,目的在于清楚、完整表达政府的主要职能。

案例2:"诚信是金:恪守诚信的事件展示"——教学中叙述性语言的运用

一个顾客走进一家汽车维修店,自称是某运输公司的汽车司机。"在我的账单上多写点零件,我回公司报销后,有你一份好处。"他对店主说。但店主拒绝了这样的要求。顾客纠缠说:"我的生意不算小,会常来的,你肯定能赚很多钱!"店主告诉他,这事无论如何也不会做。顾客气急败坏地嚷道:"谁都会这么干的,我看你是太傻了。"店主火了,他要那个顾客马上离开,到别处谈这种生意去。这时,顾客露出微笑,并满怀敬佩地握住店主的手:"我就是那家运输公司的老板。我一直在寻找一个固定的、信得过的维修店,我今后会常来!"

(四)描述性语言

描述性语言是教师用生动形象的语言描绘事件、事物的过程、现状、内容所使用的教学语言。在中学思想政治课教学中,描述性语言的运用针对的对象类似于叙述性语言,但其方式上采用形象生动的语言进行描绘。其特点是形象生动、条理清楚,语调和语速会随内容起伏而变化。

案例1:"政府的职能:管理与服务"——导入语中描述性语言的使用

2008年,我们经历过很多灾难,也收获着不少喜悦,有这样一个人总与我们同在,他就是国务院总理温家宝。雪灾中有他亲切的呼唤,地震中有他细致的关怀,奥运会上有他自豪的身影,毒奶粉事件中有他怜惜的眼神。他曾这样说:"民之所忧,我之所思;民之所思,我之所行。"今天不是来做温总理的专题演讲的,因为他的角色代表了中国政府,所以,他的所为也展示出中国政府的相关职能。

以上案例形象生动地再现温总理为民着想、为民服务的形象,并借助这个形象的刻画感性反映政府职能的内容,理论联系实际,易于引起学生继续学习探究的兴趣。

案例2:"联系的客观性"——故事导入语中描述性语言的使用

古时候有个人,他巴不得自己田里的禾苗长得快一些,天天到田里去看,可是一天、两天过去了,禾苗好像一点也没有长高。他在田边焦急地转来转去,并自言自语地说:"我得想个办法帮他们长高。"一天,他终于想出了办法,只见他急忙跑到田里把禾苗一棵一棵往高里拔,从中午一直忙到太阳落山,直累得筋疲力尽。他回到家一边喘气一边说:"今天可把我累坏了,力气总算没白费,禾苗都长高了一大截。"他儿子不明白是怎么回事,第二天跑到地里一看,禾苗全都枯死了。

(五)评述性语言

评述性语言是教师针对某一教学内容、观点鲜明地进行评论,表明自己的观点、态度和情感的教学语言。这类语言的使用具有针对性强、观点鲜明、条理清楚、思路清晰的特点。在中学思想政治课教学中,教师观点鲜明、态度明确的语言表达,有利于学生树立正确的三观。

案例1:"诚信是金:恪守诚信"——名人事件评述中评述性语言的运用

小男孩踢碎了邻居的玻璃,承担起了赔偿的责任,做到了对事负责;通过打工挣钱还了父亲的12.5美元,信守了对父亲的承诺,恪守了对人守信。这是小男孩用自己的行动诠释的诚信的要求——对事负责、对人守信。

以上案例教师明确表明自己赞同的立场,并对事件进行旗帜鲜明的评述:小孩踢碎邻居玻璃——应赔——这是对事负责;小孩打工挣钱还父亲——有借有还——这是信守对父亲的承诺。教师这样的评述语言是对学生"诚信"观念与行为的导向。

案例2:"呼唤和平、渴望发展的历史潮流:纽兰外交触礁看美'世界警察'嘴脸"事件评述

2012年9月,中日两国因钓鱼岛问题关系紧张。9月初,美国国务院发言人纽兰在记者见面会上,被重庆小伙冉维沉稳追问,以至于一会儿钓鱼岛问题"美国不站队"，一会儿"适合《美日安保条约》"，其前后矛盾的语言，暴露了美国在亚洲插手别国事务，复杂国际问题，不利于国际问题和平解决的事实。世界和平需要大家维护，当事国需要从和平发展的角度出发处理国家间的问题，其他国家也应该从世界和平角度来对待问题。美国在此问题上表态矛盾，只会复杂国家间矛盾，影响世界和平。

与之相关的还包括课堂教学中，教师对学生学习状况进行评判的语言，是教师对学生课堂表现的褒贬抑扬态度的表述。要求实事求是，讲求原则，褒贬适度，讲究分寸，要考虑学生的心理承受能力，态度要诚恳，语气要温和，表情要慈祥，严禁使用不文雅的语言。

（六）抒情性语言

抒情性语言是教师在教学中充满情感表达的教学语言。在中学思想政治课教学中，情绪感染法在运用中常常采用抒情性语言，目的在于以情感人、以情动人。

案例1："诚信是金"——情感共鸣与升华环节抒情性教学语言的运用
在背景音乐声中，师生齐诵《诚信之约》

我们祝愿	诚信的种子	播撒荒芜的心田
我们期盼	诚信的利剑	斩断欺瞒的锁链
我们牢记	古往今来	那些诚信的教导
我们神往	茫茫人间	那些诚信的榜样
我们呼唤	彼此诚实	一清如水
我们呼唤	与人和睦	言行相称
我们承诺	对家庭尽孝	对社会负责
我们承诺	对朋友忠诚	对世人关爱

师生在充满感情的齐诵中相互感染，并在内心中许下承诺"对家庭尽孝、对社会负责、对朋友忠诚、对世人关爱"。教育的艺术性体现出来。

案例2："诚信是金"——结语环节抒情性教学语言的运用
同学们，下面这个作业老师希望你们能用一生的时间去完成：做一个诚实守信的人，如一棵葱郁的大树，屹立在天地之间！在这棵诚信树上结出善良正直、言行一致、实事求是、坦坦荡荡的优质果实。我们要主动拿掉投机取巧、不负责任、损人利己、不讲信用的劣质果实，奉献给人们健康、阳光的果实。

三、思想政治教师教学口语的运用要求

中学思想政治课教学是师生之间的思想交流与信息传递，教师教学口语往往是多种教学语言的综合使用，既要反映教师思路清晰、用语准确，又要反映教师教

学口语的幽默风趣、富有内涵和感染力,还要反映师生交流的对象性和相互启发性。所以,思想政治教师教学口语的运用要求主要有以下几个方面。

（一）思路清晰、科学准确、简洁流畅

这是教师教学口语运用的基本要求。中学思想政治课教师不管是认知类教学、情绪感染类教学还是活动体验的组织,都要求教师语言表达逻辑思路清晰,所用观点、术语科学准确,原理阐述、事件说明简洁流畅,以保证师生间信息传递准确。

（二）幽默风趣、富有内涵、深意和感染力

这是中学思想政治(品德)课程情意目标实现对教师教学语言的要求。我们说知识体系的构建需要严谨的推理、论证,而情感共鸣的产生、信念的树立不是靠简单的说教实现的,从教师口语运用来看,它依靠的是富有内涵、深意和感染力的教学语言,彰显教育艺术的魅力,才能对学生产生情意影响。

（三）对象性与交流性

这是中学思想政治教师课堂教学语言的基本要求,教师口语虽有多种类型和运用要求,但是其对象性和交流性是教师教学语言运用的根本要求。语言一旦缺乏对象性和交流性,就失去了它的工具性。所以,对象性与交流性是教师课堂教学语言的基本要求。

（四）灵活性与综合性

灵活性与综合性要求是教学口语运用的灵魂。在课堂教学中,教学语言运用虽然有类别、有规则,但并不死板,就像课堂教学虽有教学方案但并不是一成不变的一样,在活跃多变的课堂中,教学口语的灵活性与综合性是有效发挥其功能的保障。同时,教学口语的灵活运用,恰恰反映了课堂教学中师生动态的思想互动、信息交流,映衬出整个课堂的生动、活泼。所以,教师课堂教学语言也要讲究灵活性与综合性。

第二节　教学口语技能训练

当前,师范生教学口语表达普遍存在着音量不够、语速不当,缺乏抑扬顿挫、轻重缓急,缺乏对象性和交流性,重讲不重听等现象。口语表达能力如何既有思维活动的参与,也有语言技术的影响,还有口语表达经验的问题。一个疏于上台的师范生,要能在几十双眼睛的注视下自如地讲一堂课,不是易事,也不是一朝一夕能练习形成的。针对教学口语形成过程的特点和师范生教学口语的现状,思想政治教育专业学生的教师教学口语技能训练应坚持以下要求:

一、思想政治教师教学口语训练的基本要求

（一）多上讲台实践，增强位置感和角色意识

不同场合、不同环境，陌生感会局限人们的思维能力和语言表达能力，师范生多以学生身份坐在讲台下边听老师讲，即使有机会上讲台，也是回答老师的问题，被动者都想快点走下讲台，回到学生位置上去。当换位在讲台上以教师身份与学生交流时，其陌生感会让他手足无措，也会盼望快点完成任务，早点下台。于是，音量小听不清，语速快、前言不搭后语，没站好就说、没说完就走，抓耳挠腮、两眼不敢正视同学们等情况就出现了。所以，师范生教师教学口语训练的第一步就是熟悉讲台视野和讲台布局，熟悉正视几十位学生自如地思维和交流。

（二）从读到讲，增强教师口语的规范和表情达意的准确

教师教学口语不同于一般的与人交流，它要讲究遣词造句的科学、准确，语义、情感表达恰当。初上讲台的师范生有的不注重规范性地讲，口语化太突出，缺乏应有的学科、学术规范，甚至影响教学科学性；有的注重了语言表达的规范性，但教材味道太浓，还没有转化为教学语言，甚至语言表达上也是一个音调、一个节奏，听起来很累，让听者难以抓住所讲内容的核心。所以，师范生教师口语训练中，需要将各种教学语言类型从读到讲，且规范性地讲，才能做到教学语言简练、规范、科学、易听易懂。

（三）在演讲和辩论中练讲，增强教学口语的感染力、对象性和目的性

中学思想政治课不仅思想性鲜明，而且信息广，课程内容综合性强；同时，这门课程还与社会现实、学生成长现实紧密结合。所以，课程教学中要求老师必须价值判断明确，思想引导正确。而初上讲台的师范生教学口语往往对象性、交流性欠缺，应对学生问题临场经验、水平不足，使得课堂教学交流性、目的性不够，价值判断和思想引导力必然受影响。

教师教学口语的运用，目的在于与学生准确进行信息沟通、思想交流、渲染气氛、形成情感共鸣。演讲的突出特点在于感染力强，通过加强师范生演讲技能的训练，特别有助于增强师范生课堂教学中语言的感染力。而辩论的突出特点是交锋性强，在辩论技能的训练中，特别有助于师范生课堂教学论证性、评述性思维和语言能力的提高，增强讲的对象性、交流性和目的性。

所以，思想政治教育专业学生在教师口语训练中，还要借助演讲、辩论技能技巧的练习，提高教学口语交流能力。

(四)教学口语训练遵循循序渐进、反复实践的基本要求

思想政治教育专业的学生在教学口语训练中,每一项目均要遵循循序渐进、反复实践的基本要求。例如:教学口语各项目的练习遵循由读到讲的训练过程。"读",有对内容理解的由"生"到"熟"的过程;"讲",有由照稿子讲到照提纲讲,再到脱稿讲的过程。所以,教学口语技能的提高,项目之间和项目内部都要讲究循序渐进、反复实践。

同时,教师口语技能训练还讲究针对师范生个体差异,反复实践,解决个别环节的矛盾。虽然技能训练项目间的先起后继关系,要讲究训练的循序渐进性,但是,技能训练中单个项目的独立性,也使我们可以根据个人技能现状,反复实践,有重点地解决个体的单个项目的问题。例如:有的同学语言感染力不强,可以在演讲方面狠下工夫,提高教师教学语言的感染力;有的同学语言的针对性不强,可以在辩论方面下工夫,提高教学口语的针对性和目的性等。总之,从宏观角度来看,教师教学口语的训练在读、辩、讲结合的基础上循序渐进地进行;从具体训练对象和项目来看,又要讲究反复实践。

二、思想政治教师教学口语训练的内容与方法

思想政治教育专业学生的教师教学口语技能的训练,通常借助读、辩、讲技能训练来提高。其中,"读"是基础,"演讲"和"辩论"是重要环节,"讲"是目的和核心。借助"读"的练习,可以提高师范生不同文体口语的表意能力;借助"演讲""辩论"技能技巧的练习,可以提高师范生教学口语的感染力和对象性;而"讲",则是根据思想政治学科特点,运用教学口语技能,准确达意,实现课堂教学目标,并提升教师教学口语技能。

具体训练内容和方法如下:

(一)读

"读",是根据不同的语言文字资料,借助语音、语调、语气、语速、情感等变化,准确表情达意。要求发音正确,语言流畅,朗读中准确运用轻重缓急、抑扬顿挫,增强语言的可接受性。

1. 训练内容与要求

选择叙述性、评述性、论证性、描述性、解释性、抒情性教师口语材料;经典教案、演讲词、辩论词各一篇,把各种教师口语类型和表现形式特点表达出来。材料内容与思想政治(品德)课教学内容相结合。

该项训练重在练习各种教师口语类型和形式的表达技能技巧,并在练习中体会教师口语表达艺术。要求:

（1）语音标准,语言流畅,音量适中,语速恰当;

（2）语气、语调表现适度,轻重缓急、抑扬顿挫运用恰当;

（3）情感表达符合所选内容语言特点;

（4）语言表达易于听者接受。

2. 训练方法与步骤

（1）听朗读录音,小组研讨口语表达技巧和效果;

（2）模仿朗读材料,体会语言表达艺术;

（3）熟悉所选取的各种口语类型的朗读材料,并练习;

（4）小组为单位,反复练习（微格实验室反复练习）;

（5）小组研讨,个人不断修正提高技能。

具体训练内容、步骤与方法见表2.1:

表2.1　"读"的训练内容、步骤与方法

听录音、讨论并模仿	内容	语言表达技巧的分析能力;体会语言艺术魅力
	步骤	听朗读录音—研讨语言表达技巧和效果—模仿朗读材料,体会语言表达艺术
	要求	语意理解准确;语言表达技巧分析准确
	方式	研讨与口语表达模仿练习结合;个人—小组—个人
实做"读"的练习	内容	各种教师口语类型的表达能力和技巧
	步骤	准备材料—根据材料语言特点进行"读"的练习
	要求	语音标准、语言流畅,音量适中,语速恰当 语气、语调表现适度,轻重缓急、抑扬顿挫运用恰当 情感表达符合所选内容语言特点 语言表达易于听者接受
	方式	个人练习与模拟课堂结合;个人—小组（微格实验室）—个人

（二）讲

"讲",是教师借助教学口语将内化后的事物、过程表达出来,与学生进行交流和分享的活动方式。要求用语精炼,遣词造句通俗易懂,逻辑严密,层次清楚,分析透彻,语言具有启发性、对象性和目的性。

1. 训练内容和要求

训练中学生"讲"的技巧要能运用,必须对所讲内容熟悉,心中有数,胸有成竹。所以,在训练中,选择从最熟悉的内容开始练习,逐步掌握技巧,再到思想政治学科内容练习。在组织"讲"的训练内容素材中,通常采用由自我介绍、假期见闻、身边的人和事、事件评论等生活内容开始,到思想政治（品德）教学内容;所讲内容从3~5分钟的单项主题练习,到一节课内容练习。

要求：

(1)语音标准、语言流畅,音量适中,语速恰当;

(2)正确使用本学科名词术语;

(3)遣词造句通俗易懂,没有口头禅和多余的语气助词;

(4)逻辑严密,层次清楚;

(5)语气、语调表现适度,轻重缓急、抑扬顿挫运用恰当;

(6)语言表达易于听者接受。

2.训练方法与步骤

(1)写出所讲内容祥稿。

(2)拟出讲授提纲。

(3)个人课下反复练习,遵循由读祥稿到看提纲讲,再到脱稿讲的练习过程。

(4)小组为单位,课下反复练习,结合微格实验室练习。

表2.2　"讲"的训练方法与步骤

项　　目	"讲"身边的人和事		"讲"思想政治(品德)课教学内容	
	一个主题内容 (3~5分钟)	系列主题内容 (30分钟)	一个主题内容 (3~5分钟)	一节课内容 (30分钟)
步骤	写讲稿(讲授提纲)—读讲稿—据提纲"讲"—脱稿"讲"			
要求	准确运用演讲技巧,体现口语特色;逻辑严密、层次清楚;语言富有激情和感染力			
方式	个人—小组(微格实验室)—个人			

（三）演讲

演讲,是教师教学口语练习的重要形式,其逻辑严密、感情充沛、富有感染力的语言特点,是中学思想政治教师教学口语练习的重要支撑。演讲技能技巧的练习有助于提升教师教学口语技能。

1.训练内容与要求

师范生演讲技能的训练主要借助以下三个内容来进行,即演练经典演讲词、自我介绍(或给定主题)演讲、抽题即兴演讲。

要求：

(1)准确运用演讲技巧,体现口语特色;

(2)逻辑严密、层次清楚;

(3)语言富有激情和感染力。

2.训练方法与步骤

训练中坚持循序渐进、个人与小组结合的原则进行。具体训练方法与步骤见下表：

表2.3　演讲技能训练方法与步骤

序　号	项　目	步　骤	要　求	方　式
1	演练经典演讲词	听录音(观看视频)—读—背—脱稿演讲	准确运用演讲技巧,体现口语特色;逻辑严密、层次清楚;语言富有激情和感染力	个人—小组—个人
2	给定主题(自我介绍等)演讲	写演讲稿—读演讲稿—背演讲稿—脱稿演讲		
3	抽题即兴演讲	准备题目—抽题—演讲—小组研讨		

（四）辩论

辩论,也是教师教学语言练习的形式之一。在辩论中,要求辩手积极调动生平所学、思维的广度和深度、分析问题的透彻精辟度,是一个政治教师教学中应该具备的;而辩手语言表达中的准确性、针对性和目的性,也是教师口语技能练习的重点。

1. 训练内容与要求

师范生辩论技能的训练内容可以从两方面来进行,即经典辩论词演练、主题辩论。

要求:

（1）准确运用辩论技巧,体现辩论语言特色;

（2）逻辑严密、层次清楚;

（3）语言论证性强,具有针对性和目的性。

2. 训练方式和步骤

师范生在对抗中练习辩论技能。具体方式和步骤见表2.4:

表2.4　辩论技能训练方法与步骤

序　号	项　目	步　骤	要　求	方　式
1	经典辩论词(部分)演练	听录音(观看视频)—读—脱稿辩论	准确运用辩论技巧,体现辩论语言特色;逻辑严密、层次清楚;语言论证性强,具有针对性和目的性	个人—小组
2	主题辩论	写—读—脱稿辩论		

思想政治教师口语技能是在多说多练中提升的,读、讲、演讲、辩论是教师口语

常用的练习形式,其中,"读"是教师教学口语表达技能训练的基础;"讲"是目的;而"演讲"与"辩论"技能的训练则是增色"讲"的重要环节和手段。同时,在遵循整体教学口语技能训练步骤的基础上,师范生还可以根据个人口语表达的主要问题,有针对性地进行训练。

附录

资料1:普通话水平测试等级标准①

普通话水平测试(PSC:PUTONGHUA SHUIPING CESHI)是对应试人运用普通话的规范程度的口语考试。全部测试内容均以口头方式进行。普通话水平等级分为三级六等,即一、二、三级,每个级别再分出甲乙两个等次;一级甲等为最高,三级乙等为最低。普通话水平测试不是口才的评定,而是对应试人掌握和运用普通话所达到的规范程度的测查和评定,是应试人的汉语标准语测试。应试人在运用普通话口语进行表达过程中所表现的语音、词汇、语法规范程度,是评定其所达到的水平等级的重要依据。

国家语言文字工作委员会于1997年颁布了《普通话水平测试等级标准(试行)》,共分三级六等。教师必须要达到二级标准。具体的等级标准如下:

一级:

甲等　朗读和自由交谈时,语音标准,词汇、语法正确无误,语调自然,表达流畅。测试总失分率在3%以内。

乙等　朗读和自由交谈时,语音标准,词汇、语法正确无误,语调自然,表达流畅,偶然有字音、字调失误。测试总失分率在8%以内。

二级:

甲等　朗读和自由交谈时,声韵调发音基本标准,语调自然,表达流畅。少数难点音(平翘舌音、前后鼻尾音等)有时出现失误,词汇、语法极少有误。测试总失分率在13%以内。

乙等　朗读和自由交谈时,个别调值不准,声韵母发音有不到位现象。难点音较多(平翘舌音、前后鼻尾音、边鼻音、fu—hu、z—zh—j、送气不送气、i—u不分,保留浊塞音、浊塞擦音、丢介音、复韵母单音化等),失误较多。方言语调不明显。有使用方言词、方言语法的情况。测试总失分率在20%以内。

三级:

甲等　朗读和自由交谈时,声韵调发音失误较多,难点音超出常见范围,声调调值多不准。方言语调较明显。词汇、语法有失误。测试者失分率在30%以内。

---

① 百度百科:普通话水平测试[DB/OL]. http://baike.baidu.com/view/21049.htm.

乙等 朗读和自由交谈时,声韵调发音失误较多,方言特征突出。方言语调明显。词汇、语法失误较多。外地人听其谈话有听不懂情况。测试总失分率在40%以内。

资料2：马丁·路德·金于1963年8月23日在华盛顿林肯纪念堂发表的著名演讲①

我有一个梦想

100年前,一位伟大的美国人签署了解放黑奴宣言,今天我们就是在他的雕像前集会。这一庄严宣言犹如灯塔的光芒,给千百万在那摧残生命的不义之火中受煎熬的黑奴带来了希望。它之到来犹如欢乐的黎明,结束了束缚黑人的漫漫长夜。

然而100年后的今天,我们必须正视黑人还没有得到自由这一悲惨的事实。100年后的今天,在种族隔离的镣铐和种族歧视的枷锁下,黑人的生活备受压榨。100年后的今天,黑人仍生活在物质充裕的海洋中一个穷困的孤岛上。100年后的今天,黑人仍然萎缩在美国社会的角落里,并且意识到自己是故土家园中的流亡者。今天我们在这里集会,就是要把这种骇人听闻的情况公之于众。

就某种意义而言,今天我们是为了要求兑现诺言而汇集到我们国家的首都来的。我们共和国的缔造者草拟宪法和独立宣言的气壮山河的词句时,曾向每一个美国人许下了诺言,他们承诺给予所有的人以生存、自由和追求幸福的不可剥夺的权利。

就有色公民而论,美国显然没有实践她的诺言。美国没有履行这项神圣的义务,只是给黑人开了一张空头支票,支票上盖着"资金不足"的戳子后便退了回来。但是我们不相信正义的银行已经破产,我们不相信,在这个国家巨大的机会之库里已没有足够的储备。因此今天我们要求将支票兑现——这张支票将给予我们宝贵的自由和正义的保障。

我们来到这个圣地也是为了提醒美国,现在是非常急迫的时刻。现在绝非侈谈冷静下来或服用渐进主义的镇静剂的时候。现在是实现民主的诺言的时候。现在是从种族隔离的荒凉阴暗的深谷攀登种族平等的光明大道的时候,现在是向上帝所有的儿女开放机会之门的时候,现在是把我们的国家从种族不平等的流沙中拯救出来,置于兄弟情谊的磐石上的时候。

如果美国忽视时间的迫切性和低估黑人的决心,那么,这对美国来说,将是致命伤。自由和平等的爽朗秋天如不到来,黑人义愤填膺的酷暑就不会过去。1963年并不意味着斗争的结果,而是开始。有人希望,黑人只要撒撒气就会满足;如果国家安之若素,毫无反应,这些人必会大失所望的。黑人得不到公民的权利,美国

---

① 马丁·路德·金. 我有一个梦想[DB/OL].新华网. http://news.xinhuanet.com/ziliao/2005-04/05/content _2787080_1.htm

就不可能有安宁或平静,正义的光明一天不到来,叛乱的旋风就将继续动摇这个国家的基础。

但是对于等候在正义之宫门口的心急如焚的人们,有些话我是必须说的。在争取合法地位的过程中,我们不要采取错误的做法。我们不要为了满足对自由的渴望而抱着敌对和仇恨之杯痛饮。我们斗争时必须永远举止得体,纪律严明。我们不能容许我们的具有崭新内容的抗议蜕变为暴力行动。我们要不断地升华到以精神力量对付物质力量的崇高境界中去。

现在黑人社会充满着了不起的新的战斗精神,但是能因此而不信任所有的白人。因为我们的许多白人兄弟已经认识到,他们的命运与我们的命运是紧密相连的,他们今天参加游行集会就是明证。他们的自由与我们的自由是息息相关的。我们不能单独行动。

当我们行动时,我们必须保证向前进。我们不能倒退。现在有人问热心民权运动的人,"你们什么时候才能满足?"

只要黑人仍然遭受警察难以形容的野蛮迫害,我们就绝不会满足。

只要我们在外奔波而疲乏的身躯不能在公路旁的汽车旅馆和城里的旅馆找到住宿之所,我们就绝不会满足。

只要黑人的基本活动范围只是从少数民族聚居的小贫民区转移到大贫民区,我们就绝不会满足。

只要密西西比仍然有一个黑人不能参加选举,只要纽约有一个黑人认为他投票无济于事,我们就绝不会满足。

不!我们现在并不满足,我们将来也不满足,除非正义和公正犹如江海之波涛,汹涌澎湃,滚滚而来。

我并非没有注意到,参加今天集会的人中,有些受尽苦难和折磨,有些刚刚走出窄小的牢房,有些由于寻求自由,曾在居住地惨遭疯狂迫害的打击,并在警察暴行的旋风中摇摇欲坠。你们是人为痛苦的长期受难者。坚持下去吧,要坚决相信,忍受不应得的痛苦是一种赎罪。

让我们回到密西西比去,回到亚拉巴马去,回到南卡罗来纳去,回到佐治亚去,回到路易斯安那去,回到我们北方城市中的贫民区和少数民族居住区去,要心中有数,这种状况是能够也必将改变的。我们不要陷入绝望而不可自拔。

朋友们,今天我对你们说,在此时此刻,我们虽然遭受种种困难和挫折,我仍然有一个梦想,这个梦想是深深扎根于美国的梦想中的。

我梦想有一天,这个国家会站立起来,真正实现其信条的真谛:"我们认为这些真理是不言而喻的,人人生而平等。"

我梦想有一天,在佐治亚的红山上,昔日奴隶的儿子将能够和昔日奴隶主的儿子坐在一起,共叙兄弟情谊。

我梦想有一天,甚至连密西西比州这个正义匮迹,压迫成风,如同沙漠般的地方,也将变成自由和正义的绿洲。

我梦想有一天,我的四个孩子将在一个不是以他们的肤色,而是以他们的品格优劣来评价他们的国度里生活。

我今天有一个梦想。我梦想有一天,亚拉巴马州能够有所转变,尽管该州州长现在仍然满口异议,反对联邦法令,但有朝一日,那里的黑人男孩和女孩将能与白人男孩和女孩情同骨肉,携手并进。

我今天有一个梦想。

我梦想有一天,幽谷上升,高山下降;坎坷曲折之路成坦途,圣光披露,满照人间。

这就是我们的希望。我怀着这种信念回到南方。有了这个信念,我们将能从绝望之岭劈出一块希望之石。有了这个信念,我们将能把这个国家刺耳的争吵声,改变成为一支洋溢手足之情的优美交响曲。

有了这个信念,我们将能一起工作,一起祈祷,一起斗争,一起坐牢,一起维护自由;因为我们知道,终有一天,我们是会自由的。

在自由到来的那一天,上帝的所有儿女们将以新的含义高唱这支歌:"我的祖国,美丽的自由之乡,我为您歌唱。您是父辈逝去的地方,您是最初移民的骄傲,让自由之声响彻每个山冈。

"如果美国要成为一个伟大的国家,这个梦想必须实现。让自由之声从新罕布什尔州的巍峨的崇山峻岭响起来!让自由之声从纽约州的崇山峻岭响起来!"

让自由之声从科罗拉多州冰雪覆盖的落基山响起来!让自由之声从加利福尼亚州蜿蜒的群峰响起来!不仅如此,还要让自由之声从佐治亚州的石岭响起来!让自由之声从田纳西州的望山响起来!

让自由之声从密西西比的每一座丘陵响起来!让自由之声从每一片山坡响起来。

当我们让自由之声响起来,让自由之声从每一个大小村庄、每一个州和每一个城市响起来时,我们将能够加速这一天的到来,那时,上帝的所有儿女,黑人和白人,犹太教徒和非犹太教徒,耶稣教徒和天主教徒,都将手携手,合唱一首古老的黑人灵歌:"终于自由啦!终于自由啦!感谢全能的上帝,我们终于自由啦!"

资料3:辩论赛流程与基本规则[①]

一、比赛流程

执行主席致开场词,简要介绍赛况、赛程和比赛规则,即进入本场比赛。

---

① 辩论赛比赛规则[DB/OL]. http://season. ouc. edu. cn. /zthd/bianlunsai/cjge/blm/200905/25332. html.

1.执行主席介绍辩题、正反双方代表队和评判团成员情况,并开始比赛。

2.双方自我介绍(共2分钟)

先由正方进行自我介绍,再由反方进行,时间各1分钟。

3.开篇立论(陈词阶段)(共6分钟)

先由正方一辩进行立论,再由反方一辩立论,双方时间为3分钟(2分30秒时短促铃铛声提醒,结束为长铃铛声)。

4.攻辩阶段(共12分钟)

A.由正方二辩选择反方二辩或者三辩进行攻辩,时间为3分钟。

B.由反方二辩选择正方二辩或者三辩进行攻辩,时间为3分钟。

C.由正方三辩、反方三辩重复上述步骤(一方两攻辩手可以重复选择对方同一辩手进行攻辩)。选择对手完毕后,由攻辩方向对方提问,由对方作答。攻方只能提问,反方只能回答,每轮攻辩限时3分钟(2分30秒时举旗提醒,结束为挥旗,若辩手还未停止,由主持人提醒)。在每个攻辩阶段中,攻辩双方不能中途换人,攻守双方站立进行。

5.攻辩小结(共4分钟)

由正方一辩进行攻辩小结,再由反方一辩进行攻辩小结,时间各2分钟(1分30秒时举旗提醒,结束挥旗,若辩手还未停止,由主持人提醒)。

6.自由辩论(共8分钟)

由正方开始自由辩论,双方每次一人轮流发言,不可由同一方连续发言,每方分别计时4分钟。在一方时间到后,可以由时间未到的一方四位辩手自由发言直到时间用尽,也可以由时间未到的一方放弃时间结束自由辩论(3分30秒时举旗提醒,结束为挥旗,若辩手还未停止,由主持人提醒)。

7.总结陈词(共8分钟)

先由反方四辩进行总结陈词,再由正方四辩进行,时间各4分钟(3分30秒时举旗提醒,结束为挥旗,若辩手还未停止,由主持人提醒)。

8.执行主席请评判团退席评议和裁决。

9.场外观众与选手交流阶段:时间为4分钟(不计入比赛分数),正反双方的啦啦队员和场外可针对本场比赛的论题对任意一方的辩手予以提问,相应的辩手是否回答,由执行主席予以裁决。

10.执行主席邀请本场评判团代表分析赛情,作评判发言。

11.执行主席宣布本场比赛的"优秀辩手"和"获胜代表队"名单。

12.执行主席宣告本场比赛结束,有序退场。

二、自由辩论规则

1.自由辩论时间总共为8分钟,每队各占4分钟。

2.自由辩论必须交替进行。当自由辩论开始时,先由正方的任何一位队员起立发言完毕后,反方的任何一位队员应立即发言,双方依次轮流发言,直到双方时间用完为止。

3.在自由辩论时间里,每位辩论队员的发言次序、次数和时间均不受限制。

4.当一队的发言时间只剩30秒时,会有铃铛声提示,当该队的发言时间用完时,用铃铛声警示,该队应立即停止发言。

5.如果一队的发言时间已用尽,另一队还有时间,则该队的一名和多名可以继续发言,直到该队的时间用完为止。

辩论员应充分利用自由辩论这段时间,简洁明了地加强自己的论点,反驳对方论点。如进行空洞无物的进攻,有意回避对方的质询,发生言语混乱,将影响到该队成绩。

三、评分标准

每名辩手的评分标准(100分):

1.论据内容丰富,引述资料充实、恰当。满分20分。

2.论证的逻辑性、说服力强。满分20分。

3.普通话标准,语言的表达流畅,有文采、有幽默感。满分20分。

4.机智、辩才、反驳和反应能力强。满分20分。

5.举止、表情大方、得体、风度佳。满分10分。

6.各院的宣传情况、评委情况以及辩题采用情况。满分10分。

即:A.每名队员满分是100分,四名队员相加即400分;

B.若全体队员整体配合,则设团体协作精神100分;

所有辩论队员在比赛中必须尊重执行主席和对方辩友。参赛时可以自备卡片、小纸条,但切忌通篇宣读。

四、评判程序

(一)比赛结束后,评判团成员先将评分表的有关事项逐项填好,然后退场进行评议、交流并裁决。

1.评委们将各队队员的单项分数相加,计算出每名队员和每个代表队的得分,同时结合双方辩手在场上的表现,评出"优秀辩手"和"获胜代表队",并填于评分表上。

2.评判团集体推选一名评委分析赛情,并作评判发言。

3.将含有本场比赛"优秀辩手"和"获胜代表队"名单的评分表交于主持人(即执行主席)。

4.主持人(即执行主席)宣布本场比赛的"优秀辩手"和"获胜代表队"名单,宣布进入下一场比赛的代表队名单,并宣布本场比赛结束。

(二)总决赛后,评出辩论赛"最佳辩手"和"优秀代表队",评判团具有最高权威,各代表队应尊重评判团的决定。

资料4:国际大专辩论赛目录①

1993 国际大专辩论会初赛 4	剑桥大学 Vs 复旦大学	温饱(不)是谈道德的必要条件
1993 国际大专辩论会半决赛 1		安乐死(不)应该合法化
1993 国际大专辩论会半决赛 2	悉尼大学 Vs 复旦大学	艾滋病是医学问题(社会问题)不是社会问题(医学问题)
1993 国际大专辩论会决赛	台湾大学 Vs 复旦大学	人性本善(人性本恶)
1995 国际大专辩论会初赛 1	波恩大学 Vs 辅仁大学	女性(男性)比男性(女性)更需要关怀
1995 国际大专辩论会初赛 2	新加坡国立大学 Vs 新南威尔士大学	治愚(治贫)比治贫(治愚)更重要
1995 国际大专辩论会初赛 3	韩国外国语大学 Vs 南京大学	愚公应该移山(搬家)
1995 国际大专辩论会初赛 4	南加州大学 Vs 香港中文大学	信息高速公路对发展中国家有(不)利
1995 国际大专辩论会半决赛 1	辅仁大学 Vs 新南威尔士大学	金钱追求与道德追求可以(不能)统一
1995 国际大专辩论会半决赛 2	南京大学 Vs 香港中文大学	社会秩序的维系主要靠法律(道德)
1995 国际大专辩论会决赛	南京大学 Vs 辅仁大学	知难行易(知易行难)
1997 国际大专辩论会初赛 1	首都师范大学 Vs 新加坡南洋理工大学	各国政府(不)应该全面禁烟
1997 国际大专辩论会初赛 2	韩国外国语大学 Vs 加拿大西门菲沙大学	复制人类,利(弊)多于弊(利)
1997 国际大专辩论会初赛 3	韩国外国语大学 Vs 马来亚大学	IQ(EQ)诚可贵,EQ(IQ)价更高
1997 国际大专辩论会初赛 4	香港大学 Vs 法国国立东方语言文化学院	艺术商品化利(弊)大于弊(利)
1997 国际大专辩论会半决赛 1	首都师范大学 Vs 加拿大西门菲沙大学	国际网络(不)应该受管制
1997 国际大专辩论会半决赛 2	马来亚大学 Vs 香港大学	先天遗传(后天环境)比后天环境(先天遗传)重要
1997 国际大专辩论会决赛	首都师范大学 Vs 马来亚大学	真理(不会)越辩越明
1999 国际大专辩论会 A 组初赛 1	马来亚大学 Vs 澳门大学	网络使人更亲近(疏远)

① 历年国际大专辩论赛辩题整理(1993—2007)[DB/OL]. http://www.douban.com/note/87003236/.

续表

1999 国际大专辩论会 A 组初赛 2	耶鲁大学 Vs 台湾大学	成功的作品(不)应该拍续集
1999 国际大专辩论会 A 组初赛 3	香港大学 Vs 新加坡南洋理工大学	电脑必将(不会)取代书本
1999 国际大专辩论会 A 组初赛 4	西安交通大学 Vs 新南威尔士大学	足球比赛引进电脑裁判利(弊)大于弊(利)
1999 国际大专辩论会 A 组半决赛 1	马来亚大学 Vs 耶鲁大学	都市化有(不)利于人类发展
1999 国际大专辩论会 A 组半决赛 2	新加坡南洋理工大学 Vs 西安交通大学	发展知识经济自然科学(社会科学)比社会科学(自然科学)更重要
1999 国际大专辩论会 A 组决赛	马来亚大学 Vs 西安交通大学	美是客观存在(主观感受)
1999 国际大专辩论会 B 组初赛 1	那不勒斯东方大学 Vs 艾因夏姆斯大学	青春偶像崇拜利(弊)大于弊(利)
1999 国际大专辩论会 B 组初赛 2	京都外国语大学 Vs 莫斯科国际关系学院	先成家(立业)后立业(成家)
1999 国际大专辩论会 B 组决赛	艾因夏姆斯大学 Vs 京都外国语大学	爱情是无私(自私)的
1999 国际大专辩论会冠军对抗赛	艾因夏姆斯大学 Vs 西安交通大学	夜晚对人类利(弊)大于弊(利)
2001 国际大专辩论会初赛 1	新加坡国立大学 Vs 悉尼大学	人类将(不会)毁于科技
2001 国际大专辩论会初赛 2	武汉大学 Vs 香港大学	经济发展和环境保护(不)可以并行
2001 国际大专辩论会初赛 3	温莎大学 Vs 东吴大学	全球化有(不)利于发展中国家
2001 国际大专辩论会初赛 4	牛津大学 Vs 马来亚大学	信息传播发展(不)会打击本土文化
2001 国际大专辩论会半决赛 1	新加坡国立大学 Vs 武汉大学	以成败论英雄是(不)可取的
2001 国际大专辩论会半决赛 2	温莎大学 Vs 马来亚大学	个人利益与集体利益(不)可以两全
2001 国际大专辩论会总决赛	武汉大学 Vs 马来亚大学	钱(不)是万恶之源
2003 国际大专辩论会 A 组初赛 1	中山大学 Vs 弗莱堡大学	网络(不)是虚幻的
2003 国际大专辩论会 A 组初赛 2	新加坡国立大学 Vs 澳门大学	家庭(事业)比事业(家庭)更重要

续表

2003 国际大专辩论会 A 组初赛 3	香港浸会大学 Vs 马来亚大学	"代沟"的主要责任在长辈（晚辈）
2003 国际大专辩论会 A 组初赛 4	墨尔本大学 Vs 世新大学	广告有（不）利于大众消费
2003 国际大专辩论会 A 组半决赛 1	中山大学 Vs 新加坡国立大学	爱（被爱）比被爱（爱）更幸福
2003 国际大专辩论会 A 组半决赛 2	马来亚大学 Vs 世新大学	科技的发展会促进（抑制）人的全面发展
2003 国际大专辩论会 A 组决赛暨联欢会	中山大学 Vs 世新大学	顺境（逆境）更有利于人的成长
2003 国际大专辩论会 B 组初赛 1	哥伦比亚大学 Vs 艾因夏姆斯大学	存钱（花钱）比花钱（存钱）划算
2003 国际大专辩论会 B 组初赛 2	莫斯科国际关系学院 Vs 斯德哥尔摩大学	现代社会应该（不应该）鼓励男主外,女主内
2003 国际大专辩论会 B 组决赛暨颁奖晚会	哥伦比亚大学 Vs 莫斯科国际关系学院	现代社会女人（男人）更累
2003 国际大专辩论会 A—B 组友谊赛		夫妻之间（不）应该有隐私
2005 国际大专辩论赛 A 组初赛 1	马来西亚国家能源大学 Vs 莫斯科国立大学	生男（生女）好过生女（生男）
2005 国际大专辩论赛 A 组初赛 2	新加坡国立大学 Vs 电子科技大学	好马要（不）吃回头草
2005 国际大专辩论赛 A 组初赛 3	澳门大学 Vs 香港科技大学	整容（不）可以改变命运
2005 国际大专辩论赛 A 组初赛 4	世新大学 Vs 澳洲国立大学	高薪（不）能养廉
2005 国际大专辩论赛 A 组半决赛 1	马来西亚国家能源大学 Vs 电子科技大学	善（未必）有善果
2005 国际大专辩论赛 A 组半决赛 2	世新大学 Vs 香港科技大学	专才（通才）比通才（专才）更吃得开
2005 国际大专辩论会 A 组决赛	香港科技大学 Vs 电子科技大学	名人隐私（不）应该受到保护
2005 国际大专辩论会 B 组初赛 1	斯德哥尔摩大学 Vs 韩国外国语大学	开放廉价航空市场利（弊）大于弊（利）
2005 国际大专辩论会 B 组初赛 2	北京语言大学 Vs 海德堡大学	安乐死（不）是个人的权力
2005 国际大专辩论会 B 组决赛	韩国外国语大学 Vs 北京语言大学	手机科技进步利（弊）大于弊（利）

续表

2005 国际大专辩论会 A—B 组友谊赛		婚姻是爱情的坟墓
2007 国际大学群英辩论会 A 组初赛 1	新加坡国立大学 Vs 中南财经大学	对城市流浪猫狗(不)可以进行扑杀
2007 国际大学群英辩论会 A 组初赛 2	博特拉大学 Vs 香港中文大学	武术进入奥运有(不)利于武术发展
2007 国际大学群英辩论会 A 组初赛 3	澳门大学 Vs 东吴大学	金庸小说(不)应该进中学课本
2007 国际大学群英辩论会 A 组半决赛 1		购买盗版者(不)应该负法律责任
2007 国际大学群英辩论会 A 组半决赛 2		政府(不)应该限制私家车数量
2007 国际大学群英辩论会 A 组总决赛暨颁奖仪式		(不)赞成送老人进养老院
2007 国际大学群英辩论会 A 组冠军		中南财经政法大学夺冠宣传片
2007 国际大学群英辩论会 B 组初赛 1	开罗大学 Vs 梨花女子大学	(不)赞成为了漂亮而去整容
2007 国际大学群英辩论会 B 组初赛 2	牛津大学 Vs 耶鲁大学	公共场所应该全面(部分)禁烟
2007 国际大学群英辩论会 B 组初赛 3	莫斯科国际关系学院 Vs 墨尔本大学	赞成(反对)网络实名制
2007 国际大学群英辩论会 B 组半决赛 1		西班牙斗牛有(没有)必要停止
2007 国际大学群英辩论会 B 组半决赛 2		国际顶级足球明星的收入和付出(不)成正比
2007 国际大学群英辩论会 B 组决赛		高等教育应该严进宽出(宽进严出)

第三章 思想政治教师教学板书技能

学习目标

1. 知晓思想政治教师教学板书的作用和优势。
2. 掌握思想政治教师教学板书的基本原则和板书训练的内容和方法。
3. 熟练运用板书的各种技能进行课堂板书。

第一节 教学板书概述

教学板书是指教师授课时根据教学的需要,运用文字、图表、符号、绘画等传递教学信息,展示教学内容,进行教书育人的一种必要的教学行为方式,也是教师必备的专业技能之一。不管世事如何变迁,板书在教学中的作用是不可替代的,对教师这一基本功的重视与培养一直是教师技能培训的重要组成部分和基本环节。

一、思想政治教师教学板书的作用

好的板书,集教材的"编路"、教师的"教路"和学生的"学路"于一体,从一定意义上讲,板书设计和运用的优劣在很大程度上决定了课堂教学的成功与否。教学板书的作用具体表现为:

(一)板书是洞察教材的"窗口"

板书作为一种最常用的教学手段之一,它的设计不是独立存在的,必须以教材为蓝本,紧紧围绕教学目标进行。一个好的板书,能最大限度地体现一个教师对教材的驾驭能力;透过板书,也能最直观、最形象地把握教材的内容,反映出教材知识的脉络与体系。板书无疑是洞察教材的"窗口",也有人把精心设计的板书称为"形式优美、重点突出、高度概括的微型教科书"。

案例:《大力发展生产力》的板书设计就为我们打开了一扇洞察教材的"窗口"

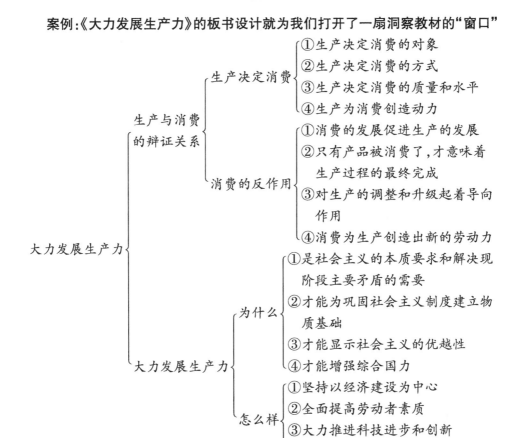

生产与消费的辩证关系
- 生产决定消费
  - ①生产决定消费的对象
  - ②生产决定消费的方式
  - ③生产决定消费的质量和水平
  - ④生产为消费创造动力
- 消费的反作用
  - ①消费的发展促进生产的发展
  - ②只有产品被消费了,才意味着生产过程的最终完成
  - ③对生产的调整和升级起着导向作用
  - ④消费为生产创造出新的劳动力

大力发展生产力
- 为什么
  - ①是社会主义的本质要求和解决现阶段主要矛盾的需要
  - ②才能为巩固社会主义制度建立物质基础
  - ③才能显示社会主义的优越性
  - ④才能增强综合国力
- 怎么样
  - ①坚持以经济建设为中心
  - ②全面提高劳动者素质
  - ③大力推进科技进步和创新
  - ④实施改革

(二)板书是实施教学的"导游图"

教学的实施必须借助相应的教学手段来进行,教学板书便是教师实施教学必须依靠和借助的不可或缺的手段,是实施教学的"导游图"。它直接明白地把教师的"教路"呈现给学生,搭建起教师的"教路"与学生的"学路"间的桥梁,增强教学内容的系统化、条理化、形象化,推动教学的层层展开和顺利实现。

案例:《价值决定价格》的教学板书设计

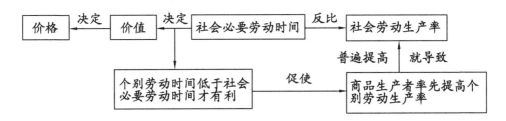

通过《价值决定价格》的教学板书的层层推导,教师将"价值决定价格""社会必要劳动与社会劳动生产率成反比"和"社会必要劳动时间决定商品的价值"三对关系清楚讲解,并直观、形象地阐明了"商品生产者努力提高个别劳动生产率"的原因,有助于教学的顺利实施。

（三）板书是教师的"微型教案"

洋洋洒洒的一大篇教材文字,却仅仅表现为非常有限的板书展示,板书绝不是教材内容的简单再现和重复,它要求用极精练的文字或恰当的符号或典型的图表对教学内容进行提纲挈领的概括和创造性的设计,所凝聚的是教师个人对教材思想的理解、对知识点凝练和浓缩,对教学内容的提炼,是教师智慧的结晶。可以说,好的板书就是教师深研教材和教学内容、要求所形成的"微型教案"在黑板上的展现,它便于教师熟记教学的内容和展开教学实施。

案例：《财政收入和财政支出》的板书设计

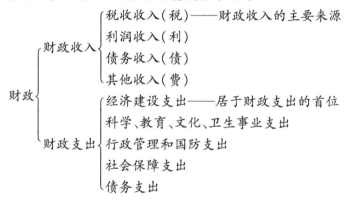

（四）板书是学生学习的"蓝本"

精心设计的板书是教学策略的结晶,凝聚着教学内容的精华。板书是课时教学方案的重要组成部分,通过良好的板书设计,有助于教学重点突出、难点清楚,化难为易、化繁为简,使书本知识在课堂教学中条理化、系统化,使抽象的教学内容具体化、形象化,给学生明确目标、开启思路、激发兴趣、陶冶情操,降低学生理解掌握知识的难度,增强教学的知识性和趣味性,有效地提高政治课的教学效果。它能在课内帮助学生听好课、记好笔记,在课后利于学生复习巩固、进一步理解和记忆,是学生学习的"蓝本"。

案例:《消费的类型》的板书设计

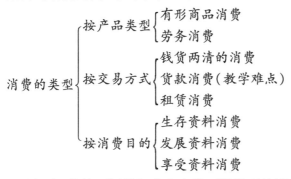

通过板书,将按不同的标准产生的不同类型的消费详尽呈现给了学生,使学生一目了然,熟记于心。

二、思想政治教师教学板书的优势

无论从现代教育学和心理学理论探究,还是源于教学实践的考察,板书都有着不可取代的优势。

（一）板书的直观形象,既利于知识再现,又利于提高学生的识记效果和学习效率

板书作为视觉语言符号,给学生提供了很强烈的视觉信息源,有利于知识再现,从而可以提高学生的视觉识记效果,提高学习的效率。在课堂上,学生运用"注意规律"进行识记,不仅依靠听觉,还必须依赖于视觉。心理学研究表明,视觉的注意力集中率是听觉的 1.5 倍,学习效率是听觉的 7.5 倍,记忆效率是听觉的 1.7 倍。如果教师在黑板上讲写配合,使学生视听并用,则可达到 1+1>2 的效果。而视听结合所产生的识记效果为最佳,如果视听并用时,记忆效率可以达到4.1 倍。[①]可见,教师生动活泼地讲解并不失时机地出示板书,吸引学生专注地听,仔细地看,认真地记,积极地思,耳、眼、手、脑等多种感官的综合使用,无疑会极好地提高学生学习的识记效果,加深对知识的把握和理解。

同时,板书停留的时间较长,常常从一节课开始至课程结束,板书的主体部分都会清楚明白地呈现在学生眼前,这既有利于学生做笔记和课后的记忆,更使学生得到清晰而完整的知识结构,有利于学生一边听讲一边对照,反复刺激,不断思考,当然,有利于提高学生的学习效率。

此外,板书还具有化复杂为简单,化紊乱为条理,化抽象为直观的功能,能激发学生的学习兴趣,使学生学起来省时、省力,优化课堂结构,提高学习效率。

总之,有了精心设计的板书辅助教与学,可以使学生听得更清楚、更准确;理解

---

① 权威,马春龙,柳在华.关于改进高校课堂教学的几点思考[J].现代教育科学,2010(8).

得更迅速、更正确;记忆得更牢固、更持久。

（二）板书的动态生成,既有利于师生平等的交流,又有利于课堂的驾驭

多媒体课件是目前使用较多的一种上课手段,它的优势是毋庸置疑的,但它绝对不能替代传统的教学板书,但多媒体课件往往主要体现为一种教学"预设",常常是老师提前精心设计好的,内容相对固定,在课堂上难以作随机的调整,并在无形中给学生一种课件内容"不容置疑""不能挑战"的错觉。即使在课堂上出现了不同的声音,教师要么口头稍加点评,要么忽略,通常都会按照预设的多媒体内容按部就班地传授给学生,忽视学生思维的灵感与智慧的火花,忽视教学的积极生成。利用多媒体组织教学的教师,尤其是新教师犹如一名机械化的操作员,受制于计算机主控台前,教学材料过于结构化,教学用语过于书面化,操作上过于程式化。随着鼠标的点动,页面的切换,难以产生教学随机生成,学生的注意力也常常被图片吸引或忙于抄笔记,师生之间的互动交流很难很好地开展。同时,多媒体应用的内容衔接常常比较生硬与直接,缺少中间的自然过渡,让学生在知识衔接的理解上产生困难,且切换速度快,使教师很难掌握课堂适时恰当的停顿、进度和节奏,导致某些教学环节被忽略,如:教学内容的过渡环节、学生阅读相关教材的环节,学生思考问题的环节。因为有些教学课件制作方法方式过于简单,一个页面的所有内容直接呈现,问题和答案同时呈现给学生,学生自然坐享其成,当然更谈不上师生积极互动交流,直接导致教师课堂节奏失控,上课时间把握不当。梅瑞斌等老师在对东北大学秦皇岛分校学生的调研中发现:大部分学生认为多媒体授课过快,23% ～24%的学生认为多媒体制作华而不实,过分注重形式,缺乏内容,还有17.76%的学生认为多媒体缺乏师生之间的交互性。① 而教学板书的动态生成却有效地克服了这一不足,它直接地体现了新课改新理念:倡导课堂师生、生生的积极互动。动态生成的板书,有利于缩短师生之间的距离,有利于师生的平等交流,有利于课堂的积极应变与驾驭,在这种动态生成的过程中,总会收到令人意外的惊喜与收获。因此,在教学中,应坚持教学板书为主,多媒体课件为辅。

案例 1:《意识是客观事物在人头脑中的反映》的教学板书设计

在讲授《意识是客观事物在人头脑中的反映》时,教师即兴请了三位同学上台来画"鬼",结果,戴眼镜的同学画的"鬼"居然戴上了眼镜,长头发同学画的"鬼"居然拥有"披肩发"。在同学们的开怀大笑中,大家对鲁迅先生的话语"天才们无论怎样说大话,归根结底,还是不能凭空创造。描神画鬼,毫无对证,本可以专靠了神思,所谓'天马行空'似的挥写了,然而他们写出来的,也不过是三只眼、长颈子,就是在常见的人体上,增加了眼睛一只,增长了颈子二三尺而已"恍然大悟,对于"意

---

① 梅瑞斌,齐西伟,李明亚,等.多媒体与板书在课堂教学中的研究与实践[J].教育教学论坛,2012(1) 83-85.

识的内容是客观的"和"宗教是客观世界在人们头脑中虚幻和歪曲的反映"这一抽象的难以理解的知识点一点即通。

案例2:《树立正确的消费观》的板书设计

教师在讲授《树立正确的消费观》这一课时,向学生提问:请大家自由发言,谈谈你购买东西时,什么心理将决定你买或不买? 同学们七嘴八舌说开了,喜欢就买,流行就买,能展示个性就买,买好的买名牌,有用才买,价廉物美才买,等等。老师不失时机地把学生回答的关键词写在黑板上,"流行""大家""喜欢""个性""好贵""名牌""有用""物美价廉",从而顺理成章地生成出授课要点:"从众心理""求异心理""攀比心理"和"求实心理",并请同学对四种心理进行一一点评,从学生答案中再次提炼出关键词,从而在师生互动的轻松氛围中推动教学顺利实施。而这一切,必须借助教学板书的层层展开,而多媒体却很难完成。

消费心理面面观

"流行""大家" ——→从众心理(具体分析)

"喜欢""个性" ——→求异心理(辩证对待)

"好贵""名牌" ——→攀比心理(反对)

"有用""物美价廉"——→求实心理(提倡)

（三）板书的层层推导,既有利于增强教师授课的逻辑性,又有利于学生思维的启迪

当下,许多一线教师都在呼唤传统板书的回归,尤其是数理化等自然科学学科,其逻辑的层层展开,公式的步步推导,没有板书连基本的教学任务都很难完成。思想政治学科,其理论同样有逻辑性、条理性,天马行空的想象,只讲不写,很难让理论能深入浅出,植根于学生的头脑;很难宏观地帮助学生建立知识间的链接,搭建自我的知识框架,这便是学生"记得快、也忘得快"的一个原因。同时,历观近年来的思想政治课高中考题,灵活性越来越强,知识的跨度越来越大,对学生知识间的逻辑要求,知识的举一反三,对学生的独立思考和思维要求越来越高。如果一直采用"碎片化"或"片段化"教学,没有知识间的整体建构,没有层层的逻辑推导,是无法真正实现我们的教学目标。而板书通过知识点间的链接,能引领学生发现相互间的内在联系,理清关系,探究真知,提高发现问题和解决问题的能力,提高逻辑思维能力。同时,教师还可利用教学板书,留出时间和空间让学生思考、体会、消化和吸收,随时掌握学生的学习状况,调控讲授的深度和广度,打破思路桎梏,通过师生间丰富对话的展开,尤其是教师的口语与板书有机地配合所产生的整体教学效应,可有效地训练学生的思维,提高学生对知识的理解和接受程度,激发教师教学的灵感,启迪学生思维的火花。梅瑞斌老师的调研也证实,60%以上的学生认为板

书有助于学生逻辑推理、论证及抽象思维能力的提高。①

　　案例:"为什么说发展生产力是我国当前的主要任务"的板书设计

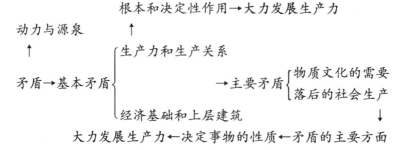

　　在讲授我国当前的主要任务时,教师借助板书,对"为什么说发展生产力是我国当前的主要任务"时,从"矛盾""基本矛盾""主要矛盾"和"矛盾的主要方面"入手进行了层层推导,运用已学的"矛盾的主要方面决定事物的性质"的原理顺理成章地推导出"大力发展生产力是我国当前的根本任务",从本质上给予了学生清楚明白又深入浅出的讲解。此板书设计强调了知识的深层次联系,以及哲学知识与经济知识有机嫁接,有利于学生把握知识的拓展、迁移和转化,强调了逻辑的推理,学生思维的积极启迪,强调了知识的生成,使学生"知其然,更知其所以然",既重视了教法又重视了学法。

三、思想政治教学板书的基本原则

　　好的板书设计应该目的明确、准确简明、条理清晰、脉络分明、布局合理、灵活多样及富有艺术性。教师在设计板书时,必须遵循以下原则,才能真正实现板书的良好效果。

(一)目的性原则

　　教学过程是有计划、有目的的操作行为,一切教学方法、措施都应为教学目的服务,板书是其中一种最常用的教学手段,因此,它的设计必须围绕教学目标进行,带有明确的目的性。板书设计的直接目的就是为了帮助学生了解和把握教学的内容及知识的结构层次。每一节课都有它的知识点和重难点,都有其特有的目的要求。学生通过板书可以掌握教师讲授的顺序和思维过程,了解教材的重点难点,并获取课后复习的重要依据。因此,板书设计必须做到内容完整,目的明确。切不可过于简单,达不到板书的目的;也不要过于繁杂,喧宾夺主。

　　板书的目的性的原则不仅表现为板书必须服务于、服从于所授课程内容的教

---

① 梅瑞斌,齐西伟,李明亚,等.多媒体与板书在课堂教学中的研究与实践[J].教育教学论坛,2012(1):83-85.

学目的的实现,它还表现为板书自身目的的实现。即通过板书,实现提高教学效果、建立师生互动平台,提升教学质量的目的。目的性原则是板书设计的首要原则。

(二)概括性原则

浓缩才是精华,作为教师教学的"微型教科书"的教学板书,第二大原则便是概括性原则,具体体现为简明扼要、提纲挈领。在短短45分钟的课堂教学中,若教师板书的内容过多,教师若认认真真一笔一画书写,则会浪费宝贵的课堂教学时间,减弱师生的沟通交流;若敷衍了事,草草书写,不仅无法体现板书的效果,甚至会事倍功半。同时,学生也因忙于抄笔记而分散注意力,影响听课效果,降低学习效率,还会因过于详细的板书影响看书用书的积极性。因此,板书要求要言不烦,言简意赅,结构严谨,语言精练,在最有限的时间和空间内抓实质、抓核心、抓重点,实现价值的最大化。首先体现在用语精练,能用词语表达就不要用句子,能用字就不用词,能用符号、公式表示就不用文字描述。此外,板书的整体结构也应尽量简洁清晰。当然,板书内容的多寡、详略,要根据教材具体情况、教学选择情况及学生的具体情况而定。我们也要防止另一种倾向,即整堂课黑板上只有寥寥数字。过于简略的板书语言不足以传达必要的信息。

案例:一位教师的《共筑师生情感桥梁》的板书设计如下:

传统师生关系　　　　**Vs**　　　　新型师生关系

↑　　　　　　　　　　　↑

基础:权威—遵从　　　基础:民主—平等

表现:师与生　　　　　表现:亦师亦友

这种设计,直观简洁,通俗易懂,记忆深刻。通过对比,将新型师生关系"民主与平等"深深地植根于学生的头脑,"亦师亦友"的教学结论,不仅仅是知识目标的简单再现,更是一种情感态度价值观的深刻体会和感悟。

(三)条理性原则

条理性原则首先要求教师在设计板书时要凝练简洁,抓重点,抓关键,条理分明,纲举目张,疏密相间。要使传授的知识进一步系统化、结构化,保持板书的整体连贯性和完整性,做到繁而不杂,多而不乱,使学生获得清晰的思维过程,更好地帮助学生对所学知识的理解、巩固和提高。

其次,条理性原则还内在地包含了周密的计划性的要求,只有有了计划性,才能真正或更好地实现条理性。板书不是一下子出现在黑板上的,而是随着教学进程逐步形成的。因此,教师备课时要根据教学内容进行认真设计,通过某种板书设计达到某项教学目的,对于在什么时机进行板书,板书内容出现的先后、内容间相互的呼应和联系,文字的详略大小和去留、布局位置的调整、虚实的配合、符号的运用、板书与讲述的统一、板书与其他教学活动的配合等,都要进行周密的考虑,做到心中有数,切忌"眉头一皱信手写来"的随意性,力争实现板书最佳的效果。

只有在计划性指导下的条理化板书,才能更好地展示教材的内容,体现教师的教学思路,引领学生积极思考,将集教材的"编路"、教师的"教路"和学生的"学路"于一体的板书淋漓尽致地展现给我们。

(四)规范性原则

规范性原则是板书设计的一项基本原则,主要包括两个方面的要求:一是内容的规范性,也就是要求板书要能客观、准确地反映所授课程章节的内容,突出重点,破译难点,解释疑点,使内容的再现结构严谨、体系完整,达到书之有理。具体而言,板书的用语要简明精练,具有代表和概括性,句子要完整,内容表达要明确、清晰;用词要准确、正确,课堂补充的内容要用括号等符号加以区别。二是书写的规范性,就是要写规范汉字,不写错别字、繁体字和不规范的简化字;字体大小要匀称,要工整而不能潦草。板书符号使用正确,正副板书要区别对待。

(五)艺术性原则

板书设计不但要求内容要准确精练,而且形式要活泼,突出个性,富有启发性和美感,达到书之有艺。板书是教学艺术的组成部分,设计板书是一种艺术的创造性劳动,艺术性是板书设计的最高原则。只有坚持板书的艺术性,才能让学生真正地感悟板书的艺术之美。

一是布局美。精美的板书布局是教师精心设计的结晶,它不仅利于扩大学生的形象思维领域,丰富学生的审美意识,而且由此能产生对教材内容的欣赏美、领悟美和创造美的心灵共振。版面的精美妙趣,能增强学生学习的情趣,更能使学生在精美的境界中减轻学习上的心理压力和思想负担。

二是色彩美。教师在黑板书写时,应该有意识地考虑借助一些彩色粉笔。适当运用一些色彩变化,有利于吸引学生的注意力,诱发学生的观察情趣,激发学生的求知欲望,达到出奇制胜的效果。一般而言,板书的色彩可以采用白色、红色、黄色这三种颜色为宜。板书的主题内容用白色粉笔显示,其余的部分则可以根据教学的重点和难点,有所侧重地灵活使用彩色粉笔。值得注意的是,过犹不及,太艳丽太繁杂的色彩反而会减弱教学效果,影响教学目标的圆满完成。

三是图示美。据心理学原理,人的大脑左半球接受声响输入,右半球接受直观输入,因此,在板书中辅之多姿多彩的图画,能使教学内容更加形象生动,更加直观完整,使学生在无形中得获在快活氛围中求索知识的愉悦。知识脉络图、逻辑推理图、比较分析图都是教学内容图示化的具体表现。

案例 1："道德与法律的异同"的图表式板书设计

项目　内容　　概念	道　德	法　律
区别　产生的时间	原始社会	奴隶社会
表现的形式	非制度化	制度化
约束力	社会舆论,风俗习惯,内心信念	强制力
作用范围	范围广,普遍性,广泛化	限定范围
调节的要求	较高的理想化要求	最低要求
联　系	1.产生的来源有共同点:现实生活等 2.两者的内容有包容之处 3.两者的作用发挥相互凭借	

案例 2:《法不可违》的板书设计

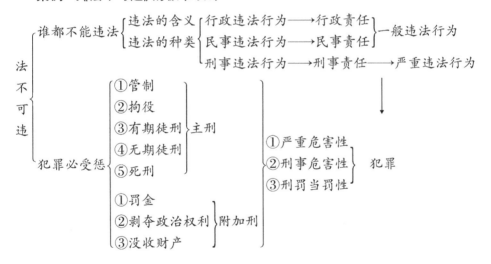

第二节　教学板书技能训练

　　教学板书技能专项训练是思想政治教师专业技能训练的基本内容之一,它对提升思想政治教师综合素养和教学质量都有着至关重要的作用。有步骤、有系统地加强思想政治教师教学板书技能训练已成为当下积极响应新课标要求,培养新型教师队伍的重要课题之一。

一、思想政治教师教学板书技能训练内容与要求

对思想政治教师开展板书技能的培训,最直接的目的是期待受训者通过专业培训,更好地掌握板书的基本构成和书写要求,能根据不同课程内容、不同听课对象,采取不同形式、不同格式的板书设计,充分发挥板书的优势和作用,实现板书价值最大化。

(一)思想政治教师教学板书训练内容

教学板书是一项对综合素质要求较高的教学技能,我们暂且搁置课前板书设计的环节,主要针对受训者实践操作的环节,即如何在课堂上有效地完成课时板书展开培训。首要的就必须让受训者清楚明白地知晓板书的基本构成、基本格式和主要形式,以便在实践中具体操作和运用。

1. 思想政治教师教学板书的基本构成及其运用

思想政治教师教学板书按照作用来划分,基本上可以分为两大类:主板书和副板书。

(1)主板书。主板书也叫基本板书和中心板书。它是体现课标和教学大纲要求、教学目标与教学内容内在联系的重点、难点、中心和关键的板书,是能反映教师的教学意图,反映政治课教学内容的结构及其表现形式的板书,是课堂教学的逻辑关系图。无论是洞察教材的"窗口"还是实施教学的"导游图",无论是学生学习的"蓝本"还是教师的"微型教案",所指代的主要是主板书。主板书所书写的内容是学生做笔记的主体内容,主板书要求一次成型,只写不擦,从始至终都置于黑板最醒目的位置,占据最主体的面积,让学生能一目了然,铭记于心。具体讲,主板书的位置一般多居于黑板中部,至少占黑板空间的 1/2 甚至更多。主板书的书写除四边要适当留有空白外,或居中,或从左到右书写。课程的章节标题的书写都应大于其余内容。主板书所书写的内容主要包括:课题名称(即课程的章节目标题);授课提纲,包括研究问题的思路、方法和程序,知识的系统结构等;教学要点和重点,包括重要的含义、原理、特征、规律、性质、用途、步骤、过程、结论、注意点和学习要求等。

(2)副板书。副板书也叫辅助板书,是主板书的补充、发展,具有一定的随机性。它是反映政治教学内容中有关词语、词义和例句、数据、图表等的板书,也可以是临时出的思考题,是揭示有关零散知识的板书,是根据课堂教学需要,根据学生反馈随机出现的板书。副板书的处置比较灵活,对于一些临时性内容,如生僻的字词、相关的时间或不重要的数据等,可以写了即擦。另外,从板位安排来看,倘若主板书居中,副板书常常出现在右侧,若内容较多,可在左右两侧同时出现,但一定要注意整体的布局,不能喧宾夺主。若整体板书分为左中右三块,从左到右,前两块

都是主板书的位置,靠最右边的一块则是副板书位置(在板书格式培训内容中将用图示详细展示)。但值得注意的是,一堂课倘若只有主板书,没有副板书是不完整的。副板书虽然地位不能与主板书同日而语,但也具有重要的作用,它能够更全面、更深入地体现教学内容,更清晰、更明了地反映教师授课的思路,若主副板书合理运用,协调配合,则能更好地达到教学大纲的要求,更好地实现教和学的双向互动,更好地提升教学质量。

2.思想政治教师教学板书的基本格式及其运用

如何对主板书和副板书进行合理的布局,就涉及板书的排列格式。板书培训第二项内容便是教学板书的基本格式及其运用。思想政治教师教学板书的基本格式主要有以下四种:

(1)左右式。左右式即把黑板从中间分成左右两部分进行书写。这是普遍采用的一种格式。一般在主体内容不多,可在一个板面完成书写时使用。左右式板书中,主板书居左,副板书居右(见图3.1)。

图3.1　左右式

(2)居中式。居中式即主体板书只在黑板中间部分书写。它适用于内容较少的板书,提纲挈领,几行字,几段话,清楚明白地呈现在黑板中间,美观、醒目。副板书内容不多时仅在主体板书的右侧呈现;内容较多时,可在左右两侧同时呈现,但安排的内容有所差异。位于右侧的副板书一般为临时的内容,可以随擦随写;但位于左侧的副板书,一般为启发性、提示性、基础性的内容,是对主体板书不可或缺的补充,一般不要随意擦写(见图3.2(a)、3.2(b))。

(3)左中右式。左中右式即把黑板分成左中右三部分进行书写。它适用于板书内容较多的情况,通常需要用两个板面来完成主板书。在这种情况下,我们一般把黑板右侧作副板书使用(见图3.3)。

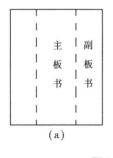

(a)

(b)

图3.2　居中式

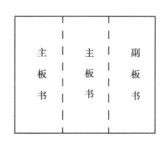

图3.3　左中右式

(4)通板式。通板式即黑板作一整体,从左到右进行书写。它主要运用于框架小结、知识点结构图展示、单元复习和总复习。通板式板书更有利于教师进行演绎推理和总结归纳。这种情况下,由于常常不是新授课,因此副板书较少。

另外,在其他的学科,尤其是自然科学学科,如数物化等教学中,还经常出现上下式板书的基本格式,即把黑板分成上下两部分进行书写。教师往往用上部分板书,用下部分让学生解题。由于政治学科要求学生进行课堂现场演算的机会不多,因此,这种自然科学学科中的基本板书格式在政治教学中很少采用,甚至不用。

总之,板书的格式是多种多样的,教师在选择时因教学内容的要求,结合板书的美观效果来具体分析,精心挑选出最适合的板书格式。

3.思想政治教师教学板书的主要形式及其运用

教学板书的主要形式及其运用是教师教学板书技能培训的又一重要内容,它在很大程度上决定了板书的优劣。根据思想政治课的不同内容、不同教学进程、不同教学目的,政治课教师可以着重训练提纲式、线索式、图表式和综合式四种主要的板书形式。

(1)提纲式板书。提纲式板书,又称为纲目式板书,是最基本、最常见、最传统的一种板书形式。它以文字表达为主,把教学内容纲目化。即按照教学内容和教师的讲解顺序,提纲挈领地编排和书写讲授内容的提要和回答问题的要点。它简单明了,概括性强,条理分明,层次清楚,富有逻辑,最能反映教学内容的总体结构及教学思路,重点突出,记忆深刻。学生根据板书提纲学习,有利于知识点的掌握和理解,有利于分析问题和解决问题能力的提高。在教学中,教师运用提纲式板书往往先书写课时的总体知识点,然后再依次书写一、二级目录(即知识要点)并进行层层分析,最后再进行知识点的归纳总结,得出最后的结论或进行知识点的回顾和复习。具体来讲,提纲式的板书又可以表现为以下几种形式:

首先,最常见的形式称为要点式。主要采用从上至下的书写,类似于论文的写作提纲,主要体现教材的章节目等知识要点。要点式的板书格式最能体现提纲式的提纲挈领、简单明了的特征,整体板书清爽,层次分明。

案例:《传统文化面面观》的要点式板书设计

　　一、传统文化的面面观
　　(一)传统文化的含义
　　(二)传统文化的类型
　　(1)传统习俗
　　(2)传统建筑
　　(3)传统文艺
　　(4)传统思想

要点式板书一般是将知识点完整详细地展示,而摘要式板书和分解式板书则是要点式板书中的两种特殊情况。摘要式板书主要在观点内容比较繁长时采用这种板书形式,主要的作用是直指关键点,可以帮助学生把握知识重点,加深记忆。

案例:"社会主义市场经济的基本特征"的摘要式板书设计

社会主义市场经济的基本特征 ⎧①基本标志:坚持公有制的主体地位
⎨②根本目标:实现共同富裕
⎩③宏观调控:强有力

分解式板书主要运用于复杂的概念、原理、观点。为了引导学生从不同角度去理解和掌握相关的概念等,需要在教学中细化讲解,这时可采用分解式板书,将知识点展示得更透彻。

案例:"税收的含义和本质"的分解式板书设计

税收的含义和本质 ── 主体:国家
── 客体:单位和个人
── 目的:保证国家实现其职能
── 凭借:国家的政治权力
── 依据和保障:税法
── 地位:财政收入的基本形式和最重要的源泉
── 内容:货币和实物

其次,结构式板书也是提纲式板书的另一表现。这是一种以文字表述为主并用线条或符号把文字组成一定框架结构、脑图结构来展示知识点的整体性鲜明的板书形式。它通常能把比较抽象的理性知识具体化,具有概括性、直观性的特点。

案例1:《当代国家政体的基本类型》的结构式板书设计

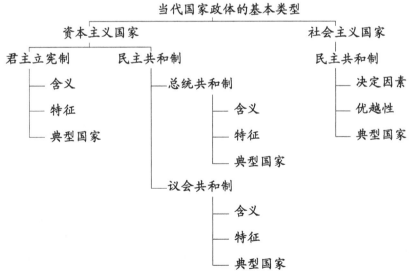

结构式板书除了从上至下的框架结构外,还可利用大括号形式,将知识要点从左至右层层展开,这也是许多教师乐于使用的板书格式。

案例2:《货币的职能》的板书设计

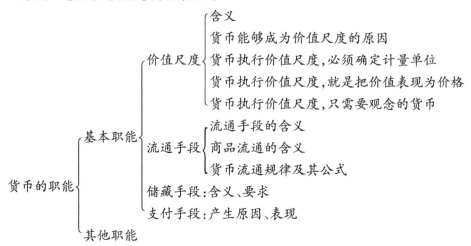

从上述"货币的职能"的板书中,我们可以清楚地掌握货币的职能包括基本职能和其他职能两大类,其中,基本的职能又包括价值尺度、流通手段、储藏手段和支付手段四种。

结构式的板书不仅可运用于知识的层层展开,还可运用于知识的归纳总结。可参照以下两个案例。

案例1:"我国必须实行中国共产领导的多党合作制"的板书设计

①中国共产党的性质

②我国的民主党派较多

③革命时期各民主党派为解放事业作出了重大贡献

④新中国成立后各民主党派继续发挥重要作用

⑤我国的国情:国体、文化传统

→ 我国必须实行中国共产党领导的多党合作制度

案例2:"我国社会主义初级阶段的基本经济制度"的板书设计

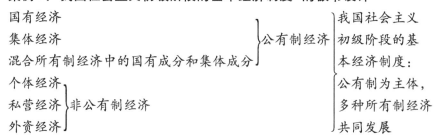

可见,这种结构式相比要点式的板书格式,更凸现了知识点之间的联系,尤其是知识点之间的包含关系,或总分或分总,或归纳或演绎,有助于学生理顺知识点,掌握所学的内容。

(2)线索式板书。线索式板书是把教学内容的前后顺序、从属关系、基本脉络、逻辑结构等用明确的线索串联起来,使知识内容和问题要点一目了然地呈现在学生面前的板书。这种板书的特征是能够突出知识形成的过程,具有逻辑性强、推理性强、指导性强和直观性强的特点,对复杂过程能起到化繁为简的作用,有利于学生学会学习,常常使用"→"符合来表示相互间关系。第一节所展示的"大力发展生产力是我国当前的根本任务"的板书正是这种线索式板书的典型体现。

案例1:"币制改革"的线索式板书设计

先秦货币→秦汉至隋货币→唐宋货币→辽西夏金元货币→明清货币→近代货币→革命根据地货币→现代货币

案例2:"价格变动对生产的影响"的线索式板书设计

这种板书很好地揭示了供求、价格与生成之间的内在联系和因果关系,条理清楚、层次分明。

线索式板书除使用"→"符号表示外,对于带有层次性或发展式的知识点,也可以采用阶梯形式来体现,直观地展示它们的层次、发展过程。

案例:"目前我国社会保障的主要内容"的线索式板书设计

社会福利
社会保险
社会救济

(3)图表式板书。图表式板书包括表格式、图形式和图画式三种主要的类型。

一是表格式板书。这是一种用表格和文字共同组成的,以文字表述为主的板书形式。特点是形式简明,内容扼要,对比性强。主要用于知识点相近或相反的对比、比较。它是根据教学内容和学生已有的相关知识,运用对比方法显示出知识异同的板书。这种板书对比强烈,有利于指导学生分清知识的共性与个性,有利于学生求异思维能力训练。表格式板书的运用,往往是教师先列出表格的栏目,然后引导同学看书、读图、讨论,并且用简洁的语言文字归纳出栏目中应该填写的内容。运用表格式板书,可以教师边讲边完成表格的相关内容,以便吸引学生的注意力;也可由老师一边讲,学生同步填,既体现了师生互动生成,也有助于学生思维的启迪;还可以由学生独立完成,若放置教师具体讲解前,则有利于学生自学能力的提升,若放置教师讲解后,则有助于检验学生的学习效果。总之,表格式板书是一种值得推广的板书形式。

案例:"我国的法定公司形式"的表格式板书设计

	比　较	股份有限公司	有限责任公司
不同点	公司资本	①划分为等额股份,并以股票形式表现;②公开发行股票筹资;③股票可以自由流通、转让;④资本必须是货币。	①不划分为等额股份;②不公开发行股票;③股东转让股本必须征得其他股东的同意;④出资不一定是货币,可以是技术、厂房、土地等作价出资。
	股东人数	①应有5人以上发起;②股东人数有最低限制,没有最高限制。	①由2人以上50人以下股东共同出资设立;②股东人数有最低和最高限制。
	股东对公司债务的责任	股东仅以所认购的股份对公司债务负有限清偿责任。	股东以其出资额为限对公司债务负有限清偿责任。
	股东的表决权	一股一票原则。	按出资比例行使表决权。
	公司财务	必须向全社会公开。	不向全社会公开。
	注册资本	最低1 000万元。	最低10万~50万元不等。
	设立程序	较复杂,适用于大中型企业。	较简单,适用于中小型企业。
相同点		①都是依法设立的企业法人;②都是我国的法定公司形式;③公司都以全部资产对债务承担有限责任;④股东均负有限责任;⑤公司均有名称、章程等;⑥公司组织机构均为决策机构、执行机构、监督机构三部分。	

　　我国法定公司形式包括股份有限公司与有限责任公司,二者是教学中要求应重点掌握的内容,但二者既有相同点,又在公司资本、股东人数等方面有区别,学生极易混淆。运用表格式板书可以很好地解决上述问题,从不同角度对两种公司形式进行全面的分析比较,使学生更好地把握该知识点,提高教学效果。同时,在完成填表的过程中,又培养了学生看书读图、分析归纳问题的学习能力和对知识的运用能力,一举两得。

　　二是图形式板书。这是一种将数学图形,如扇形、圆形、柱状或坐标等迁移到政治课教学中,采用图中夹文或文中夹图的办法形象地勾画出事物间的内在联系,增强板书的艺术美感,激发学生学习兴趣的板书。图形式板书通常在教学内容比较复杂或特殊,用纲要式或线索式板书常常难以表示清楚的情况下使用。如三者之间或以上的关系表示一般可以使用图形式板书。

案例1:《经济生活》中"物品、劳动产品和商品关系""企业、公司、有限责任公司和股份有限公司"和《生活与哲学》中"运动、变化和发展关系"的圆圈式板书设计

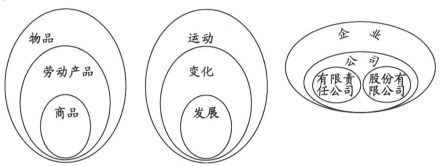

案例2:"商品的价值量与劳动生产率成反比"的坐标式板书设计

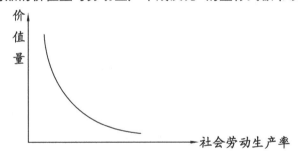

在讲述"商品的价值量与劳动生产率成反比"的知识点时,为了帮助学生理清反比关系,则可使用数学中的坐标来进行板书,让人耳目一新。

案例3:"价值与价格"的数轴式板书设计

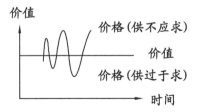

"价值与价格的关系"借用数轴,生动形象地体现"价值决定价格,价格围绕价值上下波动"的知识点,使抽象内容形象化。

案例4:《商业银行的业务》的板书设计

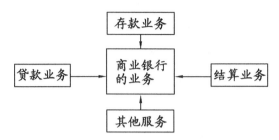

案例5:《储蓄存款》的板书设计

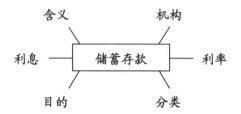

　　案例4和案例5也是图形式板书的一种表现形式,它以一个知识点为中心,用合适的符号把与其相关的其他知识点连接起来,既可用于知识点的归纳,也可用于知识点的展开,有利于培养学生的发散思维和联想能力。

　　三是图画式板书。这是一种利用漫画或简笔画形象直观地表现教学内容的板书格式。图画式板书的最大优势在于形象生动,能很好地吸引学生眼球,调动课堂气氛,积极调动学生学习的兴趣。但运用图画式板书,对教师基本功,尤其是绘画水平要求较高,画图必须准确,若达不到此要求,就会适得其反。另外,图画式板书操作较复杂,占用的时间较多,教师在具体实施时,一定要合理安排所耗时间。

　　案例:"合理调控情绪"中"喜怒哀惧"四种表情的简笔画板书设计

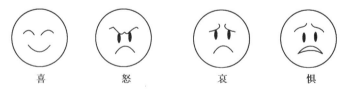

　　(4)综合式板书。思想政治课是内容丰富、知识面极广的综合性很强的学科,教学中往往涉及许多概念的解读、特征的分析、关系的梳理、事物的分类和规律的探索等,要完成一节课的教学任务,常常需要运用文字、符号、表格、图画等多种板书形式的结合,才能达到最佳的教学效果。事实上,我们在教学中通常总是采用两到三种板书形式来配合完成。有结构与要点式配合的,有图形与线索式配合的,有的以文为主,有的以图为主,配合教师的语言表达,从而达到良好的教学效果。当然,在运用综合式板书时,要注意板书整体的连贯性、协调性以及板书的干净清爽,将所有的板书形式都结合起来,那就太复杂了,也没有必要。

案例:"社会保障制度"的综合式板书设计

该板书采用了结构式板书、线索式板书与图形式板书的综合运用,清楚明白,逻辑性强。

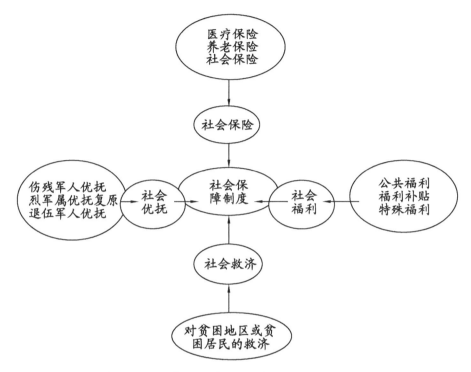

综上所述,板书的主要形式可以参见下图:

4. 思想政治教师教学板书的书写要求及其运用

思想政治教师教学板书的书写主要涉及文字与符号两部分的书写及其整体规划,只有三者相得益彰,才能很好地呈现一堂完美的板书。

(1)思想政治教师教学文字板书的书写要求及其运用。"字迹工整、布局规范"是文字板书的总体要求。

第一,对单个字的书写要求。首先,板书的字体要规范,不写错别字或写漏字,或因字不会写而不写等,也不要写繁体字,更不要创造简化字。这势必引起学生的疑惑,干扰正常的听讲,影响教学效果。这是板书文字书写的首要要求。其次,板书的字迹要工整,不能横七竖八,乱书乱画,清晰可辨是板书书写的基本要求。有些老师写的字犹如龙飞凤舞或模糊不清,学生不得不花费较多的精力和时间去推测、辨认或互相询问,甚至哄叫,势必分散课堂凝聚力,影响课堂教学,削弱听课效果。再次,字体要端庄漂亮,大小适宜,给人一种美的享受,这是板书实现美感的关键。当然,这就要求教师要苦练黑板字,只有坚持不懈地刻苦练习,才能给学生以美的享受。

第二,对总体布局的书写要求。在板书的整体布局时,要严格按照第一节所讲的"板书的基本原则"来选择恰当的板书格式、板书形式。首先,在板书的总体布局中,要注意上下四方"留天留地",一般来说,上、左、右三边留的距离相当,下边的留空要考虑学生可观性,所留空白一般要多于其余各边。另外,行距与字距也很重要,既不能太小,显得拥挤不堪,也不能太松梳,显得不紧凑。其次,要注意一行字的整齐划一,有的老师一行字写下来,不是"爬坡"就是"下楼",或干脆"跳绳",要力争使一行字在一条水平线上;另外,要克服边写边擦或讲完就擦的坏习惯。具体来讲,在板书书写时,一定要注意克服以下常见的几大问题①:

一是"空"。不板书或极少板书,这是在多媒体使用越来越频繁的今天常见的问题。一堂课下来,黑板上寥寥几个字或只留下课题、框题,甚至不着一字。

二是"杂"。少数教师在板书时,"东一榔锤西一棒",东写一句西写一句,书写杂乱;板书排列也无条理,整个板书杂乱无章。面对这样的板书,学生难以看清看懂知识的内在联系和结构层次,也难以理解,课后更无从复习。

三是"乱"。板书书写序号乱,既没有平列序号,也没有阶梯序号,层次不分,条理紊乱,缺乏内在联系,结果破坏了授课内容的连续性、系统性和逻辑性。

四是"满"。有些老师是"眉毛胡子一把抓",统统上黑板,黑板上密密麻麻全是字。这种板书实际上是"满堂灌"的依托,学生分不清重点和要点,甚至因整堂课在记笔记而无暇思考、看书。

五是"陋习"。有些教师在板书时总有些不好的习惯,如乱点乱圈、乱涂乱画、边写边擦、写一半停一半等。这些不良习惯势必影响板书的整洁和美观,也影响学生看与记。

(2)思想政治教师教学符号板书的书写要求及其运用。政治课教师在板书中经常用到各种符号,而这些符号在板书中又具有重要的作用。符号的正确使用在一定程度上决定着板书的成败。思想政治教师教学板书常用的符号主要有下列几种:

一是序号。教师在书写框题、条目、重点、要点、图表时都要用序号。序号有平

---

① 许习.浅谈思想政治课的板书设计［EB/OL］. http://www.diyifanwen.com/jiaoan/zhengzhijiaoxuefansi/0812261014324825063.htm.

列序号和阶梯序号,如"一 二 三 四"或"(一)(二)(三)(四)"即为平列序号;阶梯序号通常为五级,以壹为例,有"一(一)1(1)A"五级。在板书时,一定要注意序号的正确使用,尤其在提纲式板书中,序号的层次运用至关重要,它是教师教学思路的直接展示。

二是表示强调的符号。通常在重点、难点、关键点的概念、原理中使用。一般用"〓"(双横线)或△△△标出,也可用彩色粉笔来表示。但不建议使用〇(圆圈)圈出来,这样,让版面显得杂乱,影响审美效果。

三是表示包含关系的符号。主要有"< >、{ }、[ ]"等。这种符号在结构式的板书中常用。

四是表示推理、递进等关系的符号。常常使用"→"来表示。这在线索式的板书中使用较多。

五是表示基本概念和名词的符号。常用方框"□"表示。一般用此符号表示的概念、俗语都是要求学生识记的内容。

六是表示注释、说明或补充的符号。常用"(   )"或"——"表示,括号中的内容一般是对主体内容的进一步阐释,是其最集中的表现,有助于学生进一步的理解。

此外,有些知识点的关系也可以借用特殊的数学符号来表示,使板书更加简洁明了。通常采用的数学符号有"> 、= 、< 、≥、≠、≤"等。

案例:"债券的分类"的板书设计

按收益率由高至低排列:企业债券 > 金融债券 > 国债

按安全性由大至小排列:国债 < 金融债券 < 企业债券

总之,符号是多种多样的,很难进行一一罗列,但在板书书写中一定要重视符号正确恰当的使用,以便增强板书的效果,做到事半功倍。

值得注意的是,板书书写中,除了文字与符号本身书写要求外,一定要注意书写的时机。板书是为教学服务的,是辅助教师语言授课的一种重要的教学手段,因此,板书在教学过程中何时书写是很重要的。有时可以边讲边写,有时可以先写板书,然后师生一起分析,也可以先讨论、分析、归纳,然后再写板书,这些都根据教学的需要来决定板书出现的最佳时效。教学中那种因讲解而忘记板书,然后再去补写,或者因过多板书而影响讲解时效的现象应该避免,要坚决克服板书的随意性和盲目性。

二、思想政治教师教学板书技能训练方法与要领

思想政治课教师教学板书技能是教师基本技能之一,教学板书训练也是教学技能训练的重要组成部分。这是一个艰辛的训练过程,要求受训者坚持不懈、持之

以恒,将个人分散训练与小组集中训练有机结合,制订明确的训练目标,拟订合理的训练计划,采取有效的训练方法,才能使训练落到实处,富有实效。

(一)个人训练的方法与要领

个人训练是教师板书技能训练的最主要方式,正所谓"师父领进门修行在个人",它的实效往往决定了最终的训练效果。具体而言,主要应努力做好以下几个方面:

1. 明确个人训练目标

拟订个人训练目标,是自我训练的首要前提。我们进行板书训练,最基本的目标也是最直接的目的就是能更好地胜任教师工作,使课堂板书让学生看得清楚、看得明白、看得舒心,获得思维的启迪和美的享受。我们应牢记板书"备忘录",以此作为板书训练的基本目标,并努力地实践之、从而实现之。

表 3.1　板书技能训练备忘录①

板书技能训练备忘录	
板书表观	字迹工整,符号规范;层次分明,结构合理;图文并茂,布局美观
板书内容	左主右辅,画龙点睛;重点突出,益于理解;启发思维,示范性强

具体而言,可分为三个层次,基础目标、中级目标和高级目标,具体内容见表3.2。

表 3.2　板书技能个人训练目标

基础目标	掌握基本用笔方法,笔顺正确,字形端正、规范,字体结构安排合理,字与字之间的空间关系处理适当
中级目标	字体流畅,符号正确,行列布局合理,并能选用恰当的板书格式、形式,正副板书运用恰当
高级目标	字体漂亮,符号规范,能使用楷书、行书等不同字体书写,能将多种板书形式与格式综合使用,给人以美的视觉冲击与思维的启迪

2. 拟订个人训练计划

作为一项操作性极强的训练,我们往往都会只做不想,缺乏明确的目的性和计划性。而缺乏步骤和计划的训练往往难以持续,最终事倍功半。要实现上述最基本的目标,要求受训者结合自身实际拟订个人训练计划,填写个人板书技能训练表。此计划应确定具体的时间、地点、训练内容及进行训练反思等,真正将训练落

---

① 板书技能设计[EB/OL]. http://wenku.baidu.com/view/c269cfc52cc58bd63186bd04.html.

到实处。具体而言:(1)"训练时间"是前提,只有有了时间的保证,才能顺利地完成训练任务。对"训练时间"的要求首先是专时专用,保证时间。一定要给自己确定明确的训练时间,做到心中有数,而不是临时抱佛脚或三天打鱼两天晒网。板书训练需要长期的训练,台上一分钟,台下十年功,没有速成班可寻,也无任何捷径可找,唯有踏踏实实,认认真真。人们常说,"三天不练手生","一天不写自己知道,两天不写同行知道,三天不写学生知道",每天都要有固定的时间进行练习,这是对板书个人训练的基本要求。其次是耗时适当。训练主要以粉笔字训练为主,板书书写太少,难以找到书写的感觉;太长,一则会产生倦怠心理,二则也会身体不适。因此,个人每天集中训练的时间一般以20分钟为宜,10分钟为每天专时专用,集中训练,完后进行自我点评和反思,填写训练表;10分钟为分散训练时间,要化整为零,利用一切可练习的时机,如早自习、上课前或下课后,训练内容一般以巩固、提高前一天的训练内容为主。(2)"训练地点"是保障,只有有了适当的训练地点,才能有效地实施训练。板书训练与钢笔字、毛笔字训练不同在于,它对训练地点要求较高,必须要以黑板为练习的前提。因此,首先就应对训练地点进行考察,应以教室训练为主阵地。因为,面临教室黑板,我们才能更好地集中时间和精力全身心地投入到训练中,才能更好地进行板书的布局、格式与形式等练习,才能更好地把握运笔的轻重,行与列的排列,才能更好地寻找教师上课的感觉。当然,个人购买小黑板进行训练也是一种训练的途径,不过,由于个人用小黑板练习地点常常在宿舍,人多嘴杂,环境较教室而言,比较吵闹,不便集中精力进行训练。同时,由于小黑板面积有限,很难展开板书格式、形式等训练,其使用也不方便,只能作为辅助的训练手段。(3)"训练内容"是关键,我们将在下一个内容中具体阐释。(4)"训练反思"是深化。"训练反思"常常是板书技能训练的容易被忽视的环节,如果仅仅追求量的积累,没有对训练后的自我反思:优势在哪里,不足是什么,突破口在何处,就很难实现质的飞跃。"训练反思"首先就是自评,自己根据考核要求和训练目标给予一个等级和分数的评价,逐步学会自己进行客观准确的评价。其次是找出此次板书的优点与不足,尤其是不足应具体体现为某个字或整体布局等,从而为分散训练提供相应的训练内容,也进一步明确自己努力的方向。除了每次训练后的反思外,还应进行阶段反思,为下一步的训练提供突破口。

表3.3　板书技能训练计划表

板书技能训练计划表						
时间	地点	训练内容	训练反思		成绩（等级）	备注
			优点	不足		
阶段反思						

3. 制订个人训练方法

（1）单个字书写训练。单个字的书写关键在于对于笔画笔顺的掌握、运笔的技巧，字的布局等，只有经过长期艰苦的练习才能有质的改变。具体的训练方法可参见曹长远编著的《规范汉字书写方法与训练》一书，由高等教育出版社 2009 年 6 月出版发行。

（2）行列书写训练。很多同学在板书过程中往往会出现"爬坡下坎"或者字与字之间、行于行之间亲疏不一的情况。针对此，可在训练中采用通板式布局，从左到右书写一整行字，每次书写 3～5 行，不断进行训练反思，观察个中得失，长此以往，必能克服这一不足。

（3）整体布局训练。一是认真学习，将板书符号、格式、形式等书写的基本要求铭记于心，在训练中按此要求进行练习；二是对同一板书内容采用不同格式、不同形式的板书设计，在比较中择优，并进行训练反思，总结规律；三是认真观摩，细心揣摩。多学习借鉴其他老师和同学的板书设计，拓宽视野，逐渐积累。

（二）小组训练的方法与要领

小组训练是提高个人板书技能的重要方法。单个人无论是书写能力、思维方式，乃至学习的积极性都是有限的，而小组训练，则可很好地发挥团队精神，形成你追我赶的学习氛围，在相互评价与比较中方能更好地发现不足，找到努力的方向，实现技能的提高。

1. 确定小组训练步骤

以小组为单位培训，每一组的学生人数在 10 名以内，学生轮流扮演教师、学生、评价员三种角色，以保证每个学生都有充分的机会得到训练和个别指导，确定"准备—实训—自评—组评—负责人评"小组训练五步骤。具体如下：

第一步：训练前的准备

（1）说明此次训练的内容和流程；

（2）说明板书技能设计的评价标准；

（3）规定训练时间；

（4）规定每位受训者在训练中的具体做法。

第二步：逐个进行板书训练（5 分钟）

在规定时间内，受训者按照事先确定的训练内容逐个进行板书技能训练。在这一环节中，小组其他成员要捕捉受训者训练所采用的板书设计的类型、方法，结合收集的资源，及时作出正确的书面评价。训练时间不得超过 5 分钟，确保每位同学都有同等机会得到训练和指导。

第三步：自我评价（2 分钟）

由被训练者对板书设计，主要是板书书写、布局、形式和格式等进行自述自评，指出其优点和不足及努力的方向。自评时间为2分钟。

第四步：小组互评(3分钟)

小组成员结合评价表和自身的经验展开相互评价。组评时间为3分钟。

第五步：负责人评价(2分钟)

依据以下的评价标准，负责人，可能是教师，也可能是小组长要对受训者板书总体情况作出科学的评价，并适当点拨学生自评、组评的情况。

2.制订日常训练考核办法

在小组训练中，通常情况下，训练小组都是比较固定的，也有相关的责任人，责任人常常也是受训者，因此，制订日常训练考核办法至关重要，只有如此，才能更好地约束小组成员，实现他律与自律的有机结合，给予一定的分值，在竞争中实现整体的提升。

表3.4　小组日常训练考核办法

序　号	考核项目	考核细则	分　值
一	出勤情况	1. 不得随意请假，请假者要有假条，迟到、早退一人一次班级扣2分 2. 集中训练缺勤一次扣5分 3. 每月出勤率低于50%的按0分计算	40分
二	训练情况	1. 训练时玩手机、开小差或做其他无关练习的事情者，视情况每次扣1~5分 2. 训练时不认真，大声喧哗，视情况每次扣1~5分 3. 个人训练后未按时保质完成训练表填写者，每少一次扣3分	40分
三	参加活动	积极参加学校、学院、班级组织的相关技能训练的活动，视情况每次加1~5分	20分
小　结			

3.制订板书技能设计评价标准

个人的单个训练主要针对板书书写练习，而小组则充分发挥小组优势，采用头脑风暴法，对板书技能进行全方位训练。制订板书技能评价表，才能让大家心中有数，评价有依据，板书有约定。

表 3.5　板书技能评价表①

板书技能评价表	分值					总分
	5	4	3	2	1	
1.板书设计是否突出课堂重难点						
2.板书是否条理清晰、字迹工整美观						
3.板书是否分出主、副板书,并且运用得当						
4.板书是否能与课堂讲授内容同步进行						
5.板书的书写速度是否影响教学进程的顺利进行						
6.板书时教师的身体是否侧对着学生并与学生进行交流						
7.板书时是否习惯用彩色粉笔(白板笔)并且使用得当						
8.让学生上黑板板书时是否能留出适当的空间						
9.教师是否用手擦黑板						
10.板书时的课堂秩序是否较好						
评语、建议:						

附录

资料 1:重庆师范大学师范生"三笔字"训练与测试管理办法②

为了深化教育教学改革,全面推进素质教育,进一步落实教育部、国家语委《关于进一步加强学校普及普通话和用字规范化工作的通知》的有关要求,提高我校师范生从教的基本技能,增强适应社会的竞争能力,为学生今后发展打下良好基础,结合师范生的培养目标与学校师范生实际情况,特制定师范生"三笔字"训练与测试管理办法。

一、目的要求

通过加强"三笔字"(粉笔字、钢笔字、毛笔字)的训练与测试,使学生能正确地掌握和使用规范汉字(常用字 3 500 字)的字形、结构、笔画、笔顺;使学生初步懂得一定的书法理论,熟练地掌握粉笔字、钢笔字、毛笔字的书写技能,书写能做到正确、端正、美观,具有一定速度。

---

① 板书及多媒体设计技能培训教案[EB/OL]. http://wenku. baidu. com/view/a54e36f3f61fb7360b4c658a. html.

② 重庆师范大学师范生"三笔字"训练与测试管理办法[EB/OL]. http://www. doc88. com/ p-276835877615. html.

二、组织领导

1.学校师范生的"三笔字"训练与测试工作在教务处统一指导进行,成立由教务处分管领导、各院(系)分管学生工作领导、部分书法教师组成的师范生"三笔字"训练与测试办公室。办公室负责领导全校师范生"三笔字"的训练与测试,督促、检查院(系)师范生"三笔字"的训练工作,组织全校性的"三笔字"竞赛,办公室设在教务处教学实践科。

2.师范生"三笔字"训练与测试办公室成立由1名书法教师任组长,16~20名具有书法特长的教师为成员的测试工作小组,测试工作小组负责全校师范生"三笔字"的测试工作和院(系)师范生"三笔字"训练的指导工作。

3.院(系)师范生的"三笔字"训练工作在分管学生工作领导的统一领导下进行,成立由分管学生工作领导任组长,辅导员、学生干部为成员的院(系)师范生"三笔字"训练工作小组,负责本院(系)师范生"三笔字"训练的组织、指导以及学生作业的批阅工作。

三、训练与测试

1.院(系)师范生"三笔字"训练工作小组统一组织本院(系)本科师范专业一、二年级学生的"三笔字"训练。

2.一、二年级本科师范生的"三笔字"练习,每周至少写两篇毛笔字和两篇钢笔字,毛笔字每篇不少于20字,钢笔字每篇不少于200字,粉笔字练习由院(系)师范生"三笔字"训练工作小组根据班级实际情况制订具体的练习方案。寒暑假期间,院(系)必须要求学生完成一定数量的"毛笔字、钢笔字"书写作业。

3."三笔字"书写技能的训练要求:

(1)熟练掌握粉笔字、钢笔字的楷书或行书的书写技能。

(2)对书写技能的要求:笔画清楚,正确规范,匀称美观,熟练有力。

(3)掌握执笔、运笔和正确方法,纠正不正确的姿势和动作。

(4)掌握汉字笔画的书写,间架结构的安排。

(5)掌握书写款式:卷面干净,留有天地,布局恰当,行款整齐。

(6)掌握选帖、读帖、临摹的基本知识和要领;培养对书法作品的欣赏能力。

4.各班级应建立学生"三笔字"训练成绩登记表,详细记载学生每周练习情况,学校将定期或不定期检查院(系)"三笔字"训练情况。

5.每届师范生"三笔字"的首次测试工作安排在二年级上学期期中举行,首次测试年级的师范生必须全部参加学校统一安排的测试。

6.钢毛笔测试时间为20分钟,毛笔书写10字左右,钢笔书写200字左右;粉笔字测试时间为3分钟,书写30字左右。

四、成绩与证书

1."三笔字"采用分项测试分项登记成绩的方式,单项测试成绩以优、良、及格、不及格四个等级予以记载。

2. 对于首次测试不合格的科目给予两次补考机会，若两次补考仍不合格将不再给予测试机会。

3. 学校对粉笔、钢笔、毛笔测试等级均为及格及以上成绩的学生办发"三笔字"证书，若有测试不合格的科目，待该科目测试合格后再办发"三笔字"证书。

五、附则

本管理办法由教务处负责解释。本管理办法自颁布之日起实施。

二〇〇六年十二月二十日

资料2：内蒙古师范大学学生三笔字等级考核标准①

本标准共分四级，一级为及格级，四级最高，达不到一级者暂不入级。

一、本标准适用于内蒙古师范大学在校本专科生。

二、考核工具：毛笔、钢笔、粉笔。

三、考核书体：楷书或行书，以及在此基础上的其他书体。

四、考核范围：3 775 个常用标准简化汉字。

五、考核方法：毛笔和钢笔为笔试试卷考核，粉笔为现场考核。

六、考核内容：

（一）毛笔：（三、四级要求）（100 分）

时间：60 分钟。

书写内容：50 个左右汉字（包括书写者姓名），一般为七言绝句一首。

考核标准：

三级：（80～89 分）

1. 点画清楚，笔顺准确，没有错别字，字形较为平整、美观。

2. 掌握基本用笔方法，点画之间的呼应关系处理较为明确。

3. 结构安排基本合理，且能通过点画的伸缩避让来丰富变化。

4. 字与字之间的空间关系处理适当，布局合理。

5. 强调点画的提按顿挫以及与牵丝连笔的区分与处理。

四级：（90～100 分）

1. 笔画圆润劲爽，变化自然。

2. 用笔较为精到，结构严谨。

3. 章法较为合理，行气贯通。有明显的节奏感。

4. 具有传统书法神韵，典雅古朴。

每错别字 1 扣 2 分，扣完为止。一般书写标准简化体，如书写繁体，必须全部用繁体，不能繁简混用，否则繁体字一律按错别字对待。

---

① 内蒙古师范大学学生三笔字等级考核标准［EB/OL］. http://wenku. baidu. com/view/aaafc807eff9aef8941e069c. html.

（二）钢笔：（100 分）

时间：120 分钟

内容：1.10 个常用汉字的笔顺。（10 分）

2.文字内容（90 分）：200 字左右现当代名家散文选段，自由创作诗文名句 100 字左右。

考核标准：

一级：（只用楷书或行书一种书体书写）（50～59 分）

1.掌握基本用笔方法，点画之间的呼应关系处理较为明确。

2.结构安排基本合理，且能通过点画的伸缩避让来丰富变化。

3.字与字之间的空间关系处理适当，布局合理。

4.强调点画的提按顿挫以及与牵丝连笔的区分与处理。

二级：（必须用包括楷书或行书在内的两种或两种以上书体书写）（60～69 分）

1.能理解点画的粗细、轻重、长短、伸缩、避让的关系，具有传统书法神韵，典雅古朴，法度显然。

2.结构安排合理，且能通过点画的伸缩避让来丰富变化。

3.字与字之间的空间关系处理有致，作品整体协调统一。

三级：（要求同二级）（70～79 分）

1.笔画圆润劲爽，变化自然。

2.用笔较为精到，结构严谨。

3.章法较为合理，行气贯通，有明显的节奏感。

4.具有传统书法神韵，典雅古朴。

四级：（80～90 分）

1.本级具体内容参照前几级标准。

2.创作作品具有较强的表现力，在各方面的水准均较高，并具有一定的个人风格。

钢笔书写按百分制，每 3 个错别字扣 1 分，扣完为止。笔顺每错 1 字扣 1 分。

（三）粉笔：

时间：10 分钟。

书写内容：40 个左右汉字（包括书写者姓名），一般为七言绝句一首。

考核标准：（只允许用楷书、行书或隶书书写）

一级：（60～69 分）

1.掌握基本用笔方法，点画之间的呼应关系处理较为明确。

2.结构安排基本合理，且能通过点画的伸缩避让来丰富变化。

3.字与字之间的空间关系处理适当，布局合理。

4.笔顺正确，字形端正、规范，字体较为美观。

二级：（70～79 分）

1.具有传统书法神韵,典雅古朴,法度显然。

2.结构安排合理,且能通过点画的伸缩避让来丰富变化。

3.字与字之间的空间关系处理有致,作品整体协调统一。

三级:(80~89分)

1.笔画劲爽,变化自然。

2.用笔较为精到,结构严谨。

3.章法较为合理,行气贯通,有明显的节奏感。

4.具有传统书法神韵,典雅古朴。

四级:(90~100分)

1.本级具体内容参照前几级标准。

2.创作作品具有较强的表现力,在各方面的水准均较高,并具有一定的个人风格。

粉笔书写按百分制,每1个错别字扣5分,扣完为止。笔顺每错1字扣1分。

八、级别评定方法:

1.满分为300分,毛笔、钢笔、粉笔各占100分。

2.三项都考者,180分以下不入级,181~210分为一级,211~240分为二级,241~270分为三级,271~300分为四级。

3.仅考钢笔和粉笔者,120分以下不入级,121~140分为一级,141~160分为二级,161~180分为三级,181~200分为四级。

4.取得省级以上书法家协会会员资格者,可直接定为四级。

第四章 思想政治教师教材分析技能

学习目标

1. 明了思想政治(品德)课教材分析的内容。
2. 掌握教师教材分析技能训练的基本步骤和方法。
3. 能准确对中学思想政治(品德)教材进行分析。

教材是按照课程标准的规定,根据学生的接受特点,全面系统地阐述主要教学内容的课程材料。广义的教材指以教科书为基本教材,包括教学参考资料、活动指导书、音像资料等辅助教材为一体的教材系列。本书关于"教材分析"中所指"教材"主要指作为教材系列中基本教材的教科书。

教材是学生学习的工具、资源和向导,是师生教学活动的重要资料;教师是活的教科书,科学分析教材,是教师教学主观能动性发挥的表现。在师范生教学技能的训练中,教材分析技能的练习与提高,是新课程教师必须具备的重要技能。

第一节 思想政治(品德)课教材分析概论

思想政治(品德)课必修教材共计九本,内容涉及心理健康、道德、法律、国情教育、经济、政治、文化、哲学等与中学生成长密切相关的内容。新课程教师作为教育研究者,教学主观能动性的发挥,必须以科学分析教材为前提和依据。

一、思想政治教师教材分析的重要性

思想政治教师教材分析是教师针对教材内容,结合课程标准、学生实际对教材知识点、逻辑关系、重难点、教学思路进行梳理和准备的行为。它是教师备课环节,是教学研究的基础,也是教学质量的保证。

(一)教材分析是备好课的重要环节

教师备课通常包括专研教材和学生,以形成教学预案。教材分析目的在于领会教材编写者意图,贯彻落实课程标准;明了教材地位、理清知识点之间的逻辑关系,明晰教材重难点。教学思路的形成和教学预案的编写是以教材分析为基础进行的,所以,教材分析是备课的重要环节。

（二）教材分析是提高上课质量的关键

我们知道教师教学不能唯教材论,不能照本宣科;同时,也知道教材是课程标准的反映,也是教学中最重要的教学材料。课堂上师生同用一本教学材料,如何进行教学内容的组织、学生积极性的调动、教与学方法的选取等,都与教师前期对教材的分析有关。所以,教学质量的高与低,教材分析是关键。

（三）教材分析是教师专业发展的重要内容

教师的专业发展是指教师进入教师行业,从没有教学经验的新手教师（包括师范生）到成为一名经验丰富、随机应变的专家型教师的发展过程。[1] 这个过程是伴随着每一个新手教师经历每一项教学活动的展开、熟悉、创新进行的。教材分析是教师众多教学活动的重要一环,教师正是在不断研究课程标准、教学内容、学生实际、教学方法等的过程中,吃透教材,提高了分析教材、研究教材的能力,才为专家型教师的形成打下基础。所以,教材分析是教师专业成长的重要历程。

二、思想政治（品德）课教材分析的基本要求

思想政治（品德）课教材遵循课程标准的编写建议,形成了各地区思想政治与品德素养引导与学生成长现实相结合的不同版本的教材,一标准多版本教材的现实是思想政治（品德）课程贴近现实、贴近学生、贴近生活的体现。因此,科学对待教材就体现在正确的教材分析态度上。

（一）以课程标准为依据

思想政治（品德）课程是国家课程,基础教育在《21 世纪中学德育改革纲要（试行）》的指导下,《思想品德课程标准》《思想政治课程标准》明确提出课程目标、课程内容、教材编写建议、课程的实施建议等。各版本教材是各地区课程内容的基本教学材料,虽体现地区特点,但是不能与课程标准相冲突,它是在课程标准指导下编写的,反映了基础教育国家标准的一致性和地区教育资料特殊性的统一。所以,教材分析的第一个基本要求就是以课程标准为依据。

（二）以领会教材编写意图和理清知识点的逻辑关系为方法

教材分析就是教师借助教材领悟教材编写者的意图。在教材编写中,编写者

---

① 李壮成. 新课程教师论［M］. 成都:四川大学出版社,2010:182-183.

领悟课程标准要求,将课程标准具体化为教材,为教师教学提供重要的教学资料。所以,教师分析教材要站在编写者角度阅读理解教材,领会编写者意图,主动积极地结合教学方法实施编写者意图。

同时,思想政治(品德)教材呈现的既有完整、系统、逻辑性强的认知性内容,也有结合学生心理、思想、认知等发展实际的众多现象与问题探索;教材既有以叙述性文字呈现的,也有以图片资料形式呈现的。所以,教材分析要从丰富的教材内容和学生心理、思维、思想、认知等实际水平与情况出发,理清知识点,并抓住知识点间内在的逻辑关系,才能保证教学内容的科学、准确,教学活动的针对性和启发性。

（三）以教学思路的构建为目标

教材分析是教师备课的重要环节,是提高教学质量的关键。不管是通读教材、教材知识点之间关系的分析,还是涉及中学生现实问题的思考,都是教材分析的具体内容和步骤,其最终目的还是在于理清教学内容而不遗漏知识点,分析知识点以构建教学思路,使教学活动充满智慧和情趣。所以,教材分析的根本目标在于构建教学思路。

三、思想政治(品德)课教材分析的基本要领

思想政治(品德)课教材分析宏观上包含初高中学段之间教材分析、年级之间教材分析、学期之间教材分析和一本教材结构分析;微观教材分析通常指一课时教材分析。对于学段之间、年级之间、学期之间教材分析往往结合课程标准进行概述性教材分析。此处教材分析着重进行整本教材和一课时教材分析。

（一）教材宏观结构分析要领

整本教材宏观结构分析是教师教学准备的重要环节,是课时教材分析的先期工作。具体操作要领如下:

1. 通读教材,把握教材基本结构和编写特点

通读教材环节要求从教材的封面到封底全部内容详细阅读,并把握教材的基本信息(如:编著者、出版社、出版时间等)、教材的基本结构、文本呈现方式、教材编写特点等。

案例:思想品德八年级上册教材分析

人民教育出版社八年级上册教材由"课程教材研究所、思想品德课程研究开发中心"编著,沈贵鹏任主编,编写人员包括沈贵鹏、扈文华、林少玉、杨静平、吴蓉,2008 年 3 月第 3 版。

教材由四个单元构成,第一至三单元每单元两课,第四单元四课,全书共计十课。教科书内容以初中生不断拓展的学习生活为内容构建基础,在引导与父母、师

友和网络人际交往的现实基础上,理性提出人际交往艺术。

教材内容图文并茂,彩色图片、色块、图表与文字夹杂使用,丰富教科书的呈现方式。每一单元开篇的"主题探究"点明单元学习重点和建议,教材中的"相关联结"开拓师生视野,夹杂在文中的一个个问题也在恰当之处引人深思。

思想政治必修每本教材的开篇"致同学们",把教材的基本结构、课程的特点等进行了介绍,是教师、学生整体把握该教材的重要依据。

2.分析单元间关系

分析单元间关系要求在阅读目录和单元首语的基础上,首先是弄清每一单元编写主旨,其次,在罗列单元标题中,把握单元间关系。

案例:思想品德八年级上册教材单元间关系分析

人教版八年级上册教材共计 4 个单元,分别是"相亲相爱一家人""师友结伴同行""我们的朋友遍天下""交往艺术新思维"。整个教材重在"我与他人"关系的处理,其中包括心理健康、道德、法律等内容的整合。

第一单元"相亲相爱一家人"旨在引导中让学生认识到子女与父母间有矛盾很正常,关键是我们要善于与父母沟通,化解矛盾与冲突;第二单元"师友结伴同行"旨在借与师友交往成长的舞台,懂得人际交往中理解与沟通的珍贵,要珍惜友情、尊敬老师;第三单元"我们的朋友遍天下"旨在借交往了解、吸取世界其他民族文化精华的基础上,善于与不同国家民族的人进行交往;第四单元"交往艺术新思维"是理性思考与人交往的原则与艺术,落脚点在于诚信做人。

四个单元形成两个层次的关系,即第一至三单元为一个层次,它们相互间并列,选择了初中学生人际交往主要圈子中人际关系如何正确处理为教材内容,也是具体、微观、感性探究学生在与父母、师友、网友交往关系上如何正确处理;第四单元一个层次,它是从抽象、宏观、理性角度提出人际交往原则与艺术问题,对初中学生人际交往问题做指导。

以上案例是用叙述性语言阐释的单元间关系分析,同时,单元间关系也可以用逻辑关系图示形象表示。

3.分析单元中课与课之间的关系

编者对每一单元各课的布局都有一定的逻辑思路,课与课之间关系的把握是各课教学分寸掌握的关键。

课与课之间关系的把握,需要在阅读目录的基础上,宏观把握各课主旨和课与课之间的关系;同时,还需要在阅读教材内容的基础上,详细借助知识点认识课与课之间的关系。

案例:思想品德八年级上册第一单元课与课之间关系分析

第一单元"相亲相爱一家人"共计两课,分别是"爱在屋檐下"和"我与父母交朋友"。

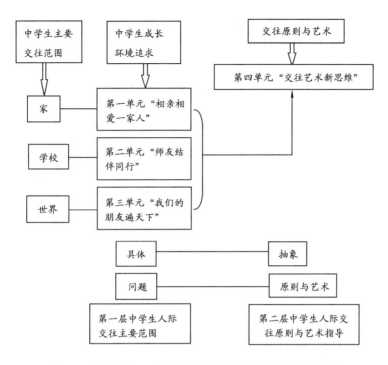

图4.1 思想品德八年级上册教材单元间关系逻辑结构图

本单元旨在引导学生正确认识子女与父母之间的矛盾和冲突,并引导学生要善于与父母交流与沟通,化解矛盾与冲突。两课内容第一课借助三框"我知我家""我爱我家""难报三春晖"客观认知"家""亲情""爱的回报",第二课借助两框"严

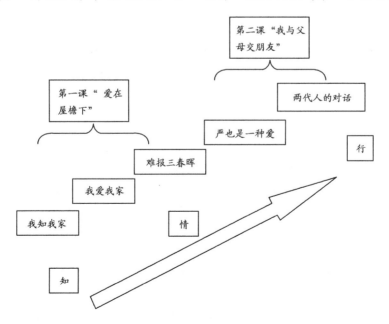

图4.2 第一单元"相亲相爱一家人"课与课之间逻辑结构图

也是一种爱""两代人的对话"引导中学生对父母之爱的常见形式"严"的认知,消除两代人沟通障碍,用有效沟通架起两代人理解的桥梁。

第一单元最终落脚点在于引导学生要善于与父母交流与沟通,化解矛盾与冲突,让家更温馨,让学生的成长有更好的家庭环境。所以,两课关系为层层递进,教材布局安排遵循由"知"到"情"、再到"行"的过程。

在宏观教材分析中,如果是粗线条分析,那么教材分析也可以主要是单元间关系分析;如果教材分析得比较详细,就需要进行每个单元内部课与课之间关系的分析。当然,在具体的课时教材分析中,往往也会通过课与课之间关系分析,掌握单元中各课之间的关系,准确把握一课时教材。

(二)一课时教材分析要领

思想政治(品德)教材结构包括单元、课题、框题、目题四个层次,一课时的教学通常就是一框的容量。

一课时教材分析是教师备课的主要工作,教师钻研教材通常也是以课时为基础的。所以,一课时教材分析是教材分析的重点。

虽然一课时教材分析通常表现为罗列知识点间逻辑关系和教材重难点两个方面,但是,教材分析过程主要包括五个环节,即通读教材、罗列知识点、分析知识点间逻辑关系、分析教材重难点以及列出教学思路。具体环节要领如下:

1. 通读教材

运用精读和略读结合的方式,完整阅读一框教材内容,包括文字内容、图表内容、课中思考与练习内容等。

2. 罗列知识点

思想政治(品德)课程教材知识点往往表现为概念、特点、原理、价值观、方法论、现实生活中现象与观点分析、实践行为指导等。教师在反复阅读教材的基础上,罗列知识点。

在罗列知识点的过程中,首先详细罗列教材涉及的知识点;其次,在对众多知识点的分析中,提炼出教材的核心知识点。

案例1:"揭开货币神秘的面纱"知识点罗列

详细知识点:商品的含义、一般等价物、商品的二属性、货币的含义与本质、货币的基本职能、价值尺度、计量单位、价格、现实货币与观念货币、流通手段、商品流通、流通中所需要的货币量、货币的其他职能、铸币与纸币的产生和特点、纸币的含义、纸币的发行者和发行量、通货膨胀、通货紧缩、电子货币。

核心知识点:货币的本质、货币的价值尺度职能、流通手段职能、货币的其他职能、纸币的含义与发行、电子货币。

核心知识点往往是把教材详细知识点进行归类,在分析其内在联系中,提炼成核心知识点。例如,"货币的本质"知识点在教材中就包括"商品的含义""商品的二属性"'商品交换过程的发展"'一般等价物"'货币的含义"，"货币的价值尺度职能"知识点包括"货币的基本职能"'价值尺度"'货币的计量单位"'价格"'现实货币和观念货币"等知识点。

详细知识点的罗列，有利于教材分析中知识点不遗漏；核心知识点的罗列，有利于后期知识点相互关系的分析和教学思路的形成。

案例2："我知我家"知识点罗列

详细知识点：家庭的含义、5种家庭关系确立情形、家庭结构的演变、核心家庭、主干家庭、单亲家庭、联合家庭、家庭的功能、与父母关系的不可选择性、与父母关系是最自然地亲情、在各种类型的家庭与父母中认识自己的家与父母。

核心知识点：家庭的含义、家庭关系确立的情形、家庭结构与功能、与父母的关系、认知自己的家。

3. 分析知识点间的逻辑关系

知识点间的逻辑关系分析是教材分析的核心和灵魂。在实施中，知识点间逻辑关系的分析不仅依赖于教师对单个知识点的掌握和分析，而且，它的分析还要借助教师对一课时教材内容的掌握，形成该课时知识点间逻辑关系的梳理，这也为下一步分析教学思路打基础。

教材知识点间的逻辑关系主要有并列关系、递进关系、因果关系、对比关系、种属关系、转折关系、承接关系、条件关系等，在分析中，可以采用叙述性语言来阐述，也可以用图示形象表达。

案例："揭开货币神秘的面纱"知识点间的逻辑关系

货币是本框三目的核心概念，第一目揭示在商品交换过程中产生货币，货币的本质即一般等价物；第二目承接第一目货币的本质，探讨作为一般等价物的货币具有两个基本职能，即价值尺度和流通手段；第三目产生纸币，纸币的发行权、发行量的规定，以及信息生活中的电子货币。三目之间主要是承接顺延的关系，其中，货币的基本职能和其他职能之间是并列关系，价值尺度和流通手段之间是并列关系。

4. 分析教学重点、难点

在知识点、讲解点关系分析的基础上，教学重点、难点也就跃然纸上。教学重点是指教材中最基本、最基础、最重要的核心内容，这些内容往往是一些带有共性的，有概括性、理论性较强的知识要素，也有学生成长中重要的情意引导的内容。教学难点通常指的是学生难以理解和掌握的内容，或者是在学习中容易混淆或出错的内容。这些内容往往比较抽象，远离学生生活实际，或者生活实际的习惯认识和理论分析二者之间有矛盾，困扰着学生的情理。

就重难点间的关系来看，在多数情况下，两者是相同的。但有时，难点不见得是重点。同时，在一节课教学中，不一定都有重点、难点，有可能只有其一。所以，教学重难点的分析要依据具体教学内容和学生实际来进行分析。

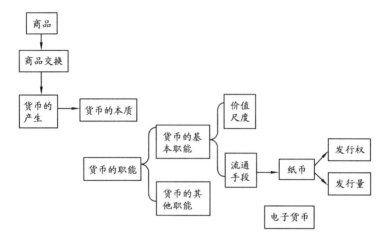

图4.3　"揭开货币神秘的面纱"知识点间逻辑关系图

思想政治(品德)课教学重难点的分析,往往要结合学生学习目标的实现来进行。学生在认知目标、情意目标、能力目标实现过程中,带有共性的,居于重要地位的内容,最基础、最核心的内容,确立为教学重点;影响学生认知目标、情意目标、能力目标的实现,比较抽象、难以解决、容易困扰学生情理的内容,确立为教学难点。

案例1:"揭开货币神秘的面纱"教学重难点分析

教学重点:货币是本框三目的核心概念,无论是认知目标还是情意目标来看,货币的本质是正确理解货币的职能与纸币的含义、发行等重点,同时也是学生树立正确金钱观的基础。所以,货币的本质是本课时的教学重点。

教学难点:该课时教材中,现实货币与观念货币、流通中所需要的货币量、通货膨胀、通货紧缩等虽与现实结合紧密,但是,概念比较抽象,影响学生的认知目标的实现,进而影响情意目标的实现。所以,它们确立为本课时教学的难点。

案例2:"我知我家"教学重难点分析

由于"知"是本框的核心,正确知我家是本框的认知目标,为下一框"爱"我家解决"知"的问题。而学生对家具有丰富的具体的感性的经验认识,这既可能促进认知目标的解决,也可能成为认知目标解决的障碍。

中学生与父母关系中存在矛盾的现实状况,主要是由于学生对家庭功能认知不够所导致的。因此,本框教学重难点都在于明理、动情于与父母关系不可选择,而且是最自然的亲情。导行于正确对待各种家庭,学习家人优秀品质,并立志为家庭作贡献。

5.列出教学思路

教学思路是在教材知识点逻辑关系和教学重难点分析的基础上,思考教材如何处理的行为。所以,该环节在教材分析中起承上启下的作用。教材分析中教师不会单纯地钻研教材,往往要结合学生的认知、思维等实际情况来进行,教师在知识点间相互关系分析环节基本教学思路已经形成,所以,此时列出教学思路就是承上;而教材分析是说课的一个组成部分,是教学方案设计和讲课的前期工作,列教学思路就是为后期教学工作作准备,所以,从这个角度来说就是启下。

列教学思路的过程中,我们可以把知识点中的讲解点和主要的教学环节罗列出来,使教学思路明晰、畅通。

列教学思路环节严格说来不应该作为教材分析的内容,但是,从教师一课时教学内容的备课(教材分析、学生分析、说课)、讲课等教学工作环节来看,它们是内在有机联系的。教材分析虽然重在分析教材知识点,但是分析教材最根本的原因是为讲课做准备,所以,作为承上启下的教学思路罗列,正好起到了把单个工作环节串联起来的作用。因此,将教学思路罗列作为教材分析的一个环节是动态地、联系地看待教师教学各具体工作。

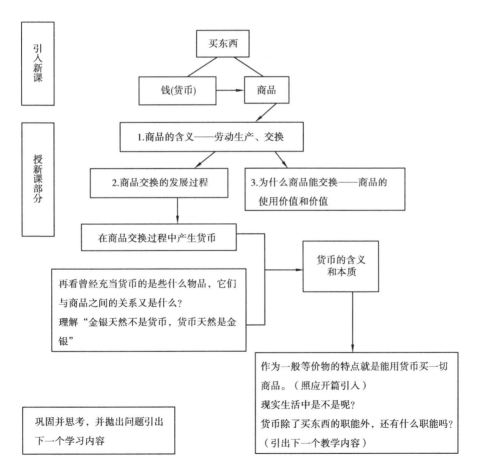

图 4.4 "货币的本质"一目教学思路图

案例:"我爱我家"分析

一课时教材分析: 人教版八年级上册第一单元第一课第二框"我爱我家"共计三个核心知识点,即"大人讲我小时候""无悔的奉献""感受家庭温暖",该课程的目的在于借助平凡生活小事的回顾,感受、回味温暖家庭给予"我"的爱,在煽情中引起孩子对父母之爱的情感共鸣与回应——我爱我家。

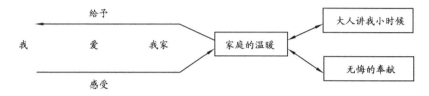

图4.5　"我爱我家"知识点间逻辑关系图示

教材重难点分析: "我爱我家"框题教材内容重在"爱",目标是引起孩子对父母之爱的情感共鸣,所以,教材的重点是引起孩子成长中感受到的家庭的温暖的情感共鸣;而教材的难点在于从日常生活平凡的父爱母爱中,克服各种家庭的具体原因,让孩子感受父母之爱的无私、无悔和伟大,唤起孩子深藏的但模糊的对家的眷念和对父母的感激之情。

教学思路分析: 见图4.6

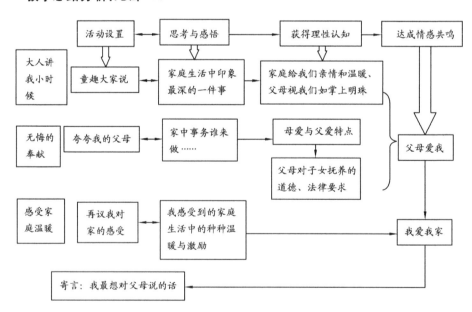

图4.6　"我爱我家"教学思路图

第二节　教材分析技能训练

思想政治(品德)课以学生学习成长生活为课程内容构建,以情意目标为首要目标,所以,思想政治(品德)教材一改以往理论知识要点明显,逻辑关系明了的特点,呈现的是以学生学习成长为主线的生活化的主题和内容,教材图文并茂,文字内容不多,理论要点不明显。

师范大学生大学课堂学习逻辑严密的理论学习居主要形式,多年的学习生涯也形成了理论思维的习惯和能力,面对中学新教材,同学们迫切需要掌握分析教材的技能,准确把握教材内容的逻辑结构,形成严密的教学思路。

一、思想政治教师教材分析技能训练的基本要求

(一)加强思想政治教育理论知识和中学生时代特点、思想现实、认知能力现状的积累

教材分析是教师综合性的教学工作实践活动,不论是整体教材分析还是一课时教材分析,都不是简单的只局限于该知识点的这个教材分析,往往需要全面调动教师的知识储备,对教材在阅读理解中准确提炼知识点,并形成知识点间的逻辑联系。

同时,在知识点的分析中,还要涉及学生对教材学习情况的分析,这就需要教师对学生的认知水平和能力、心理与思维特点、时代特征等作出较准确的评估与认识,才能在分析教材中,准确确立教学重难点、教法以至于教学思路。

所以,思想政治教师(特别是师范生)在教材分析技能训练中,要注意加强思想政治教育理论知识和中学生时代特点、思想现实、认知能力现状的积累。这个积累既是教师教材分析技能提高的表现,也是教师具有的能实施教材分析的技能前提条件。

(二)在说课和课堂教学实录观摩中反思教材知识点与讲授点的提取和关系理

教材分析中知识点的提取和教学思路的设计,是重点和目的。说课是将教材分析结合教学理念、教学实际、形成的教学设计预案,以说明、论证等方式与同行、专家进行交流;课堂教学实录是整个课堂教学过程的实况录像,是教学思路的课堂实施。

观摩说课,目的在于看教材分析背后的理念和原因;观摩课堂教学实录,目的在于看知识点的提取与处理、学生认知和思维水平与能力的实际情况,以及处理知识点和整个教学设计的思路。借助观摩活动,有利于新教师(或者师范生)在缺乏

教学经验的背景下,学习和积累并形成教材分析方式方法。

（三）借助反复的教材分析实践练习,促进技能提高

由于教材内容和学生的个性化,决定教材分析是个性化的教学工作实践活动。教师必须在具有有效调动综合知识能力和熟练掌握教材分析基本要领的基础上,才能迅速、高效地实施教材分析,教材分析技能才能得以提高。

新教师（或师范生）每一次教材分析都包含着对本学科教材结构、内容体系、教材编写思路的掌握,从微观到宏观,从宏观到微观,反复的教材分析实践练习,有利于新教师建立整体教材框架和思路,也有利于新教师对一课时教材所处坐标的准确把握。所以,不断地反复地进行教材分析技能练习,才能准确高效地实施教材分析。

二、思想政治教师教材分析技能训练内容与方式

（一）从观摩说课和课堂教学实录中进行教材分析练习

说课和讲课是教师教材分析完成以后的教学工作,它们的实施有利于直接验证教材分析的科学、合理与否。新教师（或师范生）教材分析最大的问题就是知识点遗漏、逻辑关系分析不清。观摩优秀说课和课堂教学实录有利于借助教学实践说明教材处理的原因,学习严谨、巧妙的教学思路,理清知识点间的逻辑关系,积累对学生发展情况的认知。

1. 训练内容与要求

（1）再现教材知识点和知识点之间的逻辑关系。在观摩中,详细记录并提炼出教材知识点之间的逻辑关系,并能准确理解知识点间逻辑关系设立的原因。

（2）对学生认知、思维水平和能力发展情况的分析与评价。借助观摩说课案例对学生的分析和课堂教学实录的学生学习活动情况,积累对学生认知、思维水平和能力发展情况的分析与评价。因此,在观摩中要主动学习说课者对学生情况的分析,积极观察课堂教学中每一个教学设计实施中学生的反应,能综合分析学生的基本情况。

（3）再现教学思路设计。通过再现教学思路设计,一方面反观其对知识点逻辑关系的认识,另一方面也可以从中学习其对知识点教学处理的方式方法。因此,在观摩说课和课堂教学实录中,要求详细记录说课和课堂教学中的教学思路,并能准确说明教学思路设计基本意图。

2. 训练方式与步骤

说课和课堂教学实录观摩坚持个人为基础,小组为单位进行训练。个人的积极主动投入,是该项训练见成效的根本要求;同时,小组的交流与研讨又有利于发

挥小组学习优势,弥补个人练习的缺陷。具体训练要求、步骤和方式见表4.1:

表4.1　观摩说课和课堂教学实录训练内容、步骤和方式

内容	知识点逻辑关系、重难点和教学思路确立的原因;具体教材分析效果的领悟能力
步骤	小组集体观看—个人详细记录与分析知识点逻辑关系、学生基本情况、重难点、教学思路—小组交流与研讨
要求	说课和课堂教学的过程、内容、效果记录详细;知识点逻辑关系、学生基本情况、教材重难点、教学思路再现准确
方式	研讨与模拟课堂练习结合;个人—小组一个人

(二)思想政治(品德)教材实例分析练习

1.训练内容与要求

师范生教材分析技能训练内容主要包括整本教材分析和一课时教材分析训练,其中尤以一课时教材分析训练为重。

要求:

(1)知识点、讲解点罗列完整;

(2)关系图示正确;

(3)教材知识点地位定位准确;

(4)重难点确立恰当;

(5)教学思路拟订科学合理。

2.训练方式与步骤

在整本教材和一课时教材分析训练中,遵循既有各自的重点性,又要几个层次的分析结合进行。整本教材分析依赖于对所有知识点的熟悉和了解,一课时教材分析又以整本教材分析为前提。

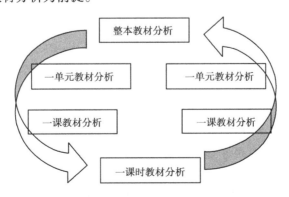

图4.7　整本教材分析和一课时教材分析间训练关系

同时,教材分析技能训练以个人为主,借助小组的交流和研讨,提升个人对教材分析的能力。具体训练方式与步骤见表4.2:

表4.2　教材分析技能训练方式与步骤

序　号	内　容	步　骤	方　式
1	整本教材分析	通读教材—单元间关系分析	个人初稿—小组交流研讨—个人修正
2	一课时教材分析	通读教材—知识点罗列—知识点间逻辑关系分析—重难点—列出教学思路	个人初稿—小组交流研讨—个人再次修正

附录

资料1:思想政治必修一"经济生活"第二单元教材分析①

1.内容结构分析

本单元设置三个课程教学和一个综合探究活动;第四课"生产与经济制度";第五课"企业和劳动者";第六课"投资的选择";综合探究"做好就业与自主创业的准备"。

第四课"生产与经济制度"第一框"发展生产、满足消费"的第一目介绍了生产与消费的关系。教材首先从四个方面阐述生产对消费的决定性作用,其次从三个方面论述消费对生产的反作用。第二目"大力发展生产力"重点介绍两个方面的内容:一是从社会主义初级阶段的主要矛盾出发介绍我国为什么要大力发展生产力;二是分别从国家的工作中心及改革两个方面介绍如何发展生产力,这是本部分的教学重点。

第二框"我国的基本经济制度"则重点介绍我国生产的基本制度背景,包括两目:公有制为主体;多种所有制经济共同发展。第一目"公有制为主体"首先阐述公有制是社会主义的根本经济特征;其次介绍我国社会主义初级阶段公有制经济的主要形式——国有经济、集体经济、混合所有制经济中的国有和集体成分,主要包括它们的含义、地位和作用;再次介绍并分析了公有制的实现形式问题,指出公有制的现实形式应当多样化;最后,教材告诉我们如何准确理解公有制的主体地位。第二目"多种所有制经济共同发展",首先介绍非公有制经济的基本形式——个体经济、私营经济、外资经济等,包括它们的含义、地位、作用;其次简要阐述了公有制经济与非公有制经济的关系,并探究了之所以坚持"以公有制为主体,多种所

---

① 程光泉.普通高中思想政治课程分析与实施策略[M].北京:北京师范大学出版社,2010:33-35.

有制经济并存"的客观根源。

第五课"企业与劳动者"主要分析财富创造的主体,包括两个框题:公司的经营;新时代的劳动者。第一框"公司的经营"包括两目:公司的类型;公司的经营与发展。第一目首先介绍公司的含义及公司的基本特征;其次重点介绍公司的两种基本形式——有限责任公司和股份有限公司,包括两类公司的异同;最后,教材剖析了公司的组织结构。

第二框"新时代的劳动者"包括两目:劳动和就业;依法维护劳动者权益。第一目首先阐述了劳动的重要作用,劳动光荣,以培养学生热爱劳动的情感;其次针对就业在社会经济生活中的作用进行分析,确立就业是民生之本的理念;再次,教材依据就业是民生之本的理论分析我国当前严峻的就业形势,从而树立正确的择业、就业观。第二目主要介绍劳动者依法享有的主要权利,从国家和劳动者个人两个角度介绍如何依法维护劳动者的权益。

第六课"投资理财的选择"包括两个框题:储蓄存款和商业银行;股票、债券和保险。本课设置的基本逻辑基于财富的创造离不开企业,而企业运转离不开投融资。所以教材分析企业的主要筹资方式。对企业而言是筹资,对资金富余的人而言是投资。其中第一框"储蓄存款和商业银行"包括两目:便捷的投资——储蓄存款;我国的商业银行。第一目介绍储蓄存款的含义、我国的主要储蓄机构及储蓄存款的回报——利息;其次分析储蓄存款的两大基本类型——活期储蓄、定期储蓄及其特点。第二目主要介绍我国商业银行的主要业务:存款业务、贷款业务及结算业务。

第二框"股票、债券和保险"包括三目:高风险、高收益同在——股票;稳健的投资——债券;规避风险的投资——保险。第一目首先介绍股票、股东权利以及股票转让流通等问题;其次分析股票投资的特点——高风险、高收益。第二目首先介绍债券及其发行、债券的结构要素;其次介绍我国债券的主要类型及特点。第三目首先介绍保险的含义以及保险存在的理由;其次介绍保险业务的基本类型;最后比较各种投资理财方式的利弊,提醒人们学会规避风险,实现资金保值增值。

综合探究"做好就业与自主创业的准备"。高中生是未来社会主义现代化建设的主力军。设计这个综合探究的目的是为了帮助学生初步认清就业前景,掌握就业常识,了解就业及自主创业必备的基本素质,从而为成就个人的事业打下良好的基础,为将来创造社会主义大业作出自己应有的贡献。

2.单元结构图表

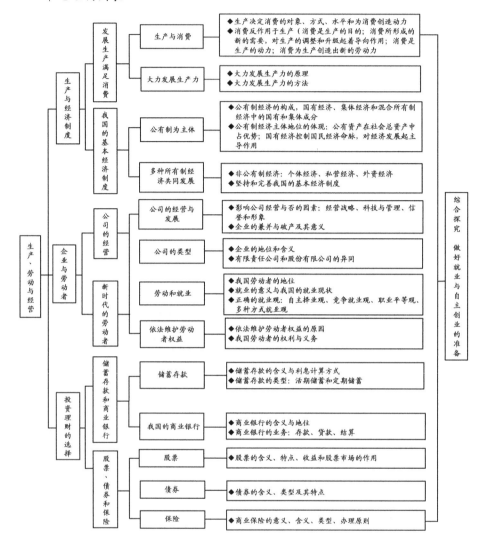

图4.8　经济生活第二单元结构图

资料2:思想政治必修三"文化生活"第二单元教材分析①

1.内容结构分析

第二单元"文化传承与创新"共设置三个课堂教学和一个综合探究活动:第三课"文化的多样性与文化传播";第四课"文化的继承性与文化发展";第五课"文化创新";综合探究"建设'学习型社会'"。

本单元的主要内容是从文化的传播、继承与创新方面分析人类文化的发展。

① 程光泉.普通高中思想政治课程分析与实施策略[M].北京:北京师范大学出版社,2010:126-127.

由三课分三条线索进行展开。

第一条线索(第三课):文化传播。主要讲文化的多样性以及文化传播方式的多样性。

首先,文化具有多样性。文化的多样性是人类社会的基本特征,是文化繁荣的前提,也是人类文明进步的重要标志。文化的多样性主要表现为不同民族和国家文化的内容和形式各具特色。各民族间经济的和政治的、历史的和地理的等多种因素的不同,决定了各民族文化之间存在着差别。

其次,尊重文化的多样性。既然文化具有多样性,就应当尊重世界文化的多样性,这是发展本民族文化的内在需要,也是实现世界文化繁荣的必然要求。

再次,文化的多样性决定文化传播方式的多样性。文化传播有多种方式和途径,商业贸易、人口迁徙、教育等都是文化传播的重要途径。大众传媒是现代文化传播的重要手段。文化交流在文化传播中发挥了重要作用。

第二条线索(第四课):文化继承。主要讲文化传播的继承性和文化在发展中继承。

第一,传统文化具有相对稳定性,具有鲜明的民族性,在现实生活中仍然具有影响,仍然发挥作用,充分表明文化具有继承性的特点。继承传统文化要"取其精华,去其糟粕"。

第二,文化在继承基础上发展,在发展基础上继承,是一个过程的两个方面。

第三,社会制度、科学技术、思想运动和教育,对文化继承和发展有重要影响。

第三条线索(第五课):文化创新。主要讲文化创新的源泉、作用和途径。

第一,文化发展的实质,在于文化的创新。

第二,社会实践与文化创新密不可分:社会实践是文化创新的源泉,是文化创新的动力;文化创新可以推动社会实践的发展,能够促进民族文化的繁荣。

第三,立足社会实践是文化创新的根本途径。面对传统文化要"推陈出新,革故鼎新"。不同民族文化之间要相互交流、借鉴与融合,博采众长。

本单元最后设置的综合探究"建设'学习型社会'",是对本单元相关内容的拓展和延伸。提倡建设全民学习、终身学习的"学习型社会",可以为文化传播、继承、创新创建良好的氛围和提供有效的实现方式。

2.单元结构图表

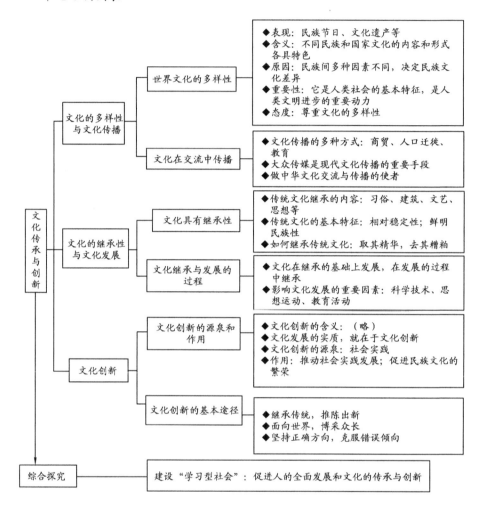

图4.9　文化生活第二单元结构图

第五章 思想政治教师课堂教学技能

学习目标

1. 明了思想政治(品德)课堂教学核心技能的内容。
2. 掌握课堂教学核心技能训练的基本步骤和方法。
3. 能有效运用课堂教学技能提高教学实效性。

课堂教学是思想政治(品德)课的重要形式,也是教师教学活动的核心,教师的一切工作均围绕课堂教学活动来进行。课堂教学有其时间、空间和内容的限制,教师要在有限的时空中,引导学生在交流讨论中达到课程标准的要求,这越来越体现了对教师素质的要求。教师课堂教学技能是教学有效性的根本保证。

第一节 课堂教学技能概述

教学是一种艺术,但首先是一种技能。苏联教育家苏霍姆林斯基说:"我认为教学和教育过程有三个源泉:科学、技巧和艺术,谁要领导好教学和教育过程,谁就要精通教学和教育的科学、技巧和艺术。"对于思想政治品德课而言,良好的课堂教学技能无论是对学生的有效学习还是对教师的自我成长都有着非常重要的作用。

一、思想政治教师课堂教学技能训练的重要性

(一)课堂教学实效性实现的保证

教学实效性包括教与学两个方面,但在一定意义上来说,学生的学习效果很大程度上取决于教师。教师在对学生进行教育时,如果教学技能高,就能够更好地激发学生对学习的兴趣,提高学生学习的积极性和主动性,增强学生的学习效果,把更多的知识传授给学生,促进学生更好地学习。反之,如果教师教学技能不高,则必然会影响到学生的学习效果,不利于学生更好地学习。所以,教师的教学技能与教学实效性之间存在着必然的正相关关系。

（二）教师专业成长的重要途径

教师的专业化成长既包括理论学习,也包括教学实践活动,还包括教学研究活动。课堂教学技能作为教师必备的专业技能之一,不但在教育教学中具有十分重要的意义,而且在教师专业成长中发挥着重要作用。按照教学技能的内容,教师在提高教学技能的过程中,需要在教学设计、使用教学媒体、课堂教学、组织和指导课外活动、教学研究等方面下工夫。伴随着教师专业技能的提升,也必然会带动教师素质的整体提高。正是从这个意义上来说,提高教学技能有利于提高教师素质,增进教师的专业化水平。

（三）构建和谐师生关系、推动教育良性发展的必然要求

师生关系是学校诸多关系中最基本的关系,它体现在教学过程的各个环节,贯穿于教学过程的始终。师生关系的处理不仅直接关系到学校办学质量与特色,而且还直接影响到学生的身心发展与健康。而思想政治课又是一门概念多,原理多,理论性、思想性强,学生容易感到枯燥乏味的学科,因此,在新课改中要想上好思想政治课,教师就必须积极探索,努力构建平等的、民主的、和谐的、互动互惠的积极合作的新型师生关系。而在具备大致相当的智力水平和知识水平后,教师所具备的教学技能则会对师生关系产生一定的影响,进而影响着思想政治教育教学效果。在这种情况下,思想政治教师优秀的课堂教学技能带来的课堂教学艺术必然增进和谐师生关系的构建。所以,教师教学技能的提高,是和谐师生关系构建的重要因素,其必然最终促使教育的良性发展。

二、加强思想政治教师课堂教学核心技能训练的原因

常规课堂教学技能有导入技能、讲解技能、语言技能、板书技能、演示技能、提问技能、变化技能、反馈强化技能、组织技能和结束技能等基本技能,同时,这也是思想政治教师必备的课堂教学基本技能。思想政治(品德)课有别于其他学科,课程的特殊性、教学过程的特殊性等促使核心课堂教学技能的训练成为大家的关注点,也是教师专业成长的重要内容。

思想政治(品德)新课程课堂教学核心技能包括导入技能、提问技能和结语技能。之所以作为核心技能予以关注和师范生课堂教学技能训练中加强,原因在于以下几个方面:

（一）思想政治(品德)课程教学理念影响

"以人为本、育人为先""以学生的发展为本"是课程改革的出发点和核心理念。教育改革均要以促进人的发展为指导思想。"一切为了孩子,为了一切孩子,

为了孩子的一切",应当成为教育工作者的基本信念。要把这种为学生终身发展高度负责的精神,贯穿于教育改革的始终。教育不是捧上一张张高一级学校的录取通知书,而是捧出一个个有鲜明个性的活生生的人;教育不是追求百分之多少的优秀率、合格率,而是追求每个学生的生动、活泼、主动地发展;教育不是汇报时的总结、评比时的数据,而是教师与学生共度的生命历程、共创的人生体验。

为了促进每一位学生的全面发展,教师在教学过程中必须改变过于注重知识传授的倾向,强调形成主动积极的学习态度;教师要认真思考我们学校的活动、我们教师的行为,是否做到了尊重学生、信任学生、保护学生,是否遵循着青少年身心发展规律,是否为学生的发展提供了有效的服务。在思想政治(品德)课教学中,教师的核心技能就在于能否把"以人为本、育人为先"的核心理念贯穿于思想政治课堂的始终;能否做到把坚持马克思主义基本观点教育与把握时代特征相统一,把加强思想政治方向的引导与注重学生成长的特点相结合,能否做到注重课程实施的实践性和开放性,能否做到建立促进发展的课程评价机制。

(二)思想政治(品德)课程目标的影响

我国基础教育在知识传授上有优良的传统和一整套行之有效的经验,其中最典型的就是"双基"教学。而新课程改革的重要目标则是强调要改变课程过于注重知识传授的倾向,强调形成积极主动的学习态度,使学生在获得基础知识与基本技能的过程的同时,成为学会学习和形成正确价值观的过程,即我们所说的注重知识能力、过程方法和情感态度价值观的"三维目标"。

在新课改背景下,思想政治课教师能否做到从关注"双基"到全面关注知识、能力和情感态度价值观这"三维"目标无疑会成为影响其教学技能的重要因素。从关注"双基"目标到关注"三维"目标这只是教师提升其教学技能的前提和基础,更重要的是能在实际教学中将知识、能力和情感态度价值观这三维目标予以有效地整合,而不是看成彼此孤立的三个方面。

教师在教学过程中既要做到将结论与过程相统一,又要尽力做到认知与情意的统一,需要教师在教学过程中与学生积极互动、共同发展,要处理好传授知识与培养能力的关系,注重培养学生的独立性和自主性,引导学生质疑、调查、探究,在实践中学习,促进学生在教师指导下主动地、富有个性地学习。同时,教师还应尊重学生的人格,关注个体差异,满足不同学生的学习需要,创设能引导学生主动参与的教育环境,激发学生的学习积极性,培养学生掌握和运用知识的态度和能力,使每个学生都能得到充分的发展。

(三)思想政治(品德)课程标准的影响

思想政治(品德)课程标准以学生的学习成长、生活为主线构建课程内容,这是课程实施的重要载体。无论什么样的课程理念、课程目标、课程结构和课程实施都要通过课程内容来实现。课程内容组织是否得当对课程改革的成败起着重要作用,也是影响教师的课堂教学技能的重要因素。

思想政治课教师应该以学生的学习成长、生活为主线构建课程内容,体现课程内容的时代性、基础性、选择性原则。时代性具体体现在思想政治教学内容能否体现现代社会进步、反映时代发展脉搏;能否关注政治学科发展趋势;能否依据和尊重学生的生活经验适时调整和更新课程内容。基础性主要体现在课程内容应该包含学生发展所需要的经典知识和能力,如国家规定的基本目标要求、超越不同历史时期的具有恒久价值且相对稳定的知识以及反映学生知识技能、情感、态度和价值观相整合的知识等基础性内容。课程内容的选择性一方面体现在为全体学生提供在不同困难程度上形成基本理解力和技能机会;为全体学生提供同样令人感兴趣的、同样重要的和同样吸引人的学习任务;另一方面体现在教师在学生选择课程时,要给以一定方法上的指导,培养学生选择的能力。

(四)思想政治(品德)课各种课型目标的实现决定课堂教学核心技能

思想政治(品德)课教学模式僵化是传统思想政治课面临的一个重要问题,新课程课型多样,在长期的教学实践中,根据具体的每一堂课的三维目标侧重点的差别,教学组织形式上的不同,归结出主要有"讲授型""研究型""辩论型""参观型""讨论型""实践型"等(表5.1)。无论哪种课型,教师或主导或引导的地位,都避免不了一节课需要在导入环节激起学生学习兴趣、结束环节或引人深思或情感升华以及整个课堂师生间的交流,教师课堂教学技能核心还体现在提问、导入、结语等几个内容上。所以,思想政治(品德)新课程教师特别需要加强课堂教学核心技能训练。

表5.1　思想政治(品德)课型教师实现课标的关键点

课　型	目　标	教师实现课标的关键点
讲授型	以知识目标为主	充分发挥教师的主导作用,需要精心的教学预设和教师灵活的生成能力
研究型	注重过程与方法目标	教师在挖掘教材的研究价值时应充分考虑到学生的已有知识和生活实际
辩论型	注重培养辩证思维能力和口头表达能力	教师首先要选好题,注意选题的辩证性,不能一边倒,同时要加强辩论后的点评和引导
参观型	注重学生的思想引导	注意参观的目的、流程和安全。多准备活动的预案

课　型	目　标	教师实现课标的关键点
讨论型	注重培养学生的思维能力	设置好讨论的题目,注重引导学生对讨论成果的归纳总结
实践型	培养学生动手、动脑的能力	注意理论知识与实践活动的关联,做到理论联系实际,主观与客观的统一

（五）师范生迫切需要加强的课堂教学技能内容

核心教学技能还是由当前师范生迫切需要加强的课堂教学技能内容决定的。师范生将是新课程实施的教师,新课程理念不仅要形成,还需要有强有力的教育教学实施手段。但是,在当前师范生的试做课堂教学过程中,表现出师生思想交流的匮乏,即使有师生交流也多是简单地给出答案;提问机械,为提问而提问;导入环节和结语环节被草率为通报本堂课讲什么和本堂课讲了什么。所以,非常有必要加强师范生课堂教学核心技能的培养。

三、思想政治教师课堂教学核心技能的基本内容

思想政治(品德)课堂教学核心技能的内容主要包括导入技能、提问技能、结语技能。它们是教师基本技能如教师口语技能、板书技能等的综合表现;同时,又是课堂教学环节中起承转合的关节点;而且,还是新课程师生对话交流的重要体现。了解其内容,是思想政治课堂教学技能训练的基本前提。

（一）导入

导入是课堂教学以及其他教育活动的起始环节,是在教学活动开始的时候,教师引导学生进入学习状态的行为方式。思想政治(品德)课导入技能是指政治教师在一项新的思想政治(品德)课堂教学内容或教学活动开始前,引导学生做好心理准备和认知准备,并让学生明确学习目标、学习内容以及学习方式的一种教学行为。

1. 导入的作用

导入是一项教学艺术,是教学过程的各个环节构成联系的纽带,因此课堂导入在教学中的作用非常的重要,在相对枯燥的思想政治(品德)课的课堂中更是尤显其重要性。导入所起的作用主要表现在以下几个方面:

（1）凝聚作用——引起注意,迅速集中思维。学生在课前的活动中思维是多种多样的。上课铃响后,需要即时地引起学生的注意,把学生的注意力从上一节课

或课间其他活动的思维活动中转移、集中到这一节课的课堂教学中来。新颖、别致、生动、形象的导入能及时集中学生的注意力,指向教师身上,指向即将开始的教学内容上。从而有利于课堂秩序的安定和课堂教学活动的开始。

(2)激发作用——激发兴趣,产生学习动机。恰如其分、引人入胜的课堂导入能强烈地激发学生的学习兴趣,激发学生的期待心理和求知欲望,使学生对即将开始学习的新的教学内容产生积极的认知倾向。"兴趣是最好的老师",兴趣是主动求知的起点,是学生学习的内驱力,这种自发的内驱力能明显地提高学生的学习效能。巧妙而艺术的课堂导入可以更好地激发学生的浓厚兴趣,使学生在产生学习新课愿望的基础上,不断发展对学习的兴趣,产生强烈的求知欲望和学习的积极性,使之愉快而主动地投入到学习中去。

(3)置信作用——沟通感情,创设学习情境。置信作用,即消除学生对新课、新学业的惧怕、怀疑心理,使学生对新课、对教师产生亲切感、友好感和信任感。艺术的课堂导入能够增强新课的趣味性,使学生产生愉悦感、紧凑感,保持心情愉快、情绪激昂、精神饱满、注意力集中、思维活跃。这样不仅能降低学生理解新知的难度,而且能消除师生之间的紧张关系。"学之径莫速乎好其人","尊其上九,信其教",巧妙的课堂导入不仅使学生学习起来更容易、更轻松,而且使学生对教师产生信任感、尊重感、敬佩感,从而提高教师教学的效能。

(4)导向作用——揭示课题,体现教学意图。巧妙的课堂导入可以诱发学生的求异心理,引导学生的思维方向。导入如同路标,它可以引导学生的思维、经验以及知识的沉淀转移到本堂课的教学内容中来。将学生的思维引入一个新的知识情境,启迪学生去思维、去设想,又能引导学生沿着教师所指引的方向逐步深入,从而防止出现只有笑声不见切题的无边际内容,为整堂课教学内容的有效完成做好铺垫,引好道路。导明了明确的知识方向,便有利于教师揭示课题,使课堂环节步步深入,课堂内容明确透晰,体现教师的教学意图。

(5)铺垫作用——铺设桥梁,衔接新旧知识。艺术而巧妙地导入能为整个课堂教学的顺利进行奠定基础,并能由此使教学内容进一步展开、发展、扩散,把课程的进展不断地推向高潮,产生良好的积极的"连锁反应",从而有利于学生学习新知、教师把握课堂节奏、课堂气氛融洽活跃,教学内容前后呼应。这样可以为已学知识与未学知识铺设衔接的桥梁,使新旧知识顺利过渡,达到新知与旧知的融会交融,令学生将知识融会贯通。

2.思想政治(品德)课导入类型

中学思想政治(品德)课的导入方法多种多样,灵活多变。在实际的政治课堂教学中,传统的导入方法概括起来有以下几种:开门见山法、以旧引新法、故事导入法、提问导入法、直观演示法、讲评导入法、检测导入法、剖析关键词导入法等。

随着新课程改革的深入和素质教育的全面推进以及现代教育设备的普及,时代在呼唤思想政治(品德)课改革传统的教育方法,提高思想政治(品德)课的实效性,这也要求思想政治(品德)课在平常的教学活动中应具备更多、更新、更好的导入方法。别致新颖的高超导入艺术,必然会先入为主,先声夺人,对学生产生强烈的吸引力,使学生欲罢不能,不得不听,使整个教学气氛尽快活跃起来,教育也就容易进入最佳境界。因此,结合新课改理念及现代教学设备,把一些新颖而实用的导入艺术运用于实际的教学活动中,是新课改的必然要求。

(1)歌曲导入法。根据教材内容,在开讲之前,可让学生齐唱或用播放工具播放一首与所学内容相关并为学生所熟悉喜爱的歌曲,以创设心情舒畅的环境,唤起学生的情感体验,激发学生的兴趣,从而收到理想的教学效果。这种课堂导入技巧多用于情感教育。因为一个人的情感除自身的因素外,在某种程度上也受制于外部的环境与气氛。有时一首歌曲也可以感染、影响甚至改变一个人的情绪。威武雄壮的音乐可以振奋人心,调动教师和学生的激情,抒情优美的音乐可以将人带入和平安宁的意境中。

例如,讲授"公民有维护民族团结的义务"这一内容时,可合唱或播放"爱我中华""大中国"之类歌曲,不仅可以激起学生的学习兴趣,而且使他们认识到我国各民族之间是平等、团结互助的关系,激发他们的爱国热情;讲授"公民要依法服兵役"一课时,可以合唱或播放"我是一个兵""说句心里话"之类的歌曲,歌声不但可以活跃课堂气氛,而且可以使学生认识到依法服兵役是每一个适龄青年应尽的义务,极大地鼓舞学生的爱国热情,从而收到良好的课堂教学效果。

(2)热点时事导入法。这是根据教材内容,利用最新发生的国内外重大事件,激发学生情感和探究欲望的一种导入方法。热点时事具有新、近、真的特点,感染力强,容易引起学生共鸣,从而收到先声夺人之功效。另外,利用热点时事导入新课,使时事政治与所教授的知识结合起来,可以使学生把所学知识实践化,提高学生分析现实问题的能力,也为日后考试或练习中的"材料分析题"奠定解题思路和方法。

例如,讲授"公民有维护国家统一的义务"一课内容时,可以切合时事中的"台湾新闻",利用陈水扁鼓吹的台湾公民"公投事件",既可以引起学生兴趣,使学生认清"台独"分子的意图,还可以唤起学生们的爱国热情,收到一举多得的效果。

在运用这一导入技巧时应注意:第一,热点时事宜为新近事件,切忌"不热";第二,"热点时事"要与授课内容紧密相关;第三,教师选择时事应以政治时事为宜,切忌时事内容庸俗化,最好能与考点相结合。

(3)视频导入法。随着多媒体教学的推广,它为常规教学开辟了广阔的前景,随之视频导入法也越来越普遍地被运用到教学实践中。利用多媒体设备,用视频导入新课,形、音、色俱全,直观性强,能调动学生多种感官的参与,使学生仿佛身临其境,有利于把学生引入教师设置的情境中,吸引学生的注意力,收到较好的效果。

例如,讲授"人类面临严重的环境问题"时,可以播放一段有关环境被人类污染、破坏的录像,就有利于吸引学生的注意力,开启学生积极思维的闸门,使学生感到政治课就在现实生活中,从而为下一步的教学奠定基础。

运用视频导入法时应注意:第一,录像内容要精悍短小、突出主题、有感染力,否则学生就会为了看录像而看录像,达不到教育的效果;第二,录像应当有旁白或在录像视频旁边增添突出主题的文字;第三,录像内容健康向上。

(4)活动导入法。这种方法是组织学生通过老师安排或学生自编自演与课堂教学内容相关的小品、小话剧、模仿节目、游戏等方式导入新课。这种方法新颖、活泼,能给学生提供丰富的与学习有关的感性材料,容易使学生产生共鸣,活跃课堂气氛,调动学生参与的积极性。让学生乐学、爱学。这种方法一般可以充分利用教材上的一些活动或将课本上的漫画、图片生活化,把它用学生的行为表现出来。

例如,讲授思想品德"善于交往"内容时,可以组织学生表演小品《小张应聘记》,将小张在应聘过程中的无礼貌、无秩序、不讲文明等陋习表现出来,最终导致应聘失败,这就可以非常直观地感受到要善于交往就需要文明礼貌。使学生乐于其中,学于其中,感于其中。

应用这种方法应注意:第一,活动要取得成功,达到理想的效果,最好在课前有充分的准备,要进行预演;第二,活动内容要与课文内容紧密相连;第三,活动内容要生动、活泼、寓教于乐;第四,活动时间不宜太长;第五,此方法多用于初中课堂。

(5)漫画导入法。漫画蕴藏着深刻的哲理,极富趣味性和幽默感,它针砭时弊,很受中学生的喜欢。恰当地把漫画引进思想政治课的教学活动中,能丰富教育内容,增强思想政治课的趣味性,活跃课堂气氛,对帮助学生领会和掌握所学知识,提高分析问题的能力都有好处。教师在讲课时,先出示一幅与课文内容相关的漫画,并从漫画引出教学内容方面的问题,既设置悬念,吸引了学生的注意力,又能使学生积极地思考问题,寻求答案。

例如,讲授"树立正确的价值观"时,先让学生观看漫画《争光》,漫画的内容是:两个人中,前面是一个左手拿着奖牌,右手高举火炬正在奔跑的为国争光的运动员;后面跟着一个左手拿着一叠钱,右手高举单位公章的贪官。学生看后顿时活跃起来,兴趣盎然,接着老师让学生思考:这幅漫画的寓意是什么? 在经过学生讨论回答后,老师总结指出我们要坚持以国家和集体利益出发的价值观,反对个人主义、自私自利的价值观。由此导入新课,既加深了学生印象,又可以使学生迅速地进入最佳学习状态。

应用这种方法应当注意的地方:第一,选择的漫画要与课堂教学内容相关,且具有典型性;第二,漫画内容要能激起学生的兴趣;第三,教师对漫画可有适当的解释;第四,漫画内容积极健康。

(6)"顺口溜"导入法。思想政治品德课很容易误入"背来辛苦,用来糊涂"的怪圈,不能有效地适应考试的要求。很多时候,学生采取的办法是"背住书上黑体字,方能不怕去考试",其实这种内容空、学生死的方法非常不利于教学相长。教师可以在教学中采用"顺口溜"这种形式导入新课,这种音韵优美、感人至深、蕴涵哲理、便于记忆的"顺口溜"不仅可以使教师出口成章、风趣幽默,更能使学生记忆理解,乐于接受。

例如,在讲授"一分为二地看问题"时,可以运用"虽然我很丑,但却温柔"。讲授"选择正确的人生道路"时可以用"方向不对,努力白费""不跳不跑,只动大脑"等顺口溜导入,给人耳目一新,回味悠长之感,然后进入正式授课过程,这样学生学习起来生动有趣,课堂显得轻松自然,从而水到渠成地完成教学任务。

应用此方法应注意:第一,"顺口溜"最好可以总结概括出教材中的一些内容;第二,"顺口溜"要生活化,便于学生理解记忆;第三,教师在生活中要广泛积累,达到灵活生动,运用自如。

案例:导入课堂实录

师:今天上课,老师给大家准备了六样东西,大家一起来看一下。冰块、玻璃、食盐、蜡烛、水晶和橡胶。那么要求是,用物理知识将这些物品分为两类。

生:晶体和非晶体。

师:初中物理里面,大家看是不是学了这么一句话——固体物质分为了晶体和非晶体两类,刚才同学们也是按照这种方式分的,那现在我的问题是:这句话是真理吗?

案例中的导入环节,教师运用的是设疑激趣,让学生带着问题同老师一起探索下去。案例中的"这句话是真理吗?"让学生在反问"难道不是吗?"之中,疑点出来,设疑成功,学生的探索兴趣被激起。

(二)提问

提问是教师在教学活动中通过一定方式向学生质疑,促使学生参与教学活动,了解学习状态,启发学生思维,达到使学生理解和掌握知识,发展能力的教学行为活动方式。

1. 提问的作用

恰当的提问能够引导学生去探索所要达到目标的途径,获得知识智慧,养成善于思考的习惯和能力。课堂提问的主要作用如下:

(1)激发兴趣,产生学习动机。提问能够激发学生的好奇心,使学生产生探究的欲望,迸发学习的热情,产生学习的需求。例如,讲授"在实践中追求和发展真理"一课时,问学生"固体物质分为晶体和非晶体是真理吗?"学生就非常感兴趣。想挑战权威,又没有充分的理由,于是对后面的学习内容非常的期待。

(2)启发思维,主动学习。提问可以把学生引入"问题情境",使他们的兴趣和注意力集中到某一特殊的专题或概念上,产生解决问题的自觉意向。宋代朱熹说:"读书无疑者,须教有疑;有疑者,却要无疑;到这里方是长进。"提问是教师对学生学习的一种支持行为。学生的学习是以学生的积极思维活动为基础的,学生的思维过程往往又是从问题开始的。提问能帮助学生复习巩固所学的知识和技能,提示教学重点,分散难点,促进学生对教材内容的记忆,帮助新旧知识之间产生链接等。

(3)为学生提供参与机会,发展学生能力。提问是课堂上的一种召唤动员行为,是集体学习中引起互相活动的有效手段,提问给学生提供了一个流露情感、发表看法、与老师和班级其他成员沟通交流的机会。学生通过聆听他人对问题的回答,展开争论,从而开拓自己的思路,便于对学习内容进行梳理、理解、记忆。提问给学生提供了一个参与教学过程的机会。

(4)反馈信息、促进交流。教师通过提问可以了解学生对某一方面的知识或某一个问题的理解和掌握程度,可以了解学生运用知识解决问题的能力。因此,课堂提问是一种最直接、最快捷获取反馈信息的重要渠道,教师可以根据学生的答问及时调整,改进自己的教学方法和调整进度。

(5)创造和谐的教学氛围。提问可以活跃课堂气氛,促进师生之间的情感交流,创造和谐的教学氛围,吸引学生的注意。提问也是维持良好课堂秩序的常用手段之一。

2. 课堂提问的类型

在教学中,需要学生学习的知识是多种多样的,有事实、现象、过程、原理、概念、法则等,对这些知识有的要求了解,有的要求理解,有的要求掌握。学生的思维方式也有不同的形式和水平,这就要求教学中所提的问题不能是千篇一律的,应包括多种类型。教学目标可以分为知识、理解、运用、分析、综合、评价六级水平。与此相应,课堂提问也可以分为六类。

(1)知识水平的提问。知识水平的提问主要用来提问学生对已经学过的有关内容的再认再现情况,即对学生的识记的考察。具体表现为提问学生能否记忆具体的事实、过程、方法、理论等,它只能考查学生对知识掌握的最低水平。其提问的表现形式为:说出、写出、举例说明、复述、什么叫作、标注出等。知识水平的提问实际上就是对基本事实的提问。在提问中它所占的分量应处理得当。一方面,在课堂提问中,不能大部分都是知识水平的提问,那样,只是知识的简单机械的重复,不能激发学生的思考,从而也就束缚了学生的发展。另一方面,也不能绝不涉猎对它的提问,因为理清基本事实是进一步学习的基础,这两方面都应视具体情况而定。一般说来,低年级的学生可以多涉及一点知识水平的提问,随着学生知识和经验的增长,应多加入更高水平的提问。

例如,在要求学生记住社会主义核心价值观的内容,老师在提问时不会直接问"内容是什么",而是问学生"我们应如何树立社会主义核心价值观",让学生在运用中记住知识。

(2)理解水平的提问。理解水平的提问主要考查的是学生是否把握了所学材料的意义。此时的提问已超越了记忆,具体表现为提问学生能否概述和说明所学的材料；能否用自己的语言来表达已学的内容；能否估计预期的后果等。此时所考查的仍然是学生较低水平的理解。其提问的表现形式为：概述、解析、比较、转换、区别、推断、分类等。理解水平的提问能促使学生去组织所学的知识并弄清其含义，这就较知识水平的提问前进了一步。如果说知识水平的提问所考查的仅仅是材料的表述和再现，而理解水平的提问就考查了材料所代表的意义。

例如，我们在给学生讲解哲学含义时，可以问学生"哲学与世界观的关系是什么？与具体科学之间的关系是什么？"这个问题的回答，学生知道哲学的含义是前提，通过与世界观和具体科学知识对比后，学生对哲学的内涵理解就更准确了。

（3）运用水平的提问。运用水平的提问考查的是学生能否将学习所得运用于新的情境。此时的提问已达到了较高水平的理解。具体表现为考查学生能否应用概念、方法、规则、原理等。其提问的表现形式为：应用、分类、分辨、选择等。运用水平的提问能训练学生运用所学知识解决问题的能力。它能够鼓励学生参与实践，在实践中更加深入地理解和运用所学的知识。实践出真知，没有实践和运用，所学的知识就会显得苍白无力。

例如，学生理解了科学发展观的内涵后，可以问学生"我们在全面建设小康社会的过程中如何贯彻落实科学发展观？"既加深了学生对科学发展观内涵的理解，也提高了学生运用知识解决实际问题的能力。

（4）分析水平的提问。分析水平的提问考查了学生的两个方面。一是对材料内容的理解，这上承运用水平的提问。二是对材料结构的理解，这下接综合水平的提问。此时的提问已能考查出一种比运用更高的智能水平。表现为考查学生能否从整体出发去把握材料的组成要素及其彼此间的联系。其提问的表现形式为：证明、分析、找原因、作结论等。分析水平的提问要求学生能分析知识间的联系和关系，要求学生能运用批判性思维从事物错综复杂的联系网中寻找出事物间的有机联系，能分清事物发展的前因后果，能帮助学生树立全局观念，并立足全局，分析局部。素质教育要求发展学生的批判性思维能力，故分析水平的提问适度地加大，尤其对于高年级学生，对实施素质教育大有裨益。

例如，我们在学习"市场经济的特征"后，问学生"市场经济能充分地发挥市场的作用，促进资源的优化配置，所以说市场经济全面优越于计划经济。这种观点对不对？"这一设问的目的一是让学生知道市场不是万能的，有自身的弱点和缺陷，因此需要国家的宏观调控；二是培养学生的思维，养成辩证看待问题的习惯。

（5）综合水平的提问。综合水平的提问考察的是学生能否把先前所学习的材料或所得的经验组合成新的整体。此时的提问涉及学生的新的知识结构，故能考查出学生的创造力。具体表现为提问学生能否制定出一项可操作计划；能否概括出一些抽象关系；能否以口头或书面形式表明自己的新见解等。其提问表现形式为：计划、归纳、设计、创造、组织等。综合水平的提问可以促进学生将所学的知识组合成新的形式，可以训练学生的综合能力、预见能力，尤其是创造性地解决问题的能力。教师在课堂提问时要想训练学生的创造力,就必须深入研究教材体系,并提出综合水平的问题,研究如何才能充分开发学生的思维空间和想象天地,并进行有创意的思考和组合。

例如,在学习"公司的经营"时,我们可以问学生"公司经营不善,会有哪些结果?我们应如何避免这种现象?"这一问题既有利于学生了解兼并和破产的有关知识,也可以让学生对如何提高企业经济效益进行前后知识的归纳总结。

(6)评价水平的提问。评价水平的提问考察的是学生能否评定所学材料的合理性,如材料本身的组织是否合乎逻辑;它还能考察出学生能否评定所学材料的意义性,如材料对社会的价值。此时的提问涉及学生对所学材料如诗歌、散文、小说、报告等作出的价值判断。它能体现出学生对所学材料已达到最高的掌握水平。其提问的表现形式为:评价、论证、判断、说出价值等。评价水平的提问可以有力地促发学生进行价值判断的能力,形成一定的思想、信念、世界观,这是教育培养人的一个极为重要的目的。

案例:"真理……"提问课堂教学实录

师:不知道在哪里。但是我们坚信有那么一个,但是我们人类永远在向那一个真正地真理前进、努力,对不对? 一个方面客观的条件在发生改变,更重要的是客观事物自己是一个发展变化的过程,因此没有永恒的固定的真理,真理都是在不断地变化发展的。所以它又具有无限性对不对? 它又具有无限性。是反复的无限的,那么这个无限,刚才熊晓琴说到了实践真理又实践又真理又实践,我感觉好像在旋圈呢? 是不是终点又回到起点?

生:不是

师:不是,那区别在哪里? 新的实践和原来的实践有区别没有?

生:有

师:那么新的真理和原来的真理?

生:也有区别。

师:会怎么样? 朝哪个方向走的?

生:向上的。

师:更高层次,向上的,对不对? 所以它的这一个过程还具有什么特点?

生:进步性。

……

(三)结语

课堂结语又叫断课语、结尾语,是课堂教学将要结束时,教师在引导学生对所学知识与技能进行及时的总结、巩固、拓展、延伸和迁移的教学活动时所用的语言。

1.思想政治课结语的功能

古人在谈行文时说:"起句如爆竹,骤响易彻;结句当如撞钟,清音有余。"一堂课是一个有机的整体。如果说好的开头有先声夺人、启发诱导之功能，那么，精妙的结尾就应具有耐人寻味、课断思不断、言虽尽而意无穷的作用。

（1）梳理概括，形成网络。思想政治课教材是分课、节、框编写的有着密切联系的有机整体。在课终了之时，对教学目标中的思想内容、能力要求、知识要点进行简明扼要的梳理概括，既可使整堂课的教学内容系统化，增强学生的整体印象，形成知识网络，又可理清线索，提炼出精要，使之纲举目张，执简驭繁，增强记忆，还可培养和提高学生的抽象概括能力。对于一堂内容繁杂的课，提纲挈领的小结尤为重要。

（2）画龙点睛，强化主题。俗话说："编筐编篓，重在收口；描龙画凤，难在点睛。"课堂教学是同样的道理，良好的导入并不等于成功的全部，结束的失误也将导致功亏一篑。思想政治课教学是有目的的教学活动，每一节课都有其教学主题。在课终了之时，如果教师不重视结尾，学生所获得的知识往往只能是零散的、停留在浅表层次之上的感性知识。与此相反，教师富有艺术的"点睛"之笔，则可强化主题，升华知识，让学生获得系统的理性知识。

（3）承前启后，浑然一体。思想政治课教学是一个有序的教学过程。教材知识的内在逻辑顺序和学生认知结构发展的顺序，决定了教学过程必须是一个循序渐进、环环相扣的过程。富有艺术性的结束，既对全课进行总结又为讲授以后的新课题创设教学情境埋下伏笔。这样，承前启后，既可以使知识有机衔接起来，形成一个有序的整体，又可以促使学生的思维不断深化，诱发学生继续学习的积极性。

（4）拓展深化，发展智能。教学不可能面面俱到，把涉及的问题都讲清楚，有些问题需要学生课后思考、去探究。因此，有些课讲完之时，可把结尾作为联系课堂内外的纽带，把一些与教材内容紧密相连而课堂上又不能解决的问题提出来，引导学生向课外延伸，从而开阔视野，活跃思维，发展智能，深化对知识的理解。即使不向课外延伸，在结束之时，老师若能引导学生总结自己的思维过程和解决问题的方法，也可促进学生智能的发展。

（5）及时反馈，查漏补缺。教学过程中充满众多不确定因素，教师的教与学生的学都不可能完全按照事前的设计进行，其中难免出现失误与不足。富有艺术性的结尾既可对所学知识及时复习、巩固和运用，又可检查教学过程中的疏漏之处，及时弥补其缺陷与失误，使教学更趋完善。

2.思想政治（品德）课结束的具体方法

（1）总结归纳法。这是一种最常用的结尾方法，即教师用简练的语言将本节课的内容进行总结，叙述重点，指出难点，归纳出本节课的知识点，使学生对整节课有一个系统的、全面的印象，有利于理解和记忆。

例如，讲完"体验人大代表"这一内容后，用了三个关键词来归纳作为结课：性质——代表人民行使当家做主的权力，优越性——人民代表大会制度的优越性，职责——承担宪法和法律赋予的重大职责。

(2)图示归纳法。图表是一种直观的教学形式,具有简明、清晰、形象的特点。运用图表的展示,可将繁多而分散、难懂、难记的知识系统化、具体化、明了化,便于学生理解掌握,提高教学效果。

例如,讲完"社会主义初级阶段"这一内容后,先请一位同学在黑板上从历史事件发生的顺序加以图示归纳,然后教师在补充中结课。

(3)音乐陶冶法。苏霍姆林斯基认为:美学能以其系列独特的教育手段,融及人的情感深处起到潜移默化的教育作用。音乐作为美育的重要内容之一,更具有其独特的功能和魅力。思想政治课运用歌曲结尾,能增强课堂的感染力、吸引力,帮助学生理解基本概念和基本原理。

例如,讲完"立国之本:四项基本原则"这一内容后,让学生听《没有共产党就没有新中国》这首歌,让学生在歌声中体味共产党在中国历史上的重要作用,加强对学生的爱国主义教育。在讲完"强国之路:改革开放"后,就带领学生在乐曲伴奏中有感情地唱起《走进新时代》,使"一个中心,两个基本点"的内容和歌曲内容相得益彰,和谐自然,不仅给人以美的享受,并且使学生在歌曲中感悟了深奥的政治理论。

(4)巧设疑问法。用章回小说的结尾方法结尾,能使学生耳目一新,这种课堂结尾方法关键在于巧设疑问,留下悬念,诱发其求知欲望和探索热情,从而为下节新课作铺垫。

例如,讲完"学校保护"这一内容后,可作如下设问:"我国法律为你们的健康成长制定了哪些具体的保护措施? 这些措施又起到了怎样的保护作用呢? 欲知详情且听下回分解"。这种结尾方法能使学生急了解下节课的内容,从而激发其主动预习课文的积极性。

(5)故事回味法。俗话说"小故事、大道理"。当我们在讲抽象的道理时,学生可能兴趣不高,课堂气氛比较沉闷,如果我们引入一些生动有趣的小故事,不但可以调动学生的学习兴趣,增强思想政治课的趣味性,而且还会起到事半功倍的教学效果。

比如讲完"心晴雨亦晴"这一内容后,可给学生讲述"做自己的主人"的故事。一位好斗的武士向老禅师请教天堂与地狱的含义。老禅师轻蔑地说:"你性格乖戾、行为粗鄙,我没时间跟你这种人论题。"武士恼羞成怒,拔剑大吼:"大胆和尚,如此无理,我要杀死你。"禅师缓缓道:"这就是地狱。"武士大悟,伏地拜谢,感谢禅师的指点。禅师又说:"这就是天堂。"饶有趣味的故事使学生豁然开朗,从而为培养良好的情绪而努力。

(6)案例分析法。案例分析法是培养学生运用所学的理论知识,基本原理观点来分析现实问题,提高学生分析问题和解决问题能力的一种有效手段。

比如讲完"千里之堤,溃于蚁穴"这一内容后,教师引用下列案例,让学生分析解答:"青年王某在读书时,就经常和社会上一些不三不四的人鬼混。离校后经常打架斗殴,为此曾被公安机关拘留过,但王某仍不思悔改,反而认为'小错不断,大错不犯,不至于坐牢'",依然我行我素。后来,经不住坏人的引诱和私欲的膨胀,发展到拦路抢劫并行凶致人重伤。事发后被人民法院处10年有期徒刑。教师把案例给学生摆出,然后要求学生分组讨论下列问题。①王某的上述经历中,有哪两种类别的违法行为? ②这两种违法行为在本质上为什么是一致的? 两种违法行为的主要区别是什么? ③从他的上述经历中给我们留下什么教训? 学生带着问题对案例进行了认真热烈的讨论,通过讨论,学生对理论知识也就自然而然理解掌握了,并且提高了学生的道德觉悟和遵纪守法的法制观念,真正将提高学生认识能力和觉悟能力有机统一起来,提高了课堂教学实效。

总之,教学既是一门科学,又是一门艺术,而这种艺术的表现手法没公式可循,教材内容的丰富多样为我们提供了广阔的天地,除上述结尾方法以外,还常采用即兴表演法、精神感召法、漫画联想法等。只要我们根据课程的具体内容和特点,根据学生的心理和思想实际,精心设计并灵活运用恰到好处的结尾,给学生一个回味无穷的"尾声",真正让每一节课都画上一个圆满的句号,切实提高思想政治课的实效。

案例:"真理⋯⋯"结束环节课堂实录

通过今天的学习,我们懂得了什么是真理,知道了真理它具有客观性,有条件性,有具体性,有历史性,并且任何一个追求真理的过程都是一个反复的无限的上升的过程,就像舍特曼一样要敢于质疑勇于实践,用创新的思维去追求和发展真理。同学们,路漫漫其修远今,吾将上下而求索,那么我们中华民族的伟大复兴需要我们一代又一代的中国人不懈努力,就像我们片中最后的一个词语,莫空谈,做实事,谢谢大家。

第二节　课堂教学技能训练

思想政治教师课堂教学技能训练是单个技能训练与综合技能训练的结合,也是基本技能训练与核心技能训练的结合,还是课堂教学各环节技能的综合。新教师(师范生)在课堂教学技能训练中要注意把握技能训练的基本要求,循序渐进提升课堂教学的能力。

一、思想政治(品德)课堂教学核心技能的运用要求

课堂教学技能是综合性的技能,其运用都讲究基础性、综合性、灵活性和艺术性,导入技能、提问技能和结课技能在具体实施中还有一些要求。

（一）导入技能的运用要求

政治课导入技能是指政治教师在一项新的思想政治课堂教学内容或教学活动开始前,引导学生做好心理准备和认知准备,并让学生明确学习目标、学习内容以及学习方式的一种教学行为。

随着新课程改革的深入和素质教育的全面推进以及现代教育设备的普及,时代在呼唤思想政治课改革传统的教育方法,提高思想政治课的实效性,这也要求思想政治课在平常的教学活动中应具备更多、更新、更好的导入方法。别致新颖的高超导入艺术,必然会先入为主,先声夺人,对学生产生强烈的吸引力,使学生欲罢不能,不得不听,使整个教学气氛尽快活跃起来,教育也就容易进入最佳境界。因此,结合新课改理念及现代教学设备,把一些新颖而实用的导入艺术运用于实际的教学活动中,是新课改的必然要求

（二）提问技能的运用要求

提问技能在运用中通常会涉及问题本身和教师提问的时机与态度,所以,在运用时要注意以下几点。

1. 问题设计要有讲究

教师对课堂提问应当努力探求妙法,精心设计和提炼一些富有启发性、情感性、变通性、挑战性、富有价值的问题,使其具有严密的科学性,从而吸引学生的注意力,激发学生的兴趣,使其产生主动探索、尝试的积极性,蕴蓄分析问题、解决问题的强烈愿望,达到培养和锻炼他们思维能力的目的。

（1）问题设计要精心,具有目标性。一节课中的主要问题的设计必须紧扣本节课的教学目标,然后围绕教学目标,教师提出一系列问题,这些问题的设计,能启发学生思维,把学生带到精彩的问题空间,有利于学习目标的完成。同时,设问还要抓住教材的关键,于重点和难点处设问,以便集中精力突出重点、突破难点。

（2）问题设计要有启发性、趣味性。在设计提问时,教师最好能以学生感兴趣的方式提出问题。对于一些学生熟知的内容,教师要不落俗套,善于变换提问角度,设计精巧、生动有趣的提问,让学生听后有新鲜感,刺激学生的探究欲。

（3）问题设计要有顺序性。即按教材和学生认识发展的顺序,由浅入深、由易到难、由近及远、由简到繁的原则对问题进行设计,先提认知理解性问题,然后是分析综合性问题,最后是创设评价性问题。这样安排提问可以大大降低学生学习的难度,使教学活动层层深入,提高教学的有效性。

（4）问题设计要有开放性、探索性。开放性的问题就是指问题的条件、结论、方法或者过程开放。由于问题开放,学生可以按照自己理解的方式去思考和想象可能的情况,问题的设计能引发学生的思考,并继续探索学习下去。在思考的过程中,学生的创新能力和创新品质得到培养。

(5)问题设计要有生成性。生成性的问题就是培养学生问题意识和问题能力。问题意识是指问题成为学生感知和思维的对象,从而在学生心理上造成一种悬而未决但又必须解决的求知状态。它能激发学生强烈的求知愿望,使学生积极主动地投入学习,还可以激发学生勇于探索、创造和追求真理的科学精神。

2. 提问要掌握时机

教学视角是课堂选择提问时机的重要依据。提问的时机一旦迎合了教学需要并与教学视角相吻合则选准了"最佳时机"。提问时机要把握恰当,做到当问时则问,善于捕捉学生的"愤悱"状态,在学生"心欲知而不得,口欲言而不能"时,不失时机地用问题的钥匙开启学生的思维之门,寻找学生思维的最佳突破口。

3. 提问要注意态度

教师向学生提问时的态度至关重要。教师要创设良好的提问环境、保持谦逊和善的态度、耐心地倾听学生的回答以及正确对待提问的意外。

（三）结语技能运用要求

在课堂教学中,课堂结语功能的有效发挥还要讲究以下运用要求:

(1)回归综合性。结束时要及时对所讲授知识进行回顾,进行综合、概括,并使之条理化。要符合结课的综合性、概括性和回归性的特点。

(2)时效性。教学结束过程要求在短时间进行综合与概括,干净利落,不得拖沓,一般三四分钟即可,最多不超过 5 分钟。

(3)目标性。归纳总结要紧扣教学目标,揭示知识结构和重点,提升学生能力,突出情感、态度和价值观目标。

(4)深化性。对重要的事实、概念、规律、原理等要进行总结、深化和提高。

(5)检查性。结束时要提出问题或采取一定形式检查学生掌握情况,即得到反馈性的结果。

(6)简明性。归纳总结时要言简意赅。

(7)延伸性。重要内容要拓展延伸,进一步启发学生思维,激发学生的兴趣和求知欲。

(8)多样性。结束时可采用多种形式,既巩固知识又回味无穷。

二、思想政治教师课堂教学技能训练的基本要求

（一）全面性、实用性要求

全面发展是素质教育内涵的真谛所在。全面性原则就是要坚持对全体接受教育的师范生的各项技能都要进行训练,要对课堂的各个环节都能有把握,包括:导入、起承转合、结尾等。细节决定成败,一堂优质课要求有跌宕起伏,有师生的互

动,有生生的互动。同时,对于广大即将走上讲台的师范大学生,可操作性也是很重要的。师范生可以到一线课堂,具体的体会课堂上学生的变化和临场的应变,这样有实效的训练才是关键。

（二）开放性要求

师范生课堂教学技能训练要打破传统的教学模式,坚持大学课堂、微格实验室与中学课堂结合,实现模拟课堂与真实课堂的结合,做到开放式培养模式。同时,师范大学生还要树立开放意识,理论联系实际,紧密联系党的路线、方针、政策,联系丰富多彩的学生生活的实际进行教学,把学校小课堂与社会大课堂紧密结合起来,与时俱进,充分体现思想政治课的学科特点和时代精神。政治教师要帮助学生掌握知识与技能,培养学生的能力(搜集和处理信息的能力、获取新知识的能力、分析和解决问题的能力、交流与合作的能力),同时要注意学生的情意态度价值观的培养(动机、兴趣、情感、态度、意志等)。

（三）目标导向性要求

教学目标是教学任务的集中体现,是教学活动的出发点和归宿,是课堂教学的灵魂。它使师生心理同步,使师生的活动有共同的指向,成为教学过程中的行动方向。教学目标的导向作用不仅体现在授课伊始,在整个教学过程中都要发挥教学目标的统摄作用。教师要根据教学目标调控教学行为,使学生在每一步骤的学习中都有明确的指向,从而使教学行为沿着明确的目标进行,这样课堂才不会乱。因此,思想政治教师课堂教学技能要能使思想政治(品德)课堂目标明确,导向分明。

（四）结构最优化要求

思想政治教育专业技能训练中,既要考虑技能训练内容方式能促使教师知识、能力结构最优化,同时,还要考虑在师生互动中,教师能促使学生知识和能力结构最优化。

结构最优化教学原则以师生背景性认知结构为基础,以学科知识结构为中介,通过课堂教学实践结构中教师主导控制和学生主动学习的有机结合和交互作用,实现学科知识结构的"内化",促进学生认知结构的组织和重新组织,建构和重新建构。贯彻结构化原则,要求做到:教学要围绕着学生的认知结构而展开;把学生思维能力的培养和提高贯彻教学过程的始终。教学中应着眼于整体教学系统,使各教学要素优化组合,以求得最佳的整体效益的原则。贯彻最优化原则,要求做到:优化教学环境,营造良好的教学气氛;以优化教学目标为核心,优化教学过程。

三、思想政治教师课堂教学技能训练内容与方式

在课堂教学技能各个环节的训练中,均要涉及分析学生对教材的学习情况,这

就需要教师对学生的认知水平和能力、心理与思维特点、时代特征等做出较准确的评估与认识,才能在教学中,准确确立教学重难点、教法以至于教学思路。所以,思想政治教师(特别是师范生)在课堂教学技能训练中,要注意加强思想政治教育理论知识和中学生时代特点、思想现实、认知能力现状的积累。课堂教学技能主要从课堂导入技能、课堂提问技能、课堂结束技能等方面进行训练,如果这几个环节都做好了,一堂优质课就基本成型了。

(一)导入技能的训练内容与方式

新教师(师范生)课堂导入技能的训练通常是在观摩、研讨中领悟,在模仿练习中体会,在设计、试讲中提升。教师专业发展中,也常常借助观摩、学习得到新的启示,不断提高导入技能技巧,促进教师专业发展。导入技能训练主要从以下两个环节中入手:

1.观摩研讨导入环节

该环节技能训练操作要领是:观看课堂教学实录—详细记录导入环节—研讨导入环节—模仿优秀导入环节。要求师范生认真记录导入环节,结合导入环节的要求进行研讨,模仿中体现该导入方式的教学艺术。该环节的训练通常采用小组集体观看—个人记录与感想—小组交流与研讨—模仿,促使训练者在小组研讨中领悟具体导入方式的实施意义,并在模仿练习中提升导入技能(具体训练内容和要求见表5.2)。

表5.2　观摩研讨导入环节的训练内容、要求与方式

内容	导入设计原因和运用技巧的分析能力;具体导入方式教学艺术效果的领悟能力
步骤	小组集体观看课堂教学实录—个人记录与感想—小组交流与研讨—模仿
要求	导入环节的内容和效果记录详细;导入设计原因和运用技巧分析准确;模仿中体会具体导入环节的教学艺术
方式	研讨与模拟课堂练习结合;个人—小组—个人

2.设计、试讲导入环节

该环节技能训练的操作要领是:在分析教材的基础上,设计、试讲各种导入类型(歌曲导入法、视频导入法、故事导入法、习题导入法、时事导入法、活动导入法、漫画导入法、顺口溜导入法等)。要求导入设计结合学生、课标要求,新颖、合理;导入试讲时间控制在3~5分钟;综合有效运用各种基本技能;准确发挥某种导入方式的作用。该环节在训练中通常采用个人准备、试讲—小组研讨—个人修正提高的组织形式(具体训练内容和要求见表5.3)。

表5.3　设计、试讲导入环节训练内容、要求与方式

内容	导入环节设计能力和运用技巧
步骤	分析教材—个人设计各种导入内容—试讲—小组研讨—个人修正提高
要求	导入设计符合学生特点和课标要求;具有激趣、引人入胜、探索性等特点;具有教育艺术性;准确发挥具体导入方式的作用;导入环节时间控制在3~5分钟
方式	研讨与模拟课堂练习结合;个人—小组—个人

(二)提问技能的训练内容与方式

1.观摩研讨提问内容和运用技巧

该环节技能训练的基本要领是:观看课堂教学实录—详细记录课堂提问内容、背景—分析提问的动机和效果—小组交流研讨提问动机、内容和效果—写下提问技能观摩心得。要求师范生详细记录课堂提问内容和背景,客观评价提问效果,准确分析提问动机。该环节的训练通常采用小组集体观看—个人记录、分析—小组交流与研讨—个人撰写提问技能观摩心得(具体训练内容和要求见表5.4)。

表5.4　观摩研讨环节的训练内容、要求和方式

内容	提问设计原因、运用技巧的分析能力
步骤	小组集体观看课堂教学实录—个人记录、分析—小组交流与研讨—个人撰写提问技能观摩心得
要求	课堂提问背景、内容和效果详细记录;准确分析提问动机和运用技巧
方式	个人—小组—个人

2.设计课堂提问内容与试讲

在分析教材基础上,设计课堂教学中各种类型提问的问题和运用时机;在练习中体会课堂提问的运用技巧。此环节在训练中,主要采取个人分析教材—设计问题内容和问题的运用背景、时机—小组交流研讨,并试讲练习。这样的训练步骤目的在于考察提问的内容设计、运用时机与效果,增强师范生提问问题的设计能力和提问技巧的运用能力(具体训练内容和要求见表5.5)。

表5.5　"设计课堂提问内容与试讲"训练内容、要求与方式

内容	提问问题设计能力;提问的运用技巧
步骤	个人分析教材—设计问题内容和问题的运用背景、时机—小组交流研讨,并试讲练习
要求	问题设计具有启发性、探索性、开放性、生成性、趣味性、目的性;提问时机掌控恰当;提问讲究艺术
方式	研讨与模拟课堂练习结合;个人—小组—个人

（三）结语技能的训练内容与方式

作为课堂教学环节技能训练,结语技能与导入技能训练的形式基本一致,具体体现在以下两个方面:

1. 观摩研讨结语环节

该环节技能训练操作要领是:观看课堂教学实录—详细记录结语环节—研讨结语环节的内容、设计原因—模仿优秀课堂教学结语环节。此训练过程中要求师范生认真记录结语环节的内容,结合结语环节的要求研讨设计原因和运用技巧,并在模仿中体会该结语方式的教学艺术。

该环节通常采用小组集体观看—个人详细记录与分析结语设计原因和运用技巧—小组交流与研讨—模仿与体会的训练步骤,促使训练者在分析与研讨中领悟具体结语方式的实施意义,并在模仿练习中提升结语技能(具体训练内容和要求见表5.6)。

表5.6　观摩研讨结语环节的训练内容、要求与方式

内容	结语设计原因、运用技巧的分析能力;具体结语方式教学艺术效果的领悟能力
步骤	小组集体观看—个人详细记录与分析结语设计原因和运用技巧—小组交流与研讨—模仿与体会
要求	结语环节的内容和效果记录详细;结语设计原因、运用技巧分析准确;模仿中体会具体结语环节教学艺术
方式	研讨与模拟课堂练习结合;个人—小组—个人

2. 设计、试讲结语环节

该环节技能训练的操作要领是:在分析教材的基础上,设计、试讲各种结语类型。要求结语设计结合学生、课程内容要求;结语试讲时间控制在3~5分钟;准确发挥具体结语方式的作用。该环节在训练中通常采用个人准备、试讲—小组研讨—个人修正提高的组织形式(具体训练内容和要求见表5.7)。

表5.7　设计、试讲结语环节训练内容、要求与方式

内容	结语内容设计能力与技巧;结语运用能力和技巧
步骤	个人设计准备—试讲—小组研讨—个人修正提高
要求	结语设计结合学生、课程内容要求,具有艺术性;运用中体现回归性、简明性、深化性、延伸性;准确发挥具体结语方式的作用;结语环节时间控制在3~5分钟
方式	研讨与模拟课堂练习结合;个人—小组—个人

课堂教学基本技能和核心技能的训练重视的是师范生的技能基础和重点环节

技能的落实,而课堂教学既要讲究重点环节高潮不断,也要讲究整体效果的一气呵成。对于整堂课的技能训练,无论从步骤、环节还是方式来看,我们都可以借鉴前边核心技能的训练。特别值得一提的是整堂课教学技能的训练还要结合教育见习、实习环节来提升,做到大学课堂、微格实验室、中学真实课堂环境的全面结合。

附录

典型赏析(教学实录):高中思想政治必修3《生活与哲学》
在实践中追求和发展真理
授课者　重庆八中靳万强

师:好,上课! 同学们好!

生:老师好!

师:请坐下。今天上课,老师给大家准备了六样东西,大家一起来看一下。冰块、玻璃、食盐、蜡烛、水晶和橡胶。那么要求是,用物理知识将这些物品分为两类。

生:晶体和非晶体。

师:石思倩说是晶体和非晶体。还有没有其他的结论?

生:自然和人造。

师:自然的和人造的,哪些是人造的哪些是自然的? 冰块儿是自然的,水晶是自然的对吧,其他的是人造的,有道理。

生:可以吃的和不可以吃的。

师:可以吃的和可以,这个是物理吗? 不对,是吧。石思倩你刚才分为了哪两类?

生:晶体和非晶体。

师:那起来给大家说一下,你划分的标准是什么? 也就是说晶体和非晶体的标准。

生:就是它的分子排列是有规律的就是晶体,然后非晶体;而且有熔点,否则为非晶体。

师:有熔点? 有固定的熔点?

生:有固定的熔点。

师:对了,有固定的熔点和,和什么? 只有熔点吗?

生:分子的排列。

师:对了,分子的排列,有规则的有规律的这样排列的,然后有固定的熔点和沸点的叫什么?

生:晶体。

师:晶体。那能不能给大家分一下哪些是晶体那些是非晶体?

生:冰块儿是晶体。

师:冰块儿,还有呢?

生:那是食盐吧?

师:食盐,对。

生:食盐是晶体,然后水晶是晶体,其他的都是非晶体。

师:对不对,对的,请坐,啊。这种分类应该是可以的,因为我们在初中物理里面,大家看是不是学了这么一句话——固体物质分为了晶体和非晶体两类,刚才同学们也是按照这种方式分的,那现在我的问题是:这句话对吗?是真理吗?是还是不是?

师:严晗。你觉得是真理吗?

生:按目前的角度来说是,但是如果发展到以后就不一定了。

师:发展到以后也不一定。还有其他观点没有?那么到目前它是不是真理,我就加一句话。

生:是。

师:是?肯定是?其实要判断它是不是真理我们首先要解决什么叫真理对不对?那什么叫真理都没有解决的话你凭什么来判断?对不对?那什么叫真理?你们觉得什么叫真理?你们觉得什么叫真理?什么?熊巧琴,大声一点。

生:符合客观规律的。

师:符合客观规律的就是真理。对不对?请坐下。还有其他的答案没有?符合客观规律的,不为人的意识所改变的,也就是说真理它是客观的。不以人的意志为转移对不对?但是真理本身是主观的还是客观的?

生:客观的。

师:本身它的形式上来看,它属于物质的范畴还是意识的范畴?

生:意识。

师:那从形式上来看它是主观的还是客观的?

生:主观的。

师:从形式上是主观的。那么也就是说它可能是一种认识可能是一种观点对不对?

生:对。

师:那么这个观点如果它是符合客观规律的,符合事物本身的,你们就认为它是真理。如果反过来不是,那么它就是?

生:谬误。

师:对了,你们这个解释应该是正确的。如果我们的一个观点符合客观事物我们就认为它真理,如果不符合客观事物就是谬论。翻到书47页,找到真理的含义,真理是什么?它是人们对客观事物及其规律的什么反应?

生：正确反应。

师：找到没有，47页第一段。什么叫真理，首先我们解决了这个问题。然后刚才郑童心同学说到了真理是客观的，而靳老师又加了一句话，真理从形式上来看是主观的，对不对？但是我们再追问一下，它的内容从哪里来的。

生：客观。

师：客观来的。而我们要去检验我们的这个观点我们的这个认识它对与不对到哪里去检验？

生：实践。

师：要回到实践中检验。对不对？因此刚才你们的结论也是正确的，客观性是真理的基本属性。虽然它的形式是主观的，但它来自客观，要到实践中去检验，对不对？所以，我们说它具有客观性。这是它的一个基本属性，那懂了什么叫真理又回来，看刚才这句话，还要回答，那究竟是不是真理？

生：是。

师：是！很肯定？为什么那么肯定？凭什么那么肯定？钱朝婷，你为什么那么肯定。

生：因为初二物理书上是这么写的。

师：因为初二物理书上是这么写的，当年就是这样学的，是吧？所以我们学了，但是我好像记得有一句话耶，尽信书则不如无书，好像曾经学过这么一句话是吧？也就是说书上写的都一定全是正确的吗？那来看一下，最前沿的科技是怎么解释的。

师：那么看完了这段视频之后，现在还有什么感想？原来我们初中物理一直学的人类已经好像得到了结论的一个真理，固体物质分为了晶体和非晶体，居然到了今天这句话经不起推敲了是吧？那你们看了这个之后，结合今天这堂课的这个主题，有什么样的感想？

生：实践是检验真理的唯一标准。

师：再一次感受到了实践是检验真理的唯一标准。我就觉得有一个纳闷儿了，就像刚才严寒说的，有的东西在过去是真理甚至现在都是真理，将来就不是真理了，那是不是这个真理随时都在变？

生：不是。

师：不是？那真理究竟有几个？

生：一个。

师：那按照刚才的这个概念来看，真理一定是这种观念这种认识符合？

生：客观事物。

师：客观事物，对吧？它一定要符合客观事物，但是原来认为也是符合，而今天这种观点变了，原来只有晶体非晶体，现在又有了准晶体结构。这说明了一个什么道理？

生:……

师:事物是发展的,这个事物可以是客观事物是吧?那真理在发展没?是不是也在发展?真理也随着它在发展,那么为什么会有这种发展?科技的发展,人的认识水平,实践的发展,对吧?给我们创造了去认识客观事物的条件,事物发生了改变,那我们是不是可以得出这么一个结论:在不同的历史时期,由于刚才大家所说到的实践水平也不一样,科技水平不一样,我们认识的条件设备不一样,于是我们得到的认识他的真理性具有相对性。这种真理性的认识我们只能说随着这些条件的变化越来越接近真正的真理,是这样吧?但是原来那个结论能不能说错了?

生:不能。

师:不能,那么那个过程,原来只有两种只有晶体非晶体这个结论有价值没?

生:有。

师:有,最起码它在越来越接近真理了。是不是这样啊?所以我们从刚才的这个话里面感受到了真理的特征。真理有什么样的特征啊?他是相对的,那么在不同的历史条件下它要受到历史条件客观条件的一些制约。所以我们说真理具有……

生:客观性。

师:客观性我们刚才说过了。

生:历史性。

师:所以说它具有历史性。不同历史条件下,人们对客观事物的认识是不是存在差异?这是受客观历史条件的制约。那老师再来出一道题,在数学领域,1+1=2,这是真理吗?

生:是。

师:在数学领域,我有个范围?

生:是。

师:很肯定吗?在数学领域,一加一是不是等于二?我估计我把这个条件去掉了,可能就有人,能不能说一加一等于二?

生:不能。

师:那能不能举个例子?

生:水和酒精。

师:水和酒精加在一起,同样的一毫升加一毫升?

生:小于两毫升。

师:加在一起,未必是这样,对不对?这是其他学科的,但是我还是回到刚才这个命题上来,在数学领域,这究竟是不是真理?

生:是。

师:再想。很肯定吗?

生:不一定。

师:不一定,说一下为什么不一定。

生:向量和向量。

师:哦,想到了向量,我们班有没有学计算机的?

生:没有。

师:胡娇大声地告诉大家。

生:在二进制里面的话1+1应该是要进一位等于10。

师:对了,如果是另外一个条件,那就应该是这个答案。看到过没有?学过计算机的、懂一点机器语言的,这也在数学领域哟,不是因为计算机的原因还是数学领域,而这一个是我们通常的十进制,你要说八进制十六进制一加一都等于二,但是如果是二进制,二进制依然在数学领域吧,一加一就不等于二了。那这说明一个什么?

生:真理有范围。

师:真理有范围,有条件,同样的一个结论当它的条件发生改变了,它这个结论就不一定正确了。对不对?

生:对。

师:所以这说明了,真理它具有条件性。那么从条件性来看,真理它是具体的,不同的条件,那么这个真理它是否成立?那就不一样了,对不对?而在不同的历史条件下,它也是不一样的。所以我们说,本来是一个真理,如果它的条件超越了,条件突破了,或者它的历史范围突破了,那可能这一跨越真理就可能变为什么?

生:谬误。

师:你比如像刚才说的,不是十进制而是二进制,那一加一就不等于二,那这个一加一等于二的命题,一个所谓真理性的认识那是不是就成了谬误了,明白没有,因此我们讲真理它是人们对客观事物及其规律性的一个正确的反映,而这个反映它是具体的有条件的是具有历史性的,但是真理与谬误之间一步之遥。也就这个一步之遥就是它的条件它的历史性,对不对?超越了这个,它可能就变为了谬误。因此得到这么一个结论,真理它是主观符合客观,是主观与客观具体的历史的统一,找到没有?书上47页对吧,这里能不能理解什么叫具体的历史的统一?那么具体的说明了真理具有什么特点?具有条件性,而历史的统一?

生:历史性。

师:其实一个是从空间讲的,一个是从?

生:时间。

师:时间讲的。好,我们搞懂了真理的特征,搞懂了真理的特征,再一次了解一下这个舍特曼发现准晶体的过程。

师:好,现在我们看完了舍特曼发现准晶体这一过程,有两个问题需要大家思考。第一个,准晶体的发现过程说明我们认识和追求真理的过程它本身是一个怎样的过程? 第二个问题,从舍特曼的身上你又学到了什么? 这样,我们把同学就四个同学一组,大家先讨论一下,那么待会儿就请一个同学把你们所讨论的东西说一下。转过去开始讨论。两个问题一定要看清楚,第一是什么样的一个过程?

师:好了吗? 时间差不多了,这样,待会儿同学起来说了之后,即使你们那一组说的可能有重复的,但是没关系,你也有你的新意,我相信很多组同学讨论出来肯定还是有很多亮点是吧? 我们就请哪组自告奋勇? 谁先来? 来,张放,你来说一下你们小组讨论的第一个问题认识和追求真理是一个怎样的过程。

生1:我们小组得出的结论分为两点。第一,认识真理是一个克服谬误,颠覆传统和挑战权威的过程。

师:克服谬误,再说一遍。

生1:颠覆传统。

师:颠覆传统,是一个意思对吧,还有呢?

生1:挑战权威的过程。

师:挑战权威的过程,还有呢?

生1:第二我们发现真理的发现是曲折的,是充满坎坷和困难的,甚至还会出现反复。

师:还有反复的,充满曲折的,还有没有?

生1:就是这样的。

师:好,请坐下,说得非常的好。其他组呢? 还有没有? 你们那一组。

生2:我们这一组首先是讨论的时候出现了分歧。

师:说一下分歧?

生2:首先是熊巧琴她觉得真理就是一个实践认识得出一个真理然后再实践得出新的认识,这样反复的一个过程。

师:你们也说到了一个反复的过程,实践得到了真理,然后又需要去实践,这样一直反复下去,是吧? 还有呢?

生2:另一个呢就是我认为我想我可能比较细致一点,我想的是你首先要具有一定的知识,然后就是说对现在存在的这个真理提出质疑的一个过程,然后就是第二个你要思考,思考现在这个已有的知识,就比如说刚才说的晶体和非晶体的这个理论。然后就是要勇于提出质疑。

师:嗯。

生2:然后你不仅要提出质疑,因为资料上面说了有很多科学家都提出过质疑,但是就是没有人像舍特曼一样去实践,然后证明自己的理论。

师：那么很多人都提出了质疑，其实刚才我们严晗同学也提出了质疑。

生2：对。

师：还有其他同学可能也想质疑，但是为什么只有舍特曼成功了呢？

生2：因为他到实践中去证明了。

师：他到实践中去证明了，对不对？好的，其实你们两个没分歧，在实践中得到了真理，然后又去实践，不断地去证明它，你只是把它的某一个过程细分了，你说到了我们本身有一种认识，然后我的认识和有些所谓真理性的认识发生了冲突，于是我需要去实践，来再一次的证明究竟是他对了还是我对了，对吧？其实你也是其中的过程，但是从这个过程，你们都证明到了它具有反复性。还有没有？何佩珊。

生3：就是刚才两位同学他们主要是在讲这个追求真理的方法和过程，然后我觉得，认识和追求真理它是怎么样的一个过程，我可以用几个形容词，它可能是一个充满艰辛、曲折，甚至会面临被主流科学抛弃的危险的一个艰苦的过程。

师：危险的这么一个过程。

生3：对，然后从舍特曼身上我们也是觉得它一定要有质疑的精神。

师：嗯，对，一定要有质疑的精神。

生3：对，然后能坚定我们的信念，只要我们觉得是对的，我们就要用更多的实践去证明它，然后永不言弃。

师：坚持信念，永不言弃。是不是？说得非常好，还有没有？

生4：通过刚刚所说到的具有反复性，然后我觉得是不是根据那个实践得出真理，然后我们继续实践再得出一个新的真理，我觉得它是一个无限的过程，因为我们每一次得出的真理他是具有历史性的，就是具有相对性的，它暂时是对的，但是随着时间的推移，它很可能就成谬误了，然后我们就要不断去实践、不断去推翻以前的真理然后得出新的真理，然后得出的这个真理就越来越接近于真正地真理。

师：我觉得这个过程她把它说得非常到位，非常细，非常正确，好，请坐下。这边的男同学，有没有要补充的，有没有？那么大家看一下，刚才多数组讨论，我也走下去看了一下，很多同学都感觉到了这个过程，你看舍特曼是1982年提出来的，大家公开承认他的这个研究是2011年，29年，接近30年，而在这个过程中，他遭到了各种各样的冷嘲热讽是吧？你看权威人士怎么说的，没有什么准晶体，只有准科学家。一个人在自己的理论得不到证明的时候，在自己的己见得不到证明的时候，有面对着各种各样质疑的声音，讽刺的声音，这个时候特别需要勇气，所以刚才何佩珊用了一个字，不仅艰辛而且是一个非常危险的过程，在这个过程中提出来了一个观点，被人家推翻了，可能又提出了一个新的观点，然后又不断地反复去证明，所以刚才大家归纳到一个非常关键的词语,它具有反复性,对吧? 它具有反复性。那么在这个过程,它是一个反复的过程。只有反复吗? 还有一个,刚才熊巧琴说到了,它是个越来越接近真正的真理。这个过程有没有止境哦? 如果按数学里面学的话,这个算法怎么说的? 无限接近那个极限,是这样吧?

生:趋近于。

师:啊? 叫什么?

生:趋近于。

师:趋近于,哦,那么也就是说它这个角度来说有没有最终的真理?

生:没有。

师:不知道在哪里。但是我们坚信有那么一个,但是我们人类永远在向那一个真正地真理前进、努力,对不对? 一个方面客观的条件在发生改变,更重要的是客观事物自己是一个发展变化的过程,因此没有永恒的固定的真理,真理都是在不断地变化发展的。所以它又具有无限性对不对? 它又具有无限性。是反复的无限的,那么这个无限,刚才熊晓琴说到了实践真理又实践又真理又实践,我感觉好像在旋圈呢? 是不是终点又回到起点?

生:不是。

师:不是,那区别在哪里? 新的实践和原来的实践有区别没有?

生:有。

师:那么新的真理和原来的真理?

生:也有区别。

师:会怎么样? 朝哪个方向走的?

生:向上的。

师:更高层次,向上的,对不对? 所以它的这一个过程还具有什么特点?

生:进步性。

师:进步性,对啊。进步性或者叫上升性,都可以。进步性,上升性。其实用我们原来学过的知识或一句话来概括的话,反复也好,无限也好,这两个合起来是不是充分说明了这个过程是曲折的。而最终的目标最终的方向,能不能阻挡我们的前进? 因此,任何事物的发展,都是前进性和曲折性的统一。前进性和曲折性的统一,你看,真理是不是这样的? 上升是不是一个前进性? 然后这个过程的反复无限是不是一个曲折的过程。所以,我们在探索真理的过程中,在追求真理的这个过程中,要有这种曲折的心理准备,当我们遇到困难的时候,什么很重要?

生:信念。

师:信念很重要。对不对? 因为我们坚信它终将会实现,终将会找到。前进性和曲折性的统一,但在这个过程中,我觉得还差了一点,好像刚才郑园风提到了,想得起你刚才说的一句话吗? 我们在追求发展真理的过程中,在什么中追求的,在什么中去发展的? 也就说真理的探索能不能是嘴巴上说一说就完了?

生:不能。

师:一定要怎么样?

生:实践。

师:一定要实践,一定要有行动。那真理不是只在办公室里、不是在实验室里讨论就能完了的,对不对? 他一定要到实践中去,才能够去发现它,才能够去发展它,所以我们必须要在实践中,你看我们这堂课的标题,在实践中追求和发展真理。一定要强调,这一切都有一个前提,一定要是在实践中去追求和发展真理。那么这一个过程充满了反复性无限性和上升性。上升性,但是还有一个问题我觉得没有回答得很好,有点零零散散的,舍特曼的身上你学到了什么? 虽然我们班是文科班,舍特曼是一个科学家,科学家的品质可能也值得我们文科生来学习,对不对? 那你们学到了什么? 胡佳。

生:我觉得是不要让那种既有规律或者是原则限制了自己的思维,认为别人权威说的就一定是对的,应该勇于质疑勇于挑战。

师:勇于质疑勇于挑战,对了。

生:并且在别人怀疑自己的过程当中,一定要坚信如果认为是自己正确的话,就一定要坚持自己的信念,不到最后一刻决不放弃。

师:决不放弃,坚持在整个过程中是不是至关重要? 坚持。好,请坐下,说得非常的好。还有没有补充的? 刚才她提到了有几个词语,第一个要敢于质疑,是吧? 第二,只要认为自己是正确的,一定要坚持是吧? 一定要坚持,我们成就很多的事,最后成败不是在于你有没有质疑过,也不是在于你没有去做过,最重要的是很多人半途而废,没有坚持,对不对? 舍特曼在面对那么多的嘲讽他能够坚持下来,那我们在日常生活中做事,大家看一下,你们有没有困难?

生:有。

师:你们在生活中在学习中有哪些困难? 面对哪些困难? 哎,很多难题不会做,遇到难题不会做,你怎么办呢?

生:想。

师:想,还有呢?

生:讨论。

师:讨论,问老师,找到了那些好的方法,对不对? 但是有没有那种情况,这道题不会做,老师也不在办公室,同学也没有时间给我讲,放弃了。

生:有。

师:有过,那我们该怎么办? 以后,今天学了这个以后该怎么办? 真的是一个
　　人不要放弃自己最初的梦想,其实道理我们都很清楚,对不对? 我们最难
　　的就是坚持,我们一定要非常执着的为了自己的信念为了自己的目标为了
　　自己的理想而奋斗。这是我们在舍特曼身上学到的我觉得最宝贵的一种
　　品质,最宝贵,当然有很多优秀的品质,对吧? 最宝贵的一个品质。好了,
　　今天这堂课从知识内容的角度我们就感受完了。下面,请大家做一件事
　　儿,刚才我们已经知道了追求真理和发展真理是一个怎么样的过程了是
　　吧? 语言我们都说出来了,现在在草稿纸上你们画一下人类追求真理的历
　　程,用图示来表示一下,动动手,看能不能用你的方式把它表达出来。用图
　　示,一定要看清楚,不要用文字,因为文字我们刚才是不是已经得出来啦?
　　它具有反复性、无限性、上升性,那么这个过程用图示,大家看怎么来表示
　　比较好? 画好了等一会儿,待会儿给大家解释一下。靳老师找的都是三个
　　画得非常特别的和你们多数人不一样的,也许他们的想法更奇特,更有创
　　新是吧? 好,张琳咏,你先跟大家解释一下你画的这个图示,给大家解释一
　　下为什么这么画?

生1:我们首先来看这个曲线,大家很多都是画的这种弯弯曲曲的,表示追求
　　　真理的过程是曲折的,然后我画的其实是那种盘旋式阶梯状,画得比较
　　　简洁,这就体现了它的反复性、上升性还有他的无限性,事实上,为什么
　　　要加这个范围呢,因为我们追求真理的话不能偏了歪了,要在那个符合
　　　规律的前进,就是这样。

师:好,她刚才的前两句话可能和多数人的想法一样,前进的上升的,然后这个
　　过程呢不是一帆风顺的,是曲折的,是吧? 但是她刚才说到了这一个两竖,
　　她的想法是要在一定的范围内曲折的前进,但是大家想一下,在现实的真
　　理探索过程中,我们难道就不超出这个范围吗? 如果不超出这个范围能不
　　能创新?

生:不能。

师:可能就要被束缚,还没有真正达到解放思想,是吧? 来,第二组。

生2:这个就是一个梯子,因为梯子是一直向上的往上面走的,所以说体现了
　　　它的上升性。然后这个画成这个意思就是体现它的曲折,然后我这里画
　　　的这个省略号就是无限的。

师:无限的,好,主体的意思还是一样的,但是我也有一个疑问,是不是这样一
　　帆风顺上去啦,遇到困难了,又一帆风顺上去了,会不会是这样? 很有规律
　　很有规则的,会不会是这样?

生:不会。

师:不会,但是很有创意,画得图示都很好看。

生3:这个开始的圆圈是一个认识的过程,我们在认识中要不断地进步,然后

它是一个周期性的，一个周期过去了我们会有一个上升阶段，然后同时它也是无限的。

师：这样一个阶段，一个过程，并且最后的口子是往上的，是上升的。你只说出了这个过程是上升的，这样循环循环，曲折出来了没？反复出来了，好，很好，谢谢。我刚才看的这三个同学都很有创意，我们从他们的共同点也是大家比较认可的两点，感觉到了它有两个特点是出来了，一个是曲折一个是上升，对不对？老师也画了两个，我也看了，我这两个是绝大多数的情况，什么意思呢？真理它的一个发展的过程，是一个在曲折中前进，而这个前进是波浪式前进螺旋式的上升。当然了任何一个过程都不可能是按照一种标准的图示，是吧，标准的图示，我们只能用一种理解，那么这两个图示告诉我们最重要的是前进、曲折，或者说上升、反复、无限，这个过程，是吧？

师：通过今天的学习，我们懂得了什么是真理，知道了真理它具有客观性，有条件性，有具体性，有历史性，并且任何一个追求真理的过程都是一个反复的无限的上升的过程，就像舍特曼一样要敢于质疑勇于实践，用创新的思维去追求和发展真理。同学们，路漫漫其修远兮，吾将上下而求索，那么我们中华民族的伟大复兴需要我们一代又一代的中国人不懈努力，就像我们片中最后的一个词语，莫空谈，做实事，我们要去推动真理的发展，一定要落到实处，谢谢大家，今天的课就上到这里。下课。

生：起立。

师：同学们再见！

生：老师再见！

【点评】

今天我们有幸听了靳万强老师一堂高中二年级的思想政治课，课程的题目是《在实践中追求和发展真理》，这堂课让我收获很多，对我感触比较深的有以下几点：第一，我感觉这堂课体现了靳万强老师非常高的教师素质，他的教态非常亲切，尤其是课堂的教学设计非常的充满教育智慧，其中，课程一开头，就用了最新的科研成果，列举了2011年的诺贝尔化学奖获得者以色列的舍特曼，研究准晶体的这一个例子，一上来就引发出学生极大的兴趣。第二，我认为这堂课充分地体现了新课改的三维目标，在知识与能力这个层面，非常清晰，本堂课三个知识点，什么是真理，真理的特征以及追求真理的过程，非常清晰。第三，在达成这个知识的过程和方法中，靳老师也设计得非常好。有一段学生回答不一定正确，但是我们靳老师在等，一定要让这个知识的生成过程而不是急于的下结论，这一点，知识的获取的过程，把握得非常好。方法当中，有教师的讲授，有视频的展示，有学生的讨论，有学生的发言，还有学生的上台展示，方法与过程当中非常灵活，非常合理。第四，体现了情感态度价值观的培养，这堂课在对待真理以及真理的特征和追求真理的过程当中,充分体现了思想政治课的育德的功能,体现了很深的思想性和教育意义。尤其是这堂课在学生充分讨论的基础之上,让学生明确了追求真理的过程,是一个曲折的反复的过程,是充满艰辛的过程,从而让学生追求真理一定要坚持和坚守,培养其坚忍的意志品质。追求真理的过程往往需要很大的勇气,这堂课让同学们从中学开始认识到追求真理,它可能会很艰辛,很孤独,甚至饱受非议,以至于还会受到边缘化,所以说追求真理需要强大的、内心的、坚定的信念,要有巨大的勇气和智慧的努力。整堂课,学生的表现也非常好,这是第三点。学生的知识的获取是在与教师的研讨中共同生成的,这体现了新课改的精神,课堂就是师生共同成长,师生思想与思想的引领与交流,学生在能力的表现上也非常突出。我们感觉到学生的表达能力很强,学生的学科思维的深刻度也达到了非常的高度,比如说,在讲到追求真理的过程的时候,我们有三位同学画出了自己对这个问题的图表,尽管各有千秋,尽管也不太完善,但是他们都有非常合理的解释,在靳老师的点评下,我感觉全班所有同学,对这一个知识点也好,对能力发展也好,情感态度价值观也好的目标达成是相当好的。总的来讲,这堂课是我所看到的非常好的一堂课,充分展示了我们靳老师的教师的风范,非常值得我们学习,好了,谢谢!

第六章　思想政治教师说课技能

学习目标

1. 明了思想政治(品德)课说课的基本内容。
2. 掌握教师说课技能训练的基本步骤和方法。
3. 能够结合思想政治(品德)学科特点熟练运用说课技能,开展说课活动。

说课是一门带有明显理论性和实践性的技能。作为新世纪、新时期的思想政治(品德)教师能说课,能说好课,有助于迅速提高专业技能,有助于完善教学实践中的技能技巧,形成自己的教学风格。同时,也有助于师范生在就业择业过程中,展现自我演说、讲演能力和综合素质,从而走上理想的人生道路。

说课的发展历史比较短,在此方面还在不断地充实和完善。但说课与公开课、示范课和观摩课相比较具有时空限制小,可以经常进行;表演成分少,真实自然,易懂好学等显著优势。同时,也具备科学性、理论性、预见性、激励性、广泛性、灵活性和实效性等特征。因此,说课是思想政治(品德)教师应该掌握的一门技能。

本章内容分别从说课的内涵,说课的意义,说课的基本类型,说课的基本内容与要求;说课技能训练的基本原则,说课技能训练的内容与方式;并在操作性章节设置说课稿的编写、说课技能训练等相关实际操作练习。

第一节　说课概述

"说课"是教学改革中涌现出来的新生事物,是进行教学研究、教学交流与探讨的一种教学研究形式。说课是教师备课基础上的理性思考,它有利于提高教师的理论素养和驾驭教材的能力,也有利于提高教师个人在同伴之间的语言表达能力,因而受到教师与教育研究者的广泛重视,登上了教育研究的大雅之堂。①

一、说课的内涵

说课是教师针对特定的教学内容,按照素质教育的要求,依据《课程标准》,在

---

① 方贤忠.如何说课[M].上海:华东师范大学出版社,2008:1.

备课的基础上,授课者面对同行、专家或领导,对所讲授的课程说课题、说教材、说教法、说学法、说教学过程、说媒体选择等的一种教研活动形式。说课要说出教什么、怎么教、为什么这样教的教学设想及其理论依据。实践证明,说课活动的开展,有利于教师更深层理解教学内容,研究教学过程、教学方法、教学手段、学法指导,从而提高教师的综合素质,提高课堂教学的效益。说课活动的开展,也有利于听课者更全面地了解执教者的教学行为,从而正确地评价教学。

　　说课不同于备课。备课是教师在吃透教材的基础上写出教案;说课是在教师把握教学内容的基础上,说出教学过程中教师对各个环节具体操作的思路和步骤,以及这些想法和步骤的理论依据。亦即:备课解决教什么和怎样教的问题;说课则回答为什么要教这些内容和为什么这么教的问题。其中"为什么这样教是核心。"说课的关键是解决"为什么"的问题。

表6.1　说课与备课的比较①

比较项目	说　课	备　课
共同点	课前备课,预想的授课方案,是教学设计的"施工蓝图"	
差异点	重理性思考,重整体构思,重在回答"为什么这样教"、"怎样教"	重过程设计,重操作,回答"教什么"、"怎么教"两大问题
	以理论为指导,个体表达群体合作的动态思维	以经验为依托,个体化的静态思维
拓展途径	①改革说课评价机制,提高说课质量 ②纳入备课、听课、评课系列,开展教学实践研修活动,促进教师专业发展	①提高个人智慧备课能力,讲究备课策略 ②加强组内合作备课,实现优势互补和资源共享

　　说课也不同于上课。上课是教师面对学生的具体教学过程,对象是学生。思想政治课的教学目的是向学生传授知识,培养学生能力和情感态度及价值观等。而说课是备课后讲课前的一个独立环节,展开的是具体教学操作过程的理论阐述,属于教研性质,其目的是帮助教师对具体教学操作从深层次上加以认识,从而使教师从知其然到知其所以然,提高其教学水平和整体素质。它的对象是教师、专家、科研工作者。②

①　方贤忠.如何说课[M].上海:华东师范大学出版社,2008:65.

②　李强华,高耀东.中学思想政治课教学论与教学技能实训教程[M].北京:中国传媒大学出版社,2011:264.

二、思想政治教师说课的重要意义

了解说课的重要意义,对于进一步加深对说课的认识有积极的帮助。

(一)有利于提高教研活动的实效

以往的教研活动一般都停留在上几节课,再请几个人评评课,因而教研实效低下。说课这种教研活动,它将备课、上课、评课等有机结合在一起,具有较强的参与性与合作性,是一种良好的交流学习活动,为教师提供了教育教学交流的平台。

通过说课,让授课教师说自己教学的意图,说自己处理教材的方法和目的,说怎样教,说为什么这样教。让听课教师更加明白应该怎样去教,为什么要这样教。从而使教研的主题更明确,重点更突出,提高教研活动的实效。另外,还可以通过对某一专题的说课,统一思想认识,探讨教学方法,提高教学效率。

(二)有利于提高教师备课的质量

从总体上看,教师的备课都是很认真的。但是老师们大多数都只是简单地备怎样教,很少有人会去想为什么要这样教,备课缺乏理论依据,导致了备课质量不高。通过说课活动,能引导教师去思考为什么要这样教学。这就能从根本上提高教师备课的质量。

(三)有利于提高课堂教学的效率

教师通过说课,可以进一步明确教学的重点、难点,理清教学的思路。这样就可以克服教学中重点不突出,训练不到位等问题,提高课堂教学的效率。

(四)有利于提高教师的自身素质,促进新教师成长

一方面,说课要求教师具备一定的理论素质,这就促使教师不断地去学习教育教学理论,提高自己的理论水平。另一方面,说课要求教师用语言把自己的教学思路及设想表达出来,这就无形中提高了教师的组织能力和表达能力,提高了自身的素质。

新教师要想适应教学,必须有一个成长周期。传统的做法是听其他教师的课,从中学习经验,或是自己探索,从中吸取教训等,但是这些大多是停留在感性阶段。而通过说课,教师对教学原则的把握、教学方法的选择、教学设计的意图等都会有深入的思考,对于教师从一个学习者向教育者的角色转变有着重要的促进作用。

三、思想政治(品德)课程说课的基本类型

说课的类型多种多样,可以从不同的角度进行不同的分类。

（一）按说课的时间分类

说课可以在课前或课后进行，以此为依据，可以把说课分为课前说课和课后说课。

（1）课前说课是目前组织教研活动和教学基本功竞赛中说课的主要形式，是教师在充分备课的基础上，把自己对教材的理解、对学生的认识，以及相关的教学设计、教学安排设想等进行介绍，供大家评说。

（2）课后说课是在课堂教学之后进行，由于已经有了课堂教学的实践，所以在课前说课内容的基础上，往往还要结合自己上课的感受进行说课，包括自己怎样进行备课和教学中实际是怎样处理的，做了哪些改变和调整，调整的意图和效果，对自己上课的效果和感受进行评价，提出进一步改进的设想等。

（二）按说课的目的分类

说课可以有各种不同的目的，以此为依据，可以将说课分为研究性说课、示范性说课、评比性说课、检查性说课等。

（1）研究性说课是为了对有关问题进行研究探讨而进行的教研说课。通常是以教研组或年级备课组为单位，以集体备课的形式进行。先由一位教师事先准备，然后对组内教师进行解说，之后由听课教师评议，讨论研究，发现问题，探究解决的最好方案。说课的内容形式多样，可以是一堂完整的课，也可以是一两个重要问题。这种说课有利于加强教师之间的交流与合作，变个人智慧为集体智慧，提高教师业务素质和研究能力。

（2）示范性说课是为了给学习者（尤其是一些新教师）提供学习机会而组织的具有一定的指导与导向功能的说课。这种说课一般是在培训、交流、观摩、访问中进行，主要是选择典型的优秀教师代表向听课教师说课，再由说课教师将说课的内容真正实践到课堂教学中，以发挥示范和引导作用，最后组织教研人员或其他教师对该教师的说课及课堂教学进行评价。示范性说课集备课、说课、上课、评课为一体，使听课教师在听说课、看上课、评课中得到提高。

（3）评比性说课一般指在一定规模的教学技能比赛中进行的说课。要求参赛教师按指定的教学内容、在规定时间内自己写出说课稿，然后进行说课，最后由评委评出比赛名次。尽管评比性说课的目的是比赛，但给了参赛教师展示自己的机会，给了教师一个交流切磋的平台，可以使教师相互之间学习、提高。

（4）检查性说课是针对上级教育教学管理部门、教学研究机构或学校的检查而进行的说课。通过检查性说课，可以了解说课教师的教学思想、教学观念，以及教学形式、方法、手段等方面的情况，参与检查的专家也可以指出说课教师存在的问题,分析其中的原因,帮助教师更好地发展。①

四、思想政治(品德)课程说课的基本内容与要求

说课究竟说什么？具体如何说？对此并没有固定的模式,每个教师都可以也应该根据实际情况去操作。不过一般说来,说课主要是围绕分析教材、学情、教法学法、教学过程等方面内容展开,对其中每个方面的分析也都有一定的操作要领和方法。把握说课的主要内容,掌握其中的基本方法、是把课说好的基础。②

说课的基本内容见表6.2。

表6.2　说课的基本内容

一、说教材
1.教学内容及地位
2.教学目标
(1)情感态度与价值观目标；(2)过程与方法目标；(3)知识与技能目标
3.教学重点难点
二、说学情
三、说教法和学法
四、说教学过程
1.导入部分；2.主要教学环节；3.情感升华、课堂结束；4.板书设计；5.作业布置

在说课最开始,要先说课题,目的在于让听者或评委首先知道你说的课题是什么及出处。如果是研究型、拓展型、活动型的课,还要说此课题由来的理论和实践依据。

(一)说教材

说教材是在认真阅读教材的基础上,说清教材的地位、作用等。教材是教学的主要材料,教师只有对教材理解透彻,才能制订出较恰当、合理的教学方案。因此,说教材成为说课的重要方面。说教材主要从以下几个方面入手。

(1)分析本课题内容在教材体系中的地位、作用。这种分析可以从结构、内容、教育意义等方面进行。中学思想政治(品德)教材是根据学科的知识系统和学生的认识规律设计编排的,有其自身的结构体系,内容之间也有着密切的联系。每一部分内容在教材中都具有自己的特定的地位和作用,教师要从宏观上予以正确把握。

(2)分析本课题内容的知识结构体系。主要介绍本课题内容编排的顺序及原

因,这是确定教学目标的依据。教师不仅要从微观上弄清楚知识点的内涵和外延,更重要的是要深刻理解各知识点之间的联系,把握知识的结构体系和逻辑关系。

(3)分析本课题内容的教学目标。教学目标是对学生学习结果的规定,教师应在认真研究课程标准和教材,分析学生认识水平、生理心理特点的基础上,分析本课题的教学目标。具体分析主要有两方面:一是提出教学目标的内容,通常应该包括知识、能力、情感态度价值观三维目标;二是阐释确定教学目标的依据。

(4)分析本课题内容的重点难点。主要说清楚三方面问题:一是重点难点何在;二是确定教学重点难点的依据,一般可以从教学内容、课标要求、学生实际、理论层次、对学生的作用等方面去思考;三是突出重点、突破难点的方法。

案例:"矛盾在事物发展中的作用"说课稿

第一部分:说教材

1.本课的地位和作用。

"矛盾在事物发展中的作用"是高二上册第四课第一节第一框题,它是对第二课发展观点的进一步深化和具体化,又是在第三课矛盾分析方法的指导下具体分析事物发展的原因,体现了辩证法和形而上学的分歧,是辩证法教学的落脚点之一,学好本课为理解全书的理论结构提供了一把"金钥匙"。本课内容承上启下,为教材下册人生观部分的教学奠定了理论基础,是上下册内容的"衔接点"。

2.教学目标。

本课教学我坚持以学生发展为本的教学理念为指导、以《思想政治课课程标准》为准绳、以学生的认识水平为出发点、以为学生终身发展奠基为落脚点,我确定了本课三位一体的教学目标,即知识与技能目标、过程与方法目标、情感态度与价值观目标。

(1)知识与技能目标:通过分析事物发展中的内因和外因的相互关系,培养学生的辩证思维能力,通过对典型事例的分析,培养学生理论联系实际的能力。

(2)过程与方法目标:在自主学习、合作探究中培养学生科学探究的方法,展示并发展学生的个性特长。

(3)情感态度与价值观目标:引导学生树立辩证法关于事物发展原因的观点,反对形而上学的外因决定论。加强德育教育,培养学生的爱国主义情感和自强不息、顽强拼搏的人生态度。

3.本课的教学重点和教学难点。

(1)教学重点:内因和外因在事物发展中的作用不同,即内因和外因的相互关系问题,是本框的教学重点,也是全课的教学重点之一。这是因为:从《思想政治课课程标准》进行基本观点教育的要求看,这一问题是唯物辩证法的基本内容之一,占有十分重要的地位;从世界观、方法论、人生观教育的有机结合看,搞好这一问题的教学不仅可以为下一框题,更重要的是可以为教材下册人生观部分的教学奠定理论基础;从学以致用增强教学的针对性、实效性看,这一原理是被以往的教学实践证明了的,最受学生欢迎,对学生影响最大的基本观点。

(2)教学难点:外因必须通过内因才能起作用。这是因为:从哲学发展看,对这一问题哲学上一直存在着争论;从学生的实际看,高二学生的辩证思维能力还没有完全形成,看问题好走极端,学生在理解这一问题时存在很多疑点,特别是在面对人生前途命运的具体问题,疑问就更多。如果不突破这一难点问题,下一框和下册人生观部分的教学就难以取得实际效果。

(二)说学情

主要分析学生学习本课题内容的原有基础和现有困难。学情分析要客观、准确,符合实际,以便为采取相应的教学对策提供可靠的依据。

案例:"人生难免有挫折"说课稿

第二部分:说学情

初一的学生刚刚从小学升入初中,现在还处于从小学到初中的转型期,他们大多数都是父母的"掌中宝",从没受过什么大的委屈或挫折。但在人生的征程中,不可能总是一帆风顺,遇到这样或那样的挫折是在所难免的。特别是在初中时期,学习压力增大,学生一时适应不过来,有些学生对挫折的承受能力差,产生了不良后果。所以,在本课的教学当中,一定要注意贴近学生的实际生活进行授课,让学生自己举例,激活他们已有的生活经验,让他们体悟到挫折是普遍存在的,挫折是难免的,从而能直面挫折。

(三)说教法学法

就教法来说,说课教师要说明这节课的教学主要采用哪些教学方法,如情景教学法、案例教学法、实践活动法、探究讨论法等。无论运用什么教法,都要根据教学内容、学生实际、教学条件以及教师本人的特长等来确定。说教法一般依照以下方式进行:第一,说清楚本节课采用的最主要或最基本的教学方法及其所依据的教学原理或原则;第二,说清楚教师采用的教法与学生采取的学法之间的内在联系;第三,说清楚突出重点、突破难点采用的具体方法。

从学法来看,要分析学生适宜采用什么样的学习方法,这些学习方法有何特点,这些学习方法的具体操作环节,教师在教学中如何进行学法指导等。一般来说,要体现以学生为主体,充分发挥学生在学习活动中的主体作用。

这里对教法和学法的说明可以从大的方面、从宏观上进行,具体详细的分析可以在教学程序里说明。

案例:"矛盾在事物发展中的作用"说课稿

第三部分:说教法与学法

(一)说教法

课堂教学中我坚持"一个为本、四个调整、两个转变"。即以学生发展为本;调整教学中的师生关系、调整教学方式和学习方式、调整课堂内容的呈现方式、调整课堂教学目标突出对学生的创新精神和实践能力的培养;实现教师由知识的传授者向学生学习活动的组织者、促进者、指导者转变,学生由知识的被动接受者向自主探究者转变。本堂课我采用以下教学方法:

1. 情景教学法。为实现现代信息技术与思想政治课教学的整合,本堂课我通过故事、图片、录像三次为学生创造生动直观的教学情境,使学生产生认知冲突,教师引导学生自主活动去解决认知发展的不平衡,启迪学生的思维,培养学生的问题意识。

2. 合作探究法。建立有利于意义建构的外部学习环境。围绕本堂课教学的重点和难点问题,结合学生成长的实际、关注社会热点问题,我两次组织课堂讨论,师生互动、生生互动,在师生共同营造的和谐、宽松、民主的气氛中,学生在探究知识的同时形成了丰富的人生态度和情感体验。克服了以往政治课教学中我说你听、我考你背的"强买强卖"的做法。

3. 明理导行法。政治课作为中学德育工作的主要途径,其意义主要在于加强德育,教会学生"做人"。在合作探究中,使学生相信马克思主义关于事物发展原因的观点,并内化为品质、外化为行为。通过对典型事例的分析来加强德育,使学生明辨是非、形成独立见解。注意挖掘教材中人格教育因素,培养学生健全的人格。

教学手段:多媒体辅助教学

(二)说学法

现代教育思想尤其注意学生的主体作用,重视学生学的方法。本堂课我引导学生掌握和运用以下学法。

1. 讨论法。把学生在思想认识中存在的误区同本课内容结合,引导学生讨论交流,提高认识。

2. 读书自学法。充分利用教材可读性强的特点,组织学生阅读—分析—归纳,提高学生的自学能力。

3. 知识迁移法。运用学生已学过的知识分析问题,温故知新、学以致用,提高学生综合分析问题的能力。

(四)说教学过程

说教学过程是说课的重点部分,通过对教学过程的详细叙述,才能让他人了解说课教师的教学安排,看其教学安排是否合理、科学;也才能同说课教师的教学思想、教学方法、教学手段、教学风格等。教学过程一般由引入新课、新课教学、教学小结、布置作业等环节构成,说教学过程,要对这些环节逐一进行分析,重点要说清以下几方面问题:

(1)教学的课堂结构。课堂结构要有过渡自然的教学环节、清晰的教学思路、一脉相承的线索、逐步推进的层次等。说课时要把教学的基本环节、思路等说清楚，对每一个教学环节教什么、怎样教、为什么这样教等问题作简明扼要的交代。

（2）师生互动环节安排。在说课过程中，要把师生之间的互动说清，哪个环节能够激发学生的兴趣，采用什么方法激发学生探索热情，如何提出问题并将问题引向深入，引导学生思考，发散学生思维。

（3）重点与难点的处理。说课要说清楚突出重点和突破难点的方法，并分析如何运用这些方法解决问题。

（4）板书设计。主要说清板书设计及设计意图。一般来看，可以根据教学内容、学生特征、教学空间、教学媒体的利用等，设计教学板书，分析板书设计的具体原因，如能体现知识结构、突出重点、直观形象、利于巩固新知识、有审美价值等。

（5）有关练习及训练意图，主要说清课堂上和课后有什么作业，布置这些作业是出于什么样的考虑等。

案例："孝敬父母"说课稿

第四部分：说教学过程、设计意图

在几张图片上插入《相亲相爱的一家人》音乐，导入新课，激起学生对所要学的内容有个了解，从中抓住"家"这个字眼。每个人的第一所学校是"家庭"，家是一个温馨的港湾，让我们休息与依靠。无论是远方的游子还是白发苍苍的老人，家都是他们心中永远的牵挂，因为那里有着骨肉相连的亲情，有着世界上最伟大的父爱和最无私的母爱！从而导入到我们这堂要上的内容。紧接着就试着进行"趣味解词"，中文的"家"大家都知道，那么家用英语怎么说呢？学生回答：Family。然后对 Family 进行解释。Family = father and mother I love you 。中文意思就是："爸爸妈妈我爱你们"。每个人都有自己的家人，每个人都希望与家人永远相亲相爱，尤其是生养我们的父母。但并不是每个人都有个相亲相爱的家庭。

活动一：欣赏与感悟——爱的极致

通过欣赏韩红《天亮了》的 FLASH，讲述这个 FLASH 的背景故事，引起学生的情感共鸣，产生感动的情感，从内心深处被父母无私的爱所感动，引出父母对子女的爱是无私的。

讲述 FLASH《天亮了》的背景故事：

（背景：1999 年 10 月 3 日，在贵州麻岭风景区，正在运行的缆车突然坠毁，36 名乘客中有 14 位不幸遇难。而就在悲剧发生时，一对年轻的夫妇，用双手托起了自己两岁半的儿子。结果，儿子得救了，这一对父母却失去了生命。这个生命的故事，深深打动了歌手韩红，经过多方联系，她领养了这个大难不死的小孩，下面我们要讲述的就是发生在韩红和这个小孩之间的故事。韩红连续两次在"3·15"晚会上演唱了《天亮了》这首歌，打动了亿万电视观众。而在创作这首歌之前，打动韩红、激发她创作灵感的又是什么呢？韩红动情地说："我就觉得是他爸爸和妈妈。因为我从小没爸爸，我 5 岁的时候就失去了父亲，然后母亲又不在身边，所以父母的这种爱对我来说是遥不可及的。但是有哪个孩子不愿意有自己的爸爸妈妈呢？我就觉得在缆车下滑即将坠地的那一瞬间，子灏的爸爸潘天奇和他的妈妈贺燕雯两个人把孩子举起来了，我心里觉得这是一个用伟大两个字都无法去恰当体现的一个壮举。这个壮举也许是出于父亲、母亲的一种本能，也许是出于他们对孩子的一种爱，也许……，总之我看到这儿的时候，我浑身鸡皮疙瘩都起来了。"如何将心中的震撼化为实实在在的作品，是韩红面对的难题，为了完成歌曲的创作，韩红只好去体验坐缆车的感受。韩红告诉记者，春节期间，她到成都青城山坐了一趟缆车，自己亲身感受了那种上上下下、在正常运转的缆车上，韩红体验到了恐惧与无助，而发生事故的贵州麻岭风景区，缆车竟然是违章设计施工的，甚至只能载客十多名的缆车挤进了 36 人，当缆车几乎是垂直上升时，悲剧就更加难以避免了。潘子灏的生还，是他父母的双手托起的一个奇迹。当韩红见到当时只有 2 岁半的潘子灏时，一段新的故事开始了。韩红向记者讲述了她和子灏见面时的情景，她说："我一进门就看见了他，他就在一个角落里面。我一叫他，他居然自己走过来抱着我，于是我们俩在一起哭了好一阵，就是让我自己尽情地去哭，好像孩子跟我有很多话要说，然后我们两个人一直在哭，其实我们并不陌生，好像我对他也有很多话要说。这个情景当时被家人拍录下来了，但是今天我也不想给电视观众看，因为我觉得那是属于我心里、深藏在我心里最深最深的一种最真诚的东西。"尽管韩红愿意为潘子灏付出一个未婚女性所能给予的母爱，但是，留在潘子灏幼小的心灵中的创伤并没有愈合。韩红告诉记者，子灏他喜欢去当地的，好像是一个百货大楼的游乐场去玩，在小木船上，韩红发现每当她摇木船超过三下时，然后小子灏就要下来，说那是缆车，他害怕。可见这一件事情对一个幼小的心灵会有多么大的压力。韩红说她一谈到这件事情的时候，就特别恨那些对生命完全没有任何尊重可言的人。再过几天，就是潘子灏的四岁生日，得知小子灏扁桃体又发炎了，韩红赶紧往广西南宁挂长途电话，在电话中，韩红不停地问小子灏打针痛不痛，小子灏告诉韩红自己虽然感觉痛，但却没有哭。在电话中，小子灏叫韩红妈妈，这令她非常高兴。韩红说他叫她的时候，她心里无比的喜悦。当记者问她有一天她自己的孩子叫她妈时，她是否会有相同的感受时，韩红坦言她已经想好了，不会要孩子，因为她觉得一个就够了。在生和死的瞬间，父母想到的并不是自己，他们用双手把生的希望留给了儿子，这就是父母之爱。现在，潘子灏生活在韩红的关爱之中，但是，留在他心灵的创伤却并没有愈合。我们没有去打扰他，因为我们希望他能尽早地忘掉这个噩梦拥有一个充满阳光的童年。）

听完故事后让学生思考：从这个故事中我们可以得到哪些启发？（父母的伟大，这种爱高于一切，这种爱是无私、博大、永恒的，世界上为我们付出最多的是我们的父母。）

活动二：亲情对对碰

让学生说说从我们出生到现在父母给予了我们什么？（爱的清单）

（学生）看幻灯片及结合课本的漫画回答（抚养我；从小教育我；在我失败时鼓励我；在我生日时给我过生日……还有我们课本 p44-45 的漫画里的第 1、4 幅图回家晚了爸妈会担心，打电话问我同学；当我取得成功的时候会给我物质上的奖励等等。）然后让学生自己总结为什么要孝敬父母？（板书）

1. 父母赋予我们生命，把我们带到这个美好的世界，给我们衣食和爱抚，使我们健康成长。

2. 父母的殷切叮咛和期望伴随着我们一天天长大成人。父母把无私、博大、永恒的爱洒向我们生命的整个旅程。在这个世界上，为我们付出最多的就是父母。

3. 孝敬父母是中华民族的传统美德，也是我们做人的本分。

活动三：讨论《感人的故事》

出示汶川 5.12 大地震中最感人的歌，讲述汶川地震中妈妈为了保护自己的孩子，用自己的身躯保护着自己的孩子，当救援人员找到她们时，妈妈去世了，宝宝幸存下来，在宝宝的身上找到了一部手机，其中有一条未发出的短信，里面写着："宝贝，如果你还活着请你记住妈妈永远都爱你的"，看到了这条短信，感动了很多人，及观看《父爱》视频从而导入到在现实生活中怎样报答父母的养育之恩？孝敬父母不一定要做出惊天动地的事，可以从一些小事做起，比如可以帮忙做些家务活等。

讨论：

1. 母亲用自己瘦弱的身躯保护着孩子的生命，这体现一种什么样的情感？

2. 从《父爱》视频中谈谈作为一名中学生，你能为父母做些什么？

师：1. 说明了为了孩子母亲愿意献出一切乃至生命，母爱是人世间最伟大、最高尚、最纯洁的爱，只愿付出不求回报。

2. 对父母的养育之恩，我们唯有以爱和孝敬来回报：(1)用心领会父母的教诲与期待；(2)诚心体谅父母的忧心和烦恼；(3)真心关注父母的健康和心情；(4)用同样的行动去孝敬其他长辈。

活动四：观看央视公益广告《为妈妈洗脚》视频：进一步地说明孝敬父母可以从生活小事做起，从精神上给父母支持，把这种爱传下去，父母是孩子的最好老师，孩子要诚心体谅父母的忧心和烦恼，成为相亲相爱的一家人。

活动五：讲故事（孝敬父母的感人故事）先让学生讲讲故事接着老师再讲。这样可以提高学生的语言表达能力及拓宽视野。

1. 香九龄，能温席。孝于亲，所当执。（译文：东汉人黄香，九岁时就知道孝敬父亲，替父亲暖被窝。这是每个孝顺父母的人都应该实行和效仿的。）

2. 孔子是我国古代最著名的教育家，是一个非常孝顺的人。他小时候经常帮助妈妈做事，每晚都替妈妈捶背，母亲希望他成为有学问的人，他就勤奋读书，最后终于成为伟大的思想家和教育家。

3. 刘胡兰小时候非常孝顺母亲，她 5 岁的时候，妈妈得了痨病，刘胡兰总是围在妈妈身边擦汗,端水喂药,有时还使劲扶起妈妈,让妈妈倚着自己瘦小的身体把药吃下,再擦擦嘴角,这才欣慰地走开,哄妹妹去玩儿。

4.伟大领袖毛主席非常孝敬母亲,1959年当了主席的毛泽东回到了阔别三十多年的故乡韶山,首先去墓地祭母。

活动六:爱心行动

师:从这些故事中我们知道孝敬父母是很重要的,名人能这样做,作为21世纪的我们能否也这样?接下来让同学们拿出纸张来写写:既然孝敬父母是中华民族的传统美德,那么今天回家你要……让同学们知道孝敬父母不一定要做出惊心动魄的事来,可以从生活小事做起,比如帮忙洗碗、扫地、洗菜、当妈妈生病时我们给妈妈端水送药,在爸爸生日时送来一句句祝福等,都能表达我们是爱着我们的父母。

为了表达对母亲的爱,孟郊写出了《游子吟》,慈母手中线,游子身上衣。临行密密缝,意恐迟迟归。谁言寸草心,报得三春晖。其中插入背景乐曲《大自然之声》,引起学生的共鸣。

最后让我们再用歌声来表达对母亲的爱戴之情,师生一起唱《烛光里的妈妈》歌曲结束本课。

【布置作业】　收集"爱的冲突"的故事,想想要怎样才能化解这种冲突?

板书设计:

一、为什么要孝敬父母?（板书）

1.父母赋予我们生命,把我们带到这个美好的世界,给我们衣食和爱抚,使我们健康成长。

2.父母的殷切叮咛和期望伴随着我们一天天长大成人。父母把无私、博大、永恒的爱洒向我们生命的整个旅程。在这个世界上,为我们付出最多的就是父母。

3.孝敬父母是中华民族的传统美德,也是我们做人的本分。

二、怎样报答养育之恩?

对父母的养育之恩,我们唯有以爱和孝敬来回报:

1.用心领会父母的教诲与期待;

2.诚心体谅父母的忧心和烦恼;

3.真心关注父母的健康和心情;

4.用同样的行动去孝敬其他长辈。

第二节　说课技能训练

说课是一种新兴的教学研究形式,是当今教学改革的新课题。说课活动的开展,引起了广大领导和教师的广泛重视和关注,为教学工作注入了新的生机和活力。说课是衡量教师教学水平的一个重要参数,是培养新教师迅速成长的一个重要手段。在了解了说课的内涵、说课的重要意义、说课的类型、说课的基本内容与要求的基础上,我们还需要进一步明确说课的原则,掌握说课的方法,加强说课的技能训练等,使自己真正掌握说课这门技能。

一、思想政治教师说课技能训练的基本原则

根据说课的功能和意义,尤其我们将说课纳入教学实践研究的系列活动之中所积累的经验,说课正日渐成为教师专业发展、提升课堂教学理论层次的一条简捷而有效的途径。

(一)明确说课的基本原则

说课自然要和其他教学研究活动一样,必须遵循一定的原则指导。说课的"原则指导"既包括"教学原则",又包括"教案编写及其说明"所要遵循的原则。一般可以归纳为如下几方面:

1. 科学性原则

这是说课活动的前提。它对说课的基本要求主要体现在以下几个方面。

(1)说课中教师不仅要从微观上弄清弄懂各知识点的内涵和外延,做到准确无误,更重要的是要从宏观上正确把握本节课教材内容在本学科、本年段的地位、作用以及本课内容的知识结构体系,深刻理解各知识点之间的关系。

(2)说课中教师要从学生学习本课的原有基础和现有困难两个方面分层次地、客观地、准确地、符合实际地分析学情,为采取相应的教学对策提供可靠的依据。

(3)教学目的包括本节课的总目标与具体的基础知识目标、发展能力目标和情感态度价值观目标,对其确定都要符合新课程标准和新教材要求,与教材分析和觉悟分析保持高度的一致性并且要有切实可行的落实途径。

(4)教学设计紧扣教学目的,符合课型特点和学科特点,有利于发展学生智能,可行性强。说课中教师既要说清本节课的总体构想以及依据,又要说清具体的教学设计,尤其是关于重点、难点知识的教法设计的构想及其依据,使教法设计思路清晰、具有较强的可操作性。

2. 理论联系实际原则

这是说课活动的灵魂。说课人不仅要说清其教学构想,还要说清其构想的理论与实际两个方面的依据,将教育教学理论与课堂教学实践有机地结合起来,做到理论与实践的高度统一。这就要求:

(1)说课中对教材的分析应以科学基础理论为指导,对学情的分析以教育学、心理学理论为指导,对教法的设计应以教学论和学科教学法为指导,力求所说内容

言之有理、言之有据。

（2）说课中教师应尽量把自己的每一个教法设计上升到教育、教学理论高度并接受其检验。

（3）说课中要做到理论切合实际，实践是在理论指导下的实践，理论与实践高度统一。

3. 实效性原则

这是说课活动的核心。说课的目的是要通过"说课"，在短时间内集思广益，检验和提高教师的教学能力、教研能力，从而优化课堂教学过程，提高课堂教学效率。为保证每一次说课活动都能达到预期目的，收到良好实效，就要做到以下几点：

（1）目的明确。说课用于检查、研究、评价、示范等目的。一般来说，检查性说课主要用于领导检查教师的备课情况；研究性说课主要用于教师之间切磋教法，经验交流；评价性说课主要用于教学评比、竞赛活动；示范性说课则是为了给教师树立说课的样板，供其学习、参考。在开展说课活动前，首先要明确目的，即属于哪一类型的说课活动，以便做好相应的准备工作。

（2）针对性强。这主要是针对检查性、研究性两种说课活动而言的。检查性说课一般来说主要针对教师的工作态度、教师的专业知识、教师的教学能力、教师的教研能力；研究性说课主要针对承上启下的课节、知识难度较大的课节、结构复杂的课节以及同科教师之间意见分歧较大的课节等。只有加强了说课的针对性，才便于说课人、评说人的准备和对问题的集中研究与解决。

（3）准备充分。说课前说课人和评说人都要围绕本次说课活动的目的进行系统的准备，认真钻研新课程标准和教材，分析学情，做到有的放矢。说课人还要写出条理清楚、有理有据、重点突出、言简意赅的说课稿。

4. 创新性原则

这是说课活动的生命线。说课是深层次的教研活动，是教师将教学构想转化为教学活动之前的一种课前预演，尤其是研究性说课，其实质就是集体备课。在说课活动中，说课人一方面要立足自己的教学特长、教学风格；另一方面更要借助于同行、专家参与评说，众人共同研究的良好机会，树立创新的意识和勇气，大胆假设，小心求证，探索出新的教学思路和方法，从而不断提高自己的业务水平，进而不断提高教学质量。只有在说课中不断发现新问题、解决新问题，才能使说课活动永远新鲜、充满生机和活力。①

---

① 李强华，高耀东.中学思想政治课教学论与教学技能实训教程［M］.北京：中国传媒大学出版社，2011：266.

（二）掌握说课方法及注意的问题

说课也是有一定方法可循的,如说课的准备方法、说课过程中的方法、说课的表达方法等;同时,在说课过程中还要注意一些细节问题。对此部分的掌握有助于提高说课的技能。

1. 说课方法①

（1）说课的准备方法。说课的准备和备课写教案的过程大体上是同一思路。备课从构思到落笔写教案,以及在写教案过程中再仔细推敲教法,主要是沿着教什么、怎么教的思路进行;而说课除了要说明教什么、怎么教之外,重点是说出为什么要这样教。也就是说,说课应以说理为主。

一是选好要说的课。每课应有一"案",但每课不一定都要"说"。除了学校制定的课外,自选的说课首先考虑有代表性、典型性的框题,主要指既能充分体现思想政治(品德)学科特点,又能将当前本学科教改新教法融入其中。其次,要选择与教师本人业务专长相呼应的有关章节、框题。第三,要突出重点,避免面面俱到。根据内容特点和自己的教学优势,在说课的"四大板块"中选择某一板块重点说,其他板块选"点"说,如重点的突破,难点的化解;切入点的选择,关键点的诠释;突破点的确定,拓展点的安排等又可以作为其他板块中的重点。

二是寻准教法的依据。以纲(课标)本(课本)为选法的基础条件,以学情为教法与学法指导的出发点,在此基础上采用说课准备过程与学理论相结合、与教师自身积累的课堂教学经验相结合的办法,往上找理论依据,往下升华、提炼教学经验。

课堂教学策略、教学方法的理论很多,从宏观、中观到微观。有教学论中的教学规律、教学过程、教学原则、教学策略方法和教学组织管理等方面的理论;有现代流行的控制论、信息论和系统论,还有教学艺术与技巧的方法论等。

"教法选择"要求教师在说课的准备阶段以方法论为指导,从理论层面确定所教内容所应采用的最佳教学方法。这个过程也是教师再学习、再提升的过程。"教法选择"还可以理解为对自己教学实践的反思、总结。有多年教学经历的教师,对所要说的课已经上过很多遍,可能对多次的重复教学竟未梳理出"说得清、道得明"的教学方法,即使其教学效果不错。此类教师还需要审视自己的教学过程,学习一些有关理论知识,以解读自己的教学实践。要知道,任何成功教学的背后都有一定的教育规律可循。

三是把握说课程序。说课中的"程序"与教案中的"教学过程"在构思和表达上是有所区别的:前者是理性思维下的过程呈现,它体现着执教者的逻辑顺序和时间顺序及这两个顺序的有机组合;后者主要是过程性、阶段性的安排。

———————————

① 方贤忠.如何说课[M].上海:华东师范大学出版社,2008:24.

关于说课程序的把握,要从三个维度作分析:第一,理清所教框题的知识系统和结构,这是需要学生全面掌握的,它是教师说教学程序中的内含主线;第二,教师在课堂上所表现的教学程序和结构,它是动态的,师生互动中呈现出来的;第三,说课时"说"的程序,即先说什么、后说什么、突出什么、淡化什么等方面的处理。

四是突出重点,呈现个性。说课的内容十分丰富,一堂40~45分钟的课的构思和设计不可能什么都说,各部分的内容也不宜平均分配,应有所侧重。如果备课时,侧重研究一种全新的教学模式或教学方法,说课时就应侧重介绍这种模式是什么,该模式的程序设计以及教学效果的预测;又如备课时,以研究学生问题意识,进行思维训练,发展思维的,则要从教学心理学角度,分析思想政治(品德)学科的思维特点,从中获得本节课进行思维训练的依据;从本堂课实际出发介绍具体的方法与步骤。

教学方法和手段的选择是受教师的教学经验和个性影响的,不同性格、个性的教师在各自教学经历中又会积累出各不相同的个性化教学经验。因此教师说课时要突出自己的个性化教学。如哪些地方体现了自己的独到之处、创新之处,哪一步骤或环节展现出教学艺术,都可以用适当的语言来表达。

(2)说课过程中的方法。说课不能念教案、读教案,也不能用解说的方法说教案,因为教案无法全部反映说课应有的内容,写教案时的思路与写说课稿的思路有明显差异。对教案作解读式说课,仍然无法体现"说"的本质特征。

以教案为蓝本,以说理、说缘由、说依据为主线写成说课稿,这是说课前的最后阶段。但是如果把说课稿一字不漏地照说一遍、读一遍,仍有朗读之嫌,无感情注入,无相关体态语言相匹配,这样的说课效果就不佳了。

说课是"说明书"。说课是信息传递,是告知。说课首先要告诉听者"我是谁"(所在学校、任课年级),所说教材的版本、章节、框题,随后围绕"教什么""怎样教""为什么这样教"展开说课。这样的过程,要求教师以叙述、解说为主线,在分析时可适当用辨析的词语加以推理和论证。

说课是"新闻发布会"。教师在说课中,要明确说课意图、说出依据、说出缘由,要为"为什么要这样教",亮出自己的观点与见解。还要说出在这些观点的指导下,如何采用相应的教学措施和手段。

说课教师教学上的创新与个性化教学的信息,都可以成为听者比较感兴趣的"信息源"。从传播理论上看,传播模式的四大组成部分:信息发送者(说课教师)、信号(以语音及相关图像为主)、信息通道、信息接收者(又称受众,听评课教师),要建立流畅的并给受众留下较深刻印象的通道,说课教师就要精心设计,使这部分说课内容达到观点鲜明、说理有度、自圆其说。

说课是"真诚的告白"。一般说课安排在备课之后上课之前进行,说课说在教学效果产生之前,暂时无法得到实践效果的验证。未经验证的教法与过程设计不宜用十分肯定的语言来表达,不宜过多的"赞颂"自己。从备课写教案,再转向说课,也许这并不难,难的是说课之后,能引起教学研究人员与同行教师的同感、启示和共鸣,引起听者争论也不失为一次有意义的说课活动。

(4)说课的表达方法。说课主要通过语言、图表、图像以及多媒体辅助手段来表达。说课以教育科学基本原理为科学基础,体现说课的科学性,说课在表达过程中又体现出它的特殊艺术性。语言用于表达教学思维,交流感情;多媒体技术用于直观呈现,调动听者的视觉、听觉,引起注意;体态语言和相关演示操作,辅助呈现感性直观从而提高说课效果。

说课尽管有多种表达方式方法,但仍然以"说"为主,"说"中又以说理说服为主,配以适度的情感与情境表达。

"说"的过程中主要注意如下六点:一是守时守信,不要随意拖拉;二是说态自然、谦逊、大方;三是语言简练、流利,速度适中;四是条理清楚,层次分明,逻辑性强;五是表述完整,理由充分,具体实在;六是个人特长显现,有感染力。

总之,说得新颖,说得有理,说得熟练就是一次好的说课。

2.说课应注意的问题[①]

(1)说课的对象不是学生而是同行、领导或专家。说课的出发点是提出教学方案,具有战略性,而上课是实施教学方案,具有战术性。因此,不能把说课变成上课的简单重复,而要着重讲自己教学设计的思路。

(2)要在充分备课基础上,介绍自己的教学设计及其理论依据,重点说"怎样教"和"为什么这样教"这两个问题。不能把说课变成教材分析。

(3)说课要突出重点,不能面面俱到、平均对待,不能拖延时间。说课的重点应放在说教学的过程。

(4)说课要体现现代教学理念,体现教学方法和手段。

(5)说课要注意语态端庄,条理清楚,逻辑性强,言简意赅。

(6)说课要准确回答同行和评委的提问。要针对提问回答,能抓住实质,简短分析又有独到之处则更好。

二、思想政治教师说课技能训练的内容与方式

(一)训练内容与要求

1.观摩中学习掌握说课内容、结构和实施技巧

(1)提供几个说课稿,分析说课稿的基本结构,体会说课稿的写法,并进行模

---

① 李强华,高耀东.中学思想政治课教学论与教学技能实训教程[M].北京:中国传媒大学出版社,2011:270.

仿。说课稿是在个人钻研教材的基础上写成的。说课稿不宜过长。说课时间应控制在10到20分钟之内为宜,重点要说清"为什么要这样教"。说课稿侧重于有针对性的理论指导的阐述。它虽然也包括教案中的精华部分(说课稿的编写多以教案为蓝本,作为参考的第一手材料),但更重要的是要体现出执教者的教学思想、教学意图和理论依据,即思维内核。简单地说,说课稿不仅要精确地说出"教"与"学"的内容,而且更重要的是要从理论和实践的结合上具体阐述"我为什么要这样教"。教案是平面的、单向的,而说课是立体的、多维的。说课稿是教案的深化、扩展与完善。①

(2)组织观摩几段说课的录像,对教师的说课进行评述,掌握说课技巧。说课的技巧主要是:一是要说"准"教材,即准确无误地说明教材内容;二是要说"明"教法,即把教的方法说明白;三是要说"会"学会,即学法指导要讲清如何使学生学会学习本内容;四是要说"清"自己的教学意图和思路;五是要说"对"练习层次,即练习层次要针对所教内容;六是要说"好"为什么这样教,即所说这样教的理论和实践的根据使众人信服。

2. 演练优秀说课案例

搜集近年来全国、省市级说课比赛中涌现出来的优秀说课案例(参见本章附录资料1、资料2),学习揣摩案例的结构、设计意图、语言表达等,以小组为单位进行演练,相互评说。

3. 思想政治(品德)课主题和一课时说课练习

(1)选择中学思想政治(品德)教材的有关内容,根据说课的程序和要求,设计说课稿。

(2)以微型教学班为单位,开展说课实践,并进行相互评说。

(二)训练方式与步骤

1. 分步骤进行,逐个练习

根据说课的四大板块,可分板块、分步骤进行设计,逐个掌握各板块的具体要求和技巧,进而掌握各板块、各环节之间的内在联系。通过逐个练习的方法,进而提高说课技能。

2. 个体练习与小组练习相结合

基于对说课方法的掌握和熟悉,可自己选择课题,编写说课稿,展开自我演练。同时,以小组为单位,加强小组内的相互交流、学习,相互说课、听评课,实现个体的提高和小组成员的共同进步。

---

① 李强华,高耀东.中学思想政治课教学论与教学技能实训教程[M].北京:中国传媒大学出版社,2011:267.

表6.3　说课评价指标体系表

评说者		主说者		年级学科		说课课题		
一级指标及赋值	二级指标及赋值					说课等级及权重		
						优 1.0	良 0.8	中 0.6	差 0.5
1.0 说教材 (15分)	1.1 能阐明课标对教材总要求和所说内容的具体目标(3分)								
	1.2 分析处理正确,能讲清所说内容在整个教材中的地位、作用和知识相关情况(4分)								
	1.3 所定教学目标明确具体、符合课标要求和学生实际(4分)								
	1.4 所定重难点和关键点符合教材实际和学生实际(4分)								
2.0 说教法 (10分)	2.1 选择恰当,富有启发性、灵活性和多样性(2分)								
	2.2 恰到好处地采用了直观教具和现代教育技术手段(1分)								
	2.3 设法创设适宜的教学情境来激发学习兴趣和调动学习积极性(1分)								
	2.4 注重促进学生智能发展和培养学生分析、解决问题能力(2分)								
	2.5 理论依据正确,教法经过了优选(4分)								
3.0 说学法 (10分)	3.1 能从学生实际出发去指导学法、学具的运用、能引导学生勤动脑、善思考(4分)								
	3.2 所选学法能与教法相配合(2分)								
	3.3 学法指导的理论依据正确(4分)								
4.0 说教学程序设计 (35分)	4.1 内容正确,能恰如其分地进行思想品德教育(5分)								
	4.2 目标明确,结构合理,深度广度得当(5分)								
	4.3 环节周密,衔接紧密,过渡自然,时间支配恰当、合理(5分)								
	4.4 主次分明、重点突出,能抓住关键、突破难点(6分)								
	4.5 既符合相应的教学原则、教学规律,又有所创新(6分)								
	4.6 教学设计的理论依据正确(8分)								

续表

评说者		主说者		年级学科		说课课题	
一级指标及赋值		二级指标及赋值			说课等级及权重		
					优 1.0	良 0.8	中 0.6	差 0.5

一级指标及赋值	二级指标及赋值	优 1.0	良 0.8	中 0.6	差 0.5
5.0 说教学实效(30分)	5.1 能借最佳教学方案来求得最优的教学效果(10分)				
	5.2 说与讲能紧密结合(6分)				
	5.3 能正确总结成功经验和吸取失败的教训,理论依据正确(6分)				
	5.4 改进完善措施切合实际,富有创新性(8分)				
总分		总评等级			
评语:					

使用说明:

1. 评说者填好表头,然后在评说等级的相应位置打"√",最后写出简短的评语。

2. 总分的简单算法:二级指标的值乘以相应评说等级的权重,然后将各项分数相加。

3. 总评等级的分值范围:优[100,90],良[90,70],中[70,60],差为不到60分。

4. 各级指标及其具体内容可以据实做些改动,但只有相同指标体系的评价结果才具有可比性。

附录

资料1:全国首届思想品德(政治)说课评选一等奖作品欣赏(一)

义务教育课程标准实验教科书(人教版)思想品德 八年级(下册)第三课第二框

《同样的权利　同样的爱护》说课设计

重庆市第一中学校　涂华勋

一、教材分析

(一)教学内容及地位

本框内容是"我与他人的关系"的第三部分"权利与义务"中的重要内容;主要讲述了公民在积极行使自己的生命健康权的同时,还要担负起不得侵害他人生命健康的义务;相对于前面一、二课总述权利义务而言,本课是一个新的分述的开始;学好本课有利于后面几课的学习。

(二)重点难点

1.教学重点:积极行使生命健康权

2.教学难点:关爱他人的生命与健康

二、教学目标

1. 情感态度与价值观目标

让学生懂得珍爱生命健康不仅是一项权利,也是自己一种责任;树立正确的生命意识和人生观;引导学生自觉地尊重他人生命与健康的权利,关爱他人,增强公民意识,提高社会责任感和道德感。

2. 过程与方法目标

通过典型案例分析、自主讨论探究、价值冲突辨析、情感体验等,让学生表达自己的思想,学会分析问题,提高鉴别能力。

3. 知识与技能目标

了解正确行使生命健康权的表现,知道享有生命健康权的同时还负有不得损害他人的生命健康权的义务;增强法律意识,提高学法用法的能力。

三、教学理念

新课改的核心理念是"自主、合作、探究",所以本节课的教学主要以学生的发展为本,从学生的生活实际出发,让学生在活动中通过感悟与体验获取知识,提高能力,发掘潜能。

四、教法和学法

教法:合作探究法;情境教学法;案例教学法;启发式教学法。

学法:自主探究学习法;体验式学习法。

五、教学进程

●【导入部分】

方法:活动导入、巧妙激趣

活动过程:学生跟着音乐口令做《眼保健操》。

设计意图:从学生生活实际入手,让他们感受到做眼保健操、课间操等活动就是行使生命健康权的一种方式,让他们明白生命健康权在我们身边无处不在。引入课题:"同样的权利同样的爱护"。

●【主要教学环节】

新的教学理念提倡学生在活动中学习,在学习中活动,因此,为了真正体现"内容活动化、活动内容化"的要求,本课教学设计了四个活动板块贯穿其中。

(一)积极行使生命健康权

1. 行使生命健康权的表现

方法:合作探究法——活动一"七嘴八舌"

活动过程:

第1步:出示材料,组织讨论,让学生在辨别分析中体会哪些行为是正确行使生命健康权,哪些行为是不正确、不可取的?

第2步:在辨别分析的基础上归纳我们积极行使生命健康权的表现?

设计意图:让学生在生活现象中去辨别,知道该如何正确、积极地行使自己的生命健康权,引导学生珍爱自己的生命,珍惜自己的健康,从而树立积极向上的一种人生观。达到突出本课的重点——积极行使生命健康权的这一目标。

2.放弃生命健康权的恶果

方法:情景教学法、辩论法——活动二"情景 AB 剧"

活动过程:

第1步:展示《情景 AB 剧——初二学生小莉的故事》及小莉的矛盾心理 A.B,并引导讨论:①如果你是小莉,你如何选择? ②你是否认同"自杀是个人的事情,与他人无关"为什么?(引导学生展开辩论)

第2步:讨论后,教师补充材料,《华农一名教工就学生自杀事件发表感言》(配乐情感朗诵),从而进一步对学生开展思想教育,培养学生的社会意识和责任意识。

设计意图:联系生活,设置情景,使学生融入其中,进入角色,设身处地地加以体会和感受,从情、理、法等不同角度加以理解,激起内心的矛盾与冲突;通过讨论,启开学生的思维,帮助他们在矛盾与冲突中寻找有效的解决方法,学会理智地分析问题,走出思想误区,让学生明白公民的生命健康权不得让与或抛弃,学会对自己生命和健康的珍爱与负责。这是本课的重点,通过活动再次让学生真正树立一种正确地、积极地行使生命健康权的意识。

(二)关爱他人的生命与健康

1.关爱他人的生命健康是道德义务更是法定义务(为什么?)

方法:案例教学法——活动三"案例分析"

活动过程:出示教材第30页《小哲与小君的故事》;并提出问题:

活动二： 情景AB剧

小莉是名初二的学生，家里条件不富裕，爸爸妈妈都是下岗工人。有一阵子，小莉感到身体不舒服，为了不给父母添麻烦和给家里省钱，就忍着一直不去看病，半年后，她身体越来越差，上体育课时竟然晕倒了。老师把她送进医院一检查发现小莉竟然得了白血病，要尽快治疗，费用至少要30万，小莉得知一切后，她陷入了矛盾之中：

A：我的生命和健康都是我自己的事，为了不给家里增加负担，不如早点放弃，自杀算了。

B：我还年轻，我还有理想，我一定要想办法和病魔做斗争，维护我的生命和健康。

长期压抑 内江一女大学生跳进沱江河自杀，图为渔工打捞场面

广州一女大学生考试失败竟自杀

华农一名教工就学生自杀事件发表感言

今天中午，我收到学院的紧急电话，要求去酒店陪伴今天出事的学生的家属。走近房间，正如预料中那样传来撕心裂肺的哭喊声。你们体会到那种哭喊声在内心拉扯的感觉吗？这是一位母亲——把自己的独女养到25岁的母亲。想问，现在的学生怎么了？难道死就是那么轻易的事情吗？我的天！大学生们，你们现在才多少岁啊？你们的人生才走了多长的路啊？感情？毕业？就业？什么问题值得你去下决心结束自己的路程？难道现在的学生们，就自私到自己想做什么就做什么，连自己身边的人的感受都不顾吗？！还有想死的人，我请你们来这里，听听一位母亲的声音，看看一位母亲的脸！假如你们就这样死了，你的父母就是同样的面孔！

案例给我们的警示是什么？

活动三： 案例分析

1．小君、小哲这种用暴力手段解决问题的方式给他们自己以及双方的家庭造成了什么样的后果？

2．你觉得这个结果可以避免吗？如何避免？

判决书

我只是想让他认个错，没想到……

①小君、小哲这种用暴力手段解决问题的方式给他们自己以及双方的家庭造

成了什么样的后果?

②你觉得这个结果可以避免吗? 如何避免?

设计意图:通过材料让学生体会冲动和暴力的不良后果,认识侵害他人生命健康权的严重后果,明白"己所不欲,勿施于人"的道理,远离暴力,从而懂得尊重和维护他人的生命健康权,增强对他人的责任意识。这个活动,主要是突破这节课的难点问题"关爱他人的生命与健康",培养学生的一种责任意识,关爱意识。

2.关爱生灵、远离暴力、敬畏生命(怎么做?)

方法:启发式教学——活动四:"你说我说大家说"

活动过程:

第1步:教师列举《2006年度感动重庆十大人物——出租车司机鄢代平》的感人事迹。

第2步:让学生结合生活实际举例:"我们身边还有哪些关爱和尊重他人的生命健康的行为?"

鄢代平 (出租车司机)"生死时速营救受伤学生"

评委颁奖词:一心救人,一路狂奔,800里山水迢迢,生命与时间赛跑。半个城市携手,无数人生死接力,让严冬充满春意。他在这场与死神搏斗的倾城佳中成为——的哥楷模。

活动四: 你说我说大家说

我们身边还有哪些关爱和尊重他人生命与健康的行为?

设计意图:鼓励学生寻找身边的事例,通过有关"关爱"的交流,尤其谈自身被人关爱的幸福体验和感受,使学生从情感上理解"得到"与"付出",从而落实到生活中,主动关爱他人的生命与健康,培养学生乐于助人的良好品质。

●【情感升华、课堂结束】

教师寄语:(音乐背景声中结束)

有关"生命"的话题是人们永恒关注的话题。关于这个话题的讨论,本堂课我们一起感受了世间情的喜、怒、哀、乐;经历了情、理、法的正确抉择。然而我们每个人更要树立一种意识:我们既要积极行使生命健康权,珍爱自己的生命健康;我们更要尊重他人的生命健康权,关爱他人的生命与健康。

多一点关爱,世界就会多一缕阳光;多一点关爱,世界就会充满希望。不是常常说帮助别人,就等于帮助自己吗? 珍爱生命,健康成长。让爱在我们身边永远发光,闪亮。让我们永远能够发现那一缕爱的阳光!

●【板书设计】

寓意:"生命之树常青"

● 【板书设计】

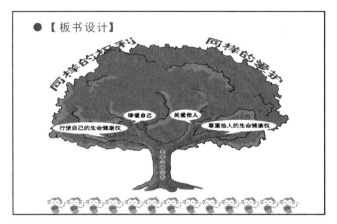

资料2：全国首届思想品德（政治）说课评选一等奖作品欣赏（二）
《农业是国民经济的基础》说课设计
重庆市第一中学校　何文吉

一、教材分析

（一）教学内容

1.当前我国农业发展中存在的问题。

2.农业是国民经济的基础。

3.如何发展现代农业。

（二）重点难点

1.教学重点：农业是国民经济的基础。

2.教学难点：如何发展现代农业；统筹城乡经济发展。

二、教学目标

1.知识目标：能全面认识我国农业发展中存在的问题、深刻理解农业的基础性地位、明确我国现代农业发展的方向。

2.能力目标：在自主、探究与合作的过程中提高分析问题和解决问题的能力。

3.情感目标：增强忧患意识和社会责任感；认识"三农"在促进社会经济发展中的巨大作用。

三、教学理念

1.从学生生活出发，教学活动回归学生生活世界的生态课程观。

2.自主、探究、合作的知识建构观。

四、教学方法

教学原则：启发式教学原则、理论联系实际的教学原则。

主要教学方法：探究式教学法、演绎归纳法、情境教学法。

五、教学进程

● 【新课导入】

方法：活动导入

活动内容:职业选择

活动过程:

1.将写有多种职业的纸片贴在黑板上:演员、教师、医生、企业家、农民、运动员、律师、警察、主持人、导演、歌手、记者……

2.请学生取下自己喜欢的职业,在一般情况下最后留下的应该是农民。

3.为什么大家不愿意做农民?

4.导入新课:农业是国民经济的基础。

【设计意图】通过"职业选择"这一学生活动,折射出我国农业发展存在的隐患和基础地位的薄弱,既达到了导入了新课的目的,又为接下来的教学埋下伏笔。

备注:如果在活动过程中,有学生取下"农民"这一职业选择,教师应对活动进行灵活处理,可以让这位同学谈谈愿意当农民的理由,同样可以达到导入新课的目的。

●【主要教学环节】

(一)我国农业发展中存在的问题

方法:探究式教学法

活动:"焦"点访谈

活动过程:

1.展示视频:重庆百年不遇的大旱

2.访谈一:重庆百年一遇的大旱给农业带来的损失究竟是天灾还是人祸?

3.访谈二:重庆大旱为什么会导致粮食涨价?

4.访谈三:是不是只有重庆粮价在上涨?

通过三个"访谈",启发学生分别得出我国农业发展中存在的三个问题:

▼技术装备低下,基础设施薄弱,抗灾害能力差

▼我国的粮食供给始终处于基本平衡但偏紧的状态

▼人地矛盾突出,农业生产效率低下

【设计意图】从重庆乡土材料入手,围绕特大干旱这一焦点事件展开访谈,访谈过程体现探究学习的教学理念,让学生深刻认识我国农业发展过程中存在的问题,达成教学目标。

(二)农业是国民经济的基础

方法:演绎归纳法

活动:"食、面"埋伏

活动过程:

1.演绎——问学生:早上吃的什么,比如学生回答"牛奶";牛奶哪里来的? 学生回答"商店买的";再问学生:商店的牛奶哪里来的? 学生回答"工厂生产的";最后学生说出,是从农民那里来的。

2.演绎——除了粮食之外,我们身边的东西哪些还是来自农业?

3.演绎——如果没有农业,我们的生活是一个什么状况?

4.归纳出农业在国民经济中的基础地位:

▼农业是人类的衣食之源,生存之本
▼农业是其他产业发展的基础　　　农业是国民经济的基础,粮食是基础的基础
▼农业是整个国民经济的基础

【设计意图】从学生的生活实际出发,通过演绎和归纳,让学生深刻理解农业的基础性地位。既体现新课程改革回归学生生活的教学理念,又充分体现学生的主体地位和教师的主导作用,突出教学重点。

(三)如何发展现代农业

方法:情境教学法、探究式教学法

活动:"信服"村主任竞选

活动过程:

1.展示幸福村的图片和顺口溜,设置情境

图片:展示幸福村美丽的自然风光

顺口溜:山羊卖不掉,柿子都烂掉。田里产量低,娃娃文化少。出门羊肠道,夜晚火把照。枉然幸福村,问题何时了。

2.指明幸福村不幸福的原因:自然资料没有充分得到利用,农民生活不幸福,认为村主任无能,不再信服村主任

3.学生进行村主任竞选

第一步:分组,确定候选人

第二步:四人一小组讨论,为本组候选人出谋划策

第三步:发表竞选演讲——采取什么措施发展当地农业才能使村民幸福且信服

第四步：教师总结，得出发展现代农业的措施——

一靠政策，二靠科技，三靠投入，四靠产业化经营，大力发展乡镇企业

【设计意图】以建构主义教学理念为指导，通过设置情境，激发学生进行思考，让其在讨论和合作中学习，并在竞选活动中体验成就感。透过探究幸福村的发展道路，最后得出我国现代农业的发展措施，突破教学难点。

●【结束新课，升华主题】

方法：情感教学法，案例教学法

过程：重庆直辖十周年之际，又获批成为我国首个以省级行政区为单位的统筹城乡综合配套改革试验区，重庆现代农业的发展面临前所未有的大好时机。而在统筹城乡发展的过程当中，最重要的是要加快农村经济发展，这就需要有人敢为天下先，积极投身农业生产，在我们重庆，就有这样的人——

川大毕业的杨大可，放弃成都的好工作和繁华的都市生活，在六年前带着家境富裕且毕业于西南财大的妻子回到贫瘠的老家云阳，在无量山种梨，成了他们家的第四代农民。他们把自己的新思想、新观念、新技术带回了农村。多年后，无量山变绿了，杨大可的脸变黑了，乡亲们的荷包变鼓了。如今，夫妇二人的感人故事已在山城被传为佳话，今年，他们被 3 100 万重庆人民评选为感动重庆十大人物之一！

夫妇二人当农民，既获得了丰厚的回报，又推动了农村经济的发展。这表明，当农民不是没有出路，关键在于怎样当农民。在今天，城乡统筹发展的今天，呼唤着更多的像杨大可这样用知识武装起来的现代农民！

【设计意图】结合重庆成为统筹城乡综合配套改革试验区的时代背景，充分体现政治课的时代特征，激发学生建设家乡的热情，学生在杨大可事迹的感染中结合开始上课时自己的职业选择进行自我分析、反省和决定，使课堂首尾呼应，具有整体感，又突出了思想政治课的育人功能。通过教师的激情演讲，将整堂课推向高潮，为教学画上一个圆满的句号，同时留给学生无尽的思考……

六、板书设计

农业是国民经济的基础

一、我国农业发展中面临的问题

1.技术装备低下,基础设施薄弱,抗灾害能力差

2.我国的粮食供给始终处于基本平衡但偏紧的状态

3.我国面临可耕地少、人口多的具体国情

二、农业是国民经济的基础

1.农业是人类的衣食之源、生存之本

2.农业是其他产业发展的必要条件

3.农业是整个国民经济不断发展的重要保障

三、如何发展现代农业

1.稳定各项政策   2.发展农业科技

3.加大农业投入   4.发展产业化经营

第七章　思想政治教师评课技能

学习目标

1. 知道评课的基本类型、重要作用和基本要求。

2. 熟悉评课的基本程序和技能要求;明确评课的标准和内容;掌握评课的技巧。

3. 通过学习掌握评课技能,能够结合思想政治(品德)学科特点熟练运用,开展评课活动。

随着现代学校教育的发展和教育改革的不断深入,评课已成为学校教学活动的一个重要组成部分,也成为一项有很高研究价值的课改课题,它对学校教学的推动作用日益显现出来,许许多多课堂教学模式和课堂教学改革模式就是通过评课发散开去,影响着更多教师的教学理念和课堂教学模式的选择,可以说评课是学校教育教学改革良好的助推剂,对它的研究也必将进一步推动课堂教学改革向新的、更好的方向发展。

《基础教育改革纲要(试行)》中明确指出:"建立促进教师不断提高的评价体系。强调教师对自己教学行为的分析与反思,建立以教师自评为主,校长、教师、学生、家长共同参与的评价制度,使教师从多种渠道获得信息,不断提高教学水平。"评课作为教师评价体系的一个组成部分,不仅要考量教师的课堂教学,还关系到教师在实施课堂教学过程中,有没有为学生创设良好的学习情境。因此,评课不仅仅是对教师教学行为的成败作分析和评价,还要对学生在教师组织的课堂中,能否取得更好的学习效果、能否达到更好的学习境界作评价。这就需要评价者能用成熟的教育理论对教师的课堂教学作出科学的评价,需要评价者能用系统的思维对教师的课堂教学行为作为判断,而不是凭自己的主观感觉或凭着自己的经验作判断。

从教育改革的发展趋势来看,评课与学校其他教育教学活动一样,有其独立存在的价值,随着人们对它的认识和研究不断深入,其内涵也会不断得到显现。[①]

第一节　思想政治(品德)课程评课概述

评课是一种重要的常规教研活动。经常开展评课,有利于教学问题准确诊断、

---

① 顾志跃,等.如何评课[M].上海:华东师范大学出版社,2009:1.

正确决策和引导,有利于激励教师苦练内功、加快知识更新、优化教学艺术、有利于教师间相互学习、切磋技艺、交流经验。在一定意义上讲,科学的评课可谓课堂教学的指挥棒,它能成为经验积累的总结场、疑难问题的解答地、教法学法的点拨源、先进教学手段的演示台、教学特色的发掘地、现代教学思想的传播站、更新观念的着力点。因此,评课对于推进素质教育的实施,加强师资队伍建设,全面提高教学质量有着不可低估的作用。

一、思想政治(品德)课程评课的基本类型

作为一种重要的常规教研活动的评课活动,究竟什么是评课? 评课又有哪样一些具体类型呢?

评课就是在听课的基础上,依据一定的标准,实事求是地对授课教师课堂教学目标、内容、结构、方法、效果等进行价值判断。评课是一项经常开展的教学交流和教学研讨活动,是提高教师从教能力、促进教师教学反思、提高课堂教学质量的有效途径。

依据评课的目的,可以把评课分为观摩性评课、培训性评课、研究性评课、考核性评课等四类基本类型。

(一)观摩性评课

观摩性评课的目的在于组织教学观摩,提供教学示范。通常是选择教学经验丰富的优秀老师讲课,组织专家和其他教师对授课教学的示范性课堂教学作点评,交流、总结其教学经验,从而使参与听课评课的教师从中受益。

(二)培训性评课

培训性评课旨在诊断课堂存在的问题和不足,提高授课教师和青年教师的授课水平。它一般以年级组或教研组为单位,骨干教师与青年教师共同参与。在随堂听课的基础上,可由授课教师自我评课,再由青年教师充分评课,最后由骨干教师进行有针对性的总结评课。

(三)研究性评课

研究性评课旨在发挥集体优势,取长补短,共同提高评课参与者的教研水平。它一般以课题组或学科组为单位,通常采取集体备课的形式,相互切磋,共同探讨,写出教案,然后指定几位教师分别讲课,课后逐一进行集体评课,不断完善教学方案。

(四)考核性评课

考核性评课旨在评价课堂教学水平和评价授课教师的教学素质。它一般由学

校领导或上级教育部门组织评课专家组,在随堂听课的基础上,对授课教师的课堂教学行为和效果作出一系列综合评价,侧重对授课教师的教学质量进行专项测评。

在组织形式上,评课通常包括个别交流式、集体评议式、专家会议式等。

在评课主体上,评课主要包括同行评课、教学领导评课、专家评课等。

二、思想政治(品德)课程评课的重要作用

评课是学校教育系统的一个重要组成部分,是评价教师专业发展和教学能力的一个重要手段。

(一)有利于明确课堂教学方向

评课本身就具有方向性和目标性,通过评价标准和评价体系的指引,能为教师的"教"和学生的"学"以及应达到的程度指明方向。这样,通过评课过程的不断反馈和调节,可以使教师了解学生达到目标的程度,发现教学中存在的问题,使教师的"教"不断改进,学生的"学"不断强化和提高。因此,评课对课堂教学起着导向和指挥的作用。

(二)有利于激励教师成长

讲课者通过评课可以看到自己的成绩和不足,找到成功和失败的原因,激励教师发扬优点、克服缺点、不断改进教学,启动他们的内驱力,调动教与学的积极性。

(三)有利于提高教学质量

运用反馈原理,通过评课以及获得有关教与学的反馈信息,判断教学过程是否有效。好的地方得到强化,缺点和不足得到改正,使课堂教学不断改进、提高和优化,达到大面积提高教学质量的目的。

(四)有利于推进教学研究

评课作为教学研究和教学实践的工具,通过评价不断地明确为达到一定教学目标所应选择的方法和程序,为教学研究和教学实践提供必要的信息,同时也为教师专业成长拓展了一条有效途径,从而推进教学研究,提高教学质量。

三、思想政治(品德)教师评课的基本要求

(一)坚持评课的基本原则

1. 客观公正原则

评课者和从教者都应站在"今天的课堂决定着国家和民族的未来"的高度来

认识。评课者发言语言要准确、有理有据、定性要合理、评价要客观、优缺点要分明、态度要诚恳,不以貌取人、不以情代评、不掩饰缺点错误。

2. 指导性原则

评课要根据现代教育教学理论、素质教育的理论观点以突出前瞻指导性。对于一堂课的优缺点、成功经验与典型失误、有待解决的突出问题,要从理论上作深刻剖析,从理论上找到根源,从实践上指出解决的方法,做到以理析课、以理导课、以理服人。对于一堂课的教法与学法,要善于归纳总结、补充完善,以便改进、指导教学。

3. 科学性原则

任何一位教师都希望把课上好,在实施教学前都作过一定的准备,评课者不能把从教者良好的愿望当作效果,更不能把不切实际的标新立异当作经验加以褒奖,亦不可把一时的失误当作话柄加以嘲笑,切忌把自己的主观偏见强加于人。而应该让事实说话,依效果作评判。

4. 针对性原则

评课不同于学术报告,不可以面面俱全,要根据不同的课型、不同的对象择其要领、重点评述。一般意义上讲,对初上讲台的教师应重在指导教法,帮助总结积累经验,遵守教学常规,提高教学艺术。对多年耕耘在讲台的老教师则应加大用现代教育理论观点评析,帮助他们克服思维定式,注重知识更新,增强课堂教学的时代气息。

5. 激励性原则

评课的宗旨在于帮助教师提高教学艺术,着力点在于调动教书育人的积极性,故对教师的劳动要肯定,教学经验要总结,教学特色要发掘;从关心的角度出发,要以切磋性的和风细雨评价,切忌草率评判、轻易贬低,更不可讽刺挖苦。这一点对于教育行政部门的领导、学校校长、教务主任来讲更应高度重视。此外,评课中的褒奖与指出缺点(错误)还应考虑环境和从教者的性格特点。对值得商榷的地方不要简单地肯定和否定,要鼓励教师勇于创新、潜心教改、做教书的能手、育人的模范、科研的内行。

（二）明晰评课的主要关注点

首先,我们来梳理一下思想政治(品德)学科的特点。一般来说,思想政治(品德)学科具有这样一些特点:思想性、人文性、科学性、主体性、实践性、开放性、时代性、综合性等。

接下来,我们来了解一下思想政治(品德)学科新课改的理念。近些年来的新课程改革,已经将一些新的理念渗透到了课堂教学和课堂教学改革之中。如,突出德育功能,注重学生能力培养,发挥学生在学习过程中的主体作用,采用多元的评价策略,整合学科知识,构建和谐的师生关系,树立"用教材教"的教材观,渗透鲜活的时政内容,激发兴趣并营造生动有趣的学习氛围,加强教师的反思,把握生成性资源等。新课程、新理念,为思想政治(品德)课教学带来机遇和挑战。那么,在新课程背景下,评价关注点有哪些呢?①

教学的关注点首先是每一位学生,教学的目的就是为了促进每一位学生的发展。在教学过程中,教师必须始终以学生发展为根本,以学生为教学的出发点和落脚点。从课堂评价的角度讲,最终的综合指标就是学生的实际收益如何。所以,教师只有在这个前提下探索和评价教学教法才有意义。如果课堂教学能使每位学生都不同程度地学到了知识,锻炼了能力,产生了良好积极的情感体验,实现了知识与技能、过程与方法、情感态度与价值观三维目标的有机统一,那么,这样的课就是好课。

依据新的教学理念,教师在课堂教学中应扮演学生学习的组织者、合作者、引导者,学生闪光点的发现者,向学生学习的学习者的角色。评课时,更要从学生"如何学"这个基点来看教师的教学理念、教学态度、教学能力、教学艺术等。

1. 评教师的教学理念

教学理念是教师认识教学现象的产物,是课程改革的核心,是教学行为的灵魂。教师理念不是空洞的,而是时时处处在教学活动中反映出来的。评课者可依据课堂教学活动实例,从师生行为中提取教师的教学理念。要评教师是否坚持以学生发展为本,面向全体学生,面向全体学生的一切,是否从学生发展的理念出发确定自己的教学行为。如果教师对教材挖掘得透彻,讲解也生动明白,但是不注重引领学生探究,不给学生更多的实践机会,只是一味地展示自己的才华,那么他的教学理念肯定是有问题的,这样的课算不上好课。

2. 评对教材的理解和处理

评教师对教材的理解,就是评议教师是否准确把握了教材的编写意图,以及教材所处的地位与其价值,是否准确把握了教材的知识点和知识体系。评教材的处理,要看教师以什么样的思路去"改造"教材,对内容的增删、顺序的变移是否有道理;重点、难点、关键点是否抓准、抓牢并得到有效体现;各环节内容的定量与时间安排是否妥当。

3. 评教学流程

评教学流程,就是评这堂课是如何安排和施教的。一是各个教学步骤和环节安排是否恰当,时间分配是否科学合理;二是教学过程是否围绕教学目标展开,层次是否分明,重点是否突出,难点是否化解,梯度是否适当;三是有无创设良好的学习情境,营造宽松愉悦的学习氛围,让学生主动积极地参与各个阶段的学习,并能及时进行教学反馈、调整学习过程;四是教学活动是否体现出民主开放、自主探究、合作互动的特点,课堂气氛是否活跃;五是能否恰当地利用多种教学手段。

---

① 顾志跃,等.如何评课[M].上海:华东师范大学出版社,2009:93-95.

4.评教学效果

一要看教学过程中学生的学习情绪是否高涨、兴趣是否浓厚、态度是否积极、思维是否活跃、活动面是否广泛。二要评教学目标的制定及达成。新的课程标准中提出了知识与技能、过程与方法、情感态度与价值观三个维度的教学目标,它与以往的教学目标有较大的区别,特别是过程与方法、情感态度与价值观这两个维度,在以往的教学中是不被重视的,在实施新课程的今天,我们要关心学生的发展,要培养学生的创新意识,就要特别重视这两个维度目标的达成。当然,在一节课的教学中,不一定能够全面体现三维目标,只要教师在设计教学时,能根据教材内容恰当地设置相关的目标就可以了,也就是说,有的课时内容的教学能够体现三个维度的教学目标,有的课时内容的教学能够体现三维目标中的二维或者一维。所以,我们要看教学目标的确定是否具有着力体现三维目标的意识,教学目的是否明确、全面、有针对性。要看在达成知识技能目标的同时,学生其他相关的各种能力是否也得到了锻炼和提高。

5.评教师的专业功底

上课,实际上是教师教学能力、教学技巧、教学机智等基本功的综合表现和展示。一堂课上得如何,同教师本身的能力和水平有极大关系。因此,在评课时也应考虑到教师本身的各种因素。一是看教师的教态是否热情大方、亲切自然;二是看教师的讲授是否科学正确,精练有序,富有启发性和感染力;三是看教师能否努力构建和谐、平等、互动的师生关系,是否能关爱每一个学生;四是看教师能否恰当有效和熟练地运用多媒体教学手段;五是看教师是否具有较强的应变能力和创新意识,能否及时妥善地处理教学中的偶发事件;六是看教师是否有自己独特的教学特点和教学风格。

案例:《传统文化的继承》评课赏析

寒假期间,我利用网络观看了北京市陈经纶中学王苹老师讲的文化生活《传统文化的继承》的教学实录,收获颇丰。王苹老师整堂课运用灵活多变的教学方法、巧妙的教材处理方式、贴近生活的例子、活跃的课堂氛围,将学生引入到一个主动探究知识、积极参与课堂的过程中,实现了学生的主体地位与教师的主导作用的有机结合,体现了新课程改革的基本理念,总的来说是一堂比较成功的优质课。

我认为本节课的成功之处有以下几个方面:

一、教学目标

在吃透教材的基础上,王老师将教学目标明确地贯穿于每一教学环节当中,让学生了解了文化的长期发展和继承性、传统文化的特点和作用,以及对传统文化的正确态度,教学重点、难点突出,逻辑性强。

二、教材处理

王老师并没有完全按照教材编排顺序授课,而是整合教材,深入浅出,大胆打破教材框架结构。在讲述"传统文化面面观"这一内容时,先列举传统文化的四种重要表现形式即传统习俗、传统建筑、传统文艺和传统思想的特点及继承,从而归纳得出传统文化的特点。这种处理方式使教材的"演绎"变为"归纳",更加符合学生的认知特点和认知方式,是本课的一大亮点。

另外,教师能立足教材,又高于教材。结合中秋节中国人都赏月吃月饼这一习俗补充得出传统文化是一种共同的心理素质,让学生更好地理解传统文化的特点。

三、教学过程

在导入的时候,王老师运用传统的导入方法,熟练而自然地引入新课。讲授新课时思路清晰,整节课按照"传统文化的形式—传统文化的特点—传统文化的作用—对待传统文化的正确态度"的顺序,课程脉络清晰。虽然对教学内容做了部分的调整,但是却更加符合学生的身心发展特点,体现了王老师高超的课堂调控能力。

四、教学方法和手段

教学有法,但教无定法。这堂课王老师主要采用了课堂探究法、讨论法、纲要信号图式教学法、引导法等多种教学方法并交叉使用。使学生真正成为课堂的主体,教师成为学生学习的指导者、合作者。王老师通过创设良好的问题情境,引导学生进行思考、学习、探究;在学生回答时设疑启思、点拨导思、质疑拓思,教会学生自己发现问题、提出问题并解决问题的方法,做到了授之以渔。

采用多媒体的教学资源,但没有片面的沦为多媒体的简单说教者,而是将多媒体教学与板书相结合,达到科学性与趣味性的有机统一,有利于开拓学生的知识视野。

五、教师基本功

心理学研究表明,人的表达 =55%的面部表情 +38%的声音 +7%的言辞。王老师上课时,教态亲切自然,举止从容,语言清晰洪亮,并能对学生的回答做出适时、正确的引导,指出学生的错误,体现了扎实的知识功底和驾驭课堂的能力。

六、能力培养

教育活动是一种培养人的社会活动,学生是学习的主体,是具有能动性的教育对象。王老师设计的问题符合学生实际,具有层次性,所举例子也贴近学生实际,结合了北京当地的地方色彩,让学生有话可说,有感而发。例如京剧、中秋节、四合院、北京奥运会等,都是北京学生耳熟能详的事。为学生创设良好的问题情境,有利于培养学生的独立思维能力和口头表达能力。而别具一格的辩论,将课堂交给学生,让学生自己表达,自己去反驳,很好地培养了学生敢于探索和质疑的习惯。而当学生辩论思路局限在"孝"上时,王老师及时提醒从其他角度思考,有利于提高学生从多角度思考问题的能力,同时也体现了老师的课堂调控能力。

七、学法指导

王老师指导学生查阅了大量的资料,提前预习课本,并且善于引导学生总结本课知识,让学生学会自主学习、自主探究。

八、师生关系

新型的师生关系是一种民主的关系。王老师面向全体学生,也尊重全体学生,基本上能叫出每个学生的名字。全班有四分之三的学生发表了自己的看法,真正实现了师生互动、生生互动,课堂气氛轻松愉快。

九、教学效果

王老师能按时完成教学任务,不拖课,学生都能学有所获,达到了预期的教学目标。

正如米洛斯的维纳斯一样,教学同时也是一门缺憾的艺术。我认为如果在这些方面能够改进,这节课应该会更加精彩。

一、对传统文化是包袱还是财富的辩论虽然可以让学生的很多能力得到锻炼,但是却有些多余,而且用了十分钟,大大地浪费了时间,可以去探讨更深层次的问题。因为在辩论之前讲了传统文化的促进作用和阻碍作用,其实就已经暗示了它既有精华也有糟粕,这里有点画蛇添足。

二、教育不光是传授知识,它有一个更重要的目标——育德。本堂课在这方面做得稍显不足。文化软实力已经成为衡量一个国家综合国力的重要指标。改革开放后,国人被五花八门的外来文化所迷惑,很多人"哈韩""哈日",崇洋媚外,把自己一些优秀的传统文化抛之脑后。学生辩论时曾举例说很多外国人来看我国的传统建筑、感受中国的传统文化,教师并没有及时抓住这一契机,教育学生要热爱我国优秀的传统文化,继承中华民族的优良传统,培养学生的爱国情感,实为一大遗憾。

三、在使用多媒体教学时播放的都是静态图片,给学生的感官刺激不是很强。可增强直观演示法,如讲京剧时,可适当插入一段京剧;而讲传统习俗时,可以向学生展示中国结、剪纸等,让学生感受到中国传统文化的独特魅力,激发起学生的民族自豪感。

四、本节课教学内容偏多,王老师共设计了五个探究活动,容量过大,显得时间紧张,也不利于学生全部消化吸收。

以上仅是我对这节课的个人见解,如有不对的地方还请同行批评指正。

（三）熟悉评课的基本程序

任何评课都是建立在信息搜集与整理基础上的,评课的信息一般来自课堂听课,所以,听课与评课总是联系在一起。要评课,先要从听课入手,通过听课,整理相关信息,进行分析研究,最后作出科学评价。基于此,评课的基本程序大体由做好听课准备、深入课堂听课、分析研究信息、进行教学评价等几步构成。[1]

---

[1]　胡田庚.新理念思想政治(品德)教学技能训练[M].北京:北京大学出版社,2009:161.

1. 作好听课准备

为了使听课取得高效,听课前必须作好充分的准备。为什么听课、听谁的课,什么时间听课、听什么内容的课等,都要预先安排,并与授课教师交流沟通。一般来说,听课主要是做到:要熟悉课程标准和教材,要初步了解思想政治(品德)课改革的现状和发展趋势,熟悉学科课程改革的基本理念和要求,这样才能在听课时进行比较对照,为评课找到更多的事实依据。同时,听课者不能徒手洗耳恭听,要带好听课笔记、教科书、参考书等,做好有关的物质准备。如果听课的同时要进行课堂实录,还需要准备相应的录音录像设备等。

2. 精心观察和记录

听课中,听课教师要高度集中注意力,全身心地投入,不仅要听、要看,而且要记。要注意捕捉授课教师的语言和表情,记下他们的每个教师环节和教学方法。

听课中重要观察,既要观察教师的"教",又要观察学生的"学"。就教师的教来说,重点要注意观察教师处理教材的思路和个性特点;观察教师的教学策略;观察教师组织教学活动的情况;观察教师的教学基本功,如教学语言、板书、教态等。就学生的学来说,主要观察学生的课堂表现。如学生参与教学是否热情,听讲是否聚精会神;学生的精神状态是否积极,情绪是否饱满;学生的学习习惯如何,是否有良好的自学习惯、讨论习惯、练习习惯等;学生的学习效果怎么样,是否能够较好地领会和掌握有关知识和技能,形成一定的情感态度价值观。

如前所述,听课过程中可以观察的内容很多,要完整地记录教师和学生的一言一行是不可能的,记录内容必须根据评价的重点有所侧重和选择。那么究竟应该如何做听课记录,听课时应记录什么? 一般来说,听课记录特别要注意记教学流程;记重点突出和难点突破情况;记教师和学生的活动;记授课教师教学中的亮点和不足;记自己的主观感受和零星评析等。

3. 认真整理和分析

听课结束之后,要及时对听课记录进行认真整理。整理听课记录涉及的问题很多,主要应该考虑以下几方面:第一,理清课堂教学的结构和思路。一般来说,经过听课,对课堂教学的基本结构和基本思路有了一定的了解,但由于在听课过程中时间和精力有限,很难对课堂教学的过程和思路进行系统有效的梳理和分析。因此,课后有必要在这方面进行进一步整理,以更好地对授课教师的教学设计和结构安排作出统筹考虑和评价。第二,补充重要的细节。听课时,由于时间紧,往往有时来不及把一些细节记录下来,有的可能只是记了个别关键词。听课结束后要及时回忆、补充,进一步完善记录,使记录更加条理化、系统化。第三,进行必要的归纳统计。例如,对课堂提问类型的归纳、对学生活动时间的统计等,这也是评课的重要依据。

在整理听课记录的基础上,要对课进行分析研究,这是进行评课的必要准备。从某种意义上说,评课并不仅仅依赖你在课堂上看到了什么,记录了什么,而是你想到了什么,引发出了哪些值得深思的问题。因此,要通过分析研究,找出这节课的特点和闪光处,总结出一些有规律性的认识,并针对这节课的实际情况,形成一些建设性的意见与合理性的建议等。

4.进行教学评价

课堂教学评价是对一堂课的价值判断,是评课的最终落实。这一环节的内容很多,包括明确评课的标准、掌握评课的方法、坚持评课的原则和要求等。

(四)明确评课的标准和内容

评课要有一定的标准,否则,就会定性不准,也难以服众。长期以来,我国在评课标准上存在一个明显的弊病,就是以教师为中心,关注的是教师的教学行为及其所带来的结果,而忽略学生在课堂上的表现。随着基础教育课程改革的深入发展,近年来,传统的评课标准得到了较大的改进,许多有关专家和广大教师都在评课标准上做了大量的有益探索,并设计了许多各具特色的课堂教学评价指标表。

表7.1   ××市高中思想政治优质课课堂教学评价量表

教师编号: 时间: 年   月   日   午   节

		评价要素	评价权重	得 分
教学设计	教学目标	符合课程标准要求,符合学生实际,三维目标明确,可操作性强。	10	
	过程设计	情境贴近学生实际、切中教学目标;过程以学习为主线、思路清晰、有预案。	5	
教学实施	基本素质	教态亲切、自然、大方,有激情,感染力强;语言规范、生动,使用普通话;板书设计有创意。	5	
		恰当运用现代教育技术,课件美观、生动,辅助作用强。	5	
	教学过程	善于引导学生从生活出发,回归生活。	5	
		课堂整体设计合理,教学思路清晰,教学节奏适度。	5	
		创设情景,设计探究过程,设计问题符合学生认知规律。	10	
		内容正确科学,教学结构严谨,逻辑性强,过渡自然,衔接紧凑。	10	
	学习氛围	学生参与程度高,人人学有所得;勇于质疑、乐于合作交流、善于倾听思考;师生互动、生生互动好。	10	
	驾驭课堂能力	教学组织严密,调控得当,有起落变化的节奏感;灵活处理突发事件,应变能力强。	5	
		学习方法指导及时有效,学习过程结果得到交流展示。	5	
		学习评价、价值引导正确适时。	5	

续表

评价要素		评价权重	得　分
教学效果	过程	过程清晰、严谨、流畅。	5	
	情感	真情流露,个性和情感体验得到发展。	5	
	知识能力	知识落实,提出、分析、解决问题的能力得以提高。	10	
简要评语			总分	
			评委签名	

表7.2　××市××区初中思想品德变革课堂教学合格课评价量表

姓名		学校		班级	
时间		课题			

评价项目与标准		评价等级	得　分	
一级	二　级	A(90%)　B(80%)　C(70%) D(60%)　E(50%)	分值	总评
教师教学行为 (20)	三维目标整合,明确正确,依"标"扣"本"。　　5			
	教师活动安排得当,素材新颖,精讲巧点,揭示规律,引导方法,落实知识点。　　5			
	用普通话教学,讲授时间在10分钟左右。　　10			
学生学习状态 (60)	学生自主学习,时间不可少于30分钟。　　20			
	掌握学习方法,有效高效学习。　　10			
	学生全体投入,各层面学生参与全程。　　20			
	学习兴趣浓厚,喜欢本门课程。　　10			
课堂教学效果 (20)	教学简洁明快,当堂完成任务。　　10			
	学生掌握知识,能力得到训练。　　10			
简评			总分	

注:"学生学习状态"中的"学生全体投入",按学生参与学习的百分比评价计分。

表7.3　××市中学思想品德新课程课堂教学评价表

学校		上课老师				课题			
流程	项目	教师活动				学生活动			项目得分
新课引入（10分）	引入方式（10分）	课本直授	复习提问	创设情境	体验感受	被动接受	自然过渡	进入情景	投入活动	
		1	1	4	5	1	1	4	5	
教学中间环节（75分）	教学目标体现（10分）	目标不明确		目标有一定体现		三维目标有机统一，凸显情感态度价值观			
		2		5		10			
	教学内容实施（30分）	教师活动		学生活动					
		教师严守教案	教师随机调整教案	学生被动接受	学生自主获取				
		2	7	3	8				
		教师偏重结论	教师重视学习过程	接受指令性训练	师生合作敢于质疑				
		2	7	5	8				
	教学过程中师生的交流互动（30分）	教师的讲授对学生的影响	被动地听讲	启发性接受	激发性参与				
			1	3	5				
		教师的提问与对话对学生的影响	回应性作答	发散性回答	创见性交流				
			6	12	15				
		教师的情感对学生的影响	感到紧张	情绪不稳	激情投入				
			3	5	10				
	教学资源利用（5分）	不合理		较合理		有创意			
		0		3		5			
总结评估（15分）	小结（10分）	重复知识点	形成知识网络	承上启下引发思考	情感升华提升认识				
		2	5	7	10				
	教学效果（5分）	无效果		较有效		效果显著			
		0		3		5			
评课时间			评课人			总分			

说明：1.“引入方式”与“教学内容实施”这两栏可分别从教师活动和学生活动两个方面给分。

　　2.每一项目得分，不得超过左边项目栏标出的该项目的总分。

类似的评课标准还有很多,虽然各具特色,但总的来看,评课所涉及的内容大同小异,都既关注教师的教,也关注学生的学。①

1. 就教师的教而言,主要涉及以下内容

第一,教学目标。要求教学目标根据课程标准、教材和学生实际制定,体现知识、能力、情感态度和价值观三个维度,做到全面、具体、适宜。

第二,教学内容。要求对教材研究透彻,处理得当;内容深广适度,容量得当,突出重点,抓住关键,突破难点;积极开发课程资源,注重激活学生的生活体验及知识积累,重视沟通课堂内外、学科内外。

第三,教学过程。要求教学思路清晰,教学结构紧凑,过渡自然,环环相扣;教学紧扣教学目标展开,突出重点,突破难点;尊重学生的主体地位,创设宽松、民主的课堂教学氛围,师生关系融洽;精心设计学生活动,调动学生积极思考,参与教学;各项教学技能运用恰当;时间分配合理等。

第四,教学方法和手段。要求教学方法选用恰当,教学手段运用得体;教学方法和手段紧密地围绕目标,为实现目标服务;激发学生的学习兴趣,启发和引导学生进行自主、合作、探究式学习。

第五,教师素质。要求具有先进的教育教学理念,体现基本教育改革的新要求;专业知识扎实,文化底蕴深厚;教学基本功过硬,语言准确清晰简洁,板书工整美观,教老态自然大方;有较强的组织能力,富有教学机智,应变能力强等。

2. 就学生的学来说,主要涉及以下内容

第一,学习热情。要求学生精力集中,情绪饱满,学习兴趣高,学习积极性和主动性强。

第二,活动表现。要求学生思维积极,讨论热烈,发言踊跃,通过各种方式积极参与教学,体验学习过程。

第三,学习效果。要求三维目标达成,掌握了知识,发展了能力,把握了学习方法,培养了一定的情感态度价值观,不同程度的学生素质是否在原有基础上都有提高。

3. 评课过程中的具体内容②

(1)评教学思想。现代教育思想的基本特征是科学、民主与艺术化。现代课堂教学是教与学的双边活动,谋求的是教与学“同频共振”。素质教育的核心问题是突出学生主体性。为此,评价教学思想要注意三个并重:

一是教师的主导与学生主体的并重。教师的主导作用主要体现在科学准确地构建教学内容,依据学生实际选好教法,精心设计调控教学过程,指导总结学习方法,点拨知识疑难,实现教学目标。以学生为主体主要体现在调动学生学习主动

①　胡田庚.新理念思想政治(品德)教学技能训练[M].北京:北京大学出版社,2009:168.
②　李强华,高耀东.中学思想政治课教学论与教学技能实训教程[M].北京:中国传媒大学出版社,2011:273.

性,激发学习欲望,使学生想学、乐学、会学,即问题能发现、知识能掌握、学法能归纳、评价能参与,口会说、手会动、笔会写、脑会想,并能养成良好的学习习惯。

二是研究新课程标准、教材与研究学生并重。当前要非常强调研究学生,发扬课堂教学的民主思想,使课堂教学逐步由一言堂变群言堂,由讲堂变学堂,教师由主讲变为主导。

三是传授知识、培养能力与指导学法并重。评课要注重评价教师是否具有教学艺术的思想,因为教学是一门艺术,听一堂好课能使人获得知识与方法,得到美的享受,感悟到艺术的熏陶,留下无穷的韵味。

(2)评教学内容。一看教学思路是否清晰,是否有独创性;二看教师是否认真研究了学生,做到从学生实际出发构建教学内容;三看授课内容是否符合新课程标准和教材的要求,不偏不倚、不过易不过难;四看是否做到了重点突出、难点突破、疑点突明、教育点突现。通过一堂课教学是否使学生形成了新知识的增长点,构建了新旧知识的交融点,获得进一步拓展学习的"钥匙"。

(3)评课堂结构。一看教师教学准备是否充分,教案设计是否精心。二看教师导入新课是否有新意、有吸引力;课堂讲解是否深入浅出、具体生动;知识内容是否准确无误,有效地解决了学生疑难,点拨了认识误区,指导了学习方法;课堂信息反馈是否及时保真。三看练习讲评是否适时、适度、实效,课堂结尾是否达到了画龙点睛之效,各个环节的组合是否丝丝入扣、环环相连。四看授课时间分配是否恰当,教学环节的时间分配与衔接是否恰当。

(4)评教学艺术。一看教师是否能依据生情、学科特点、课型实施有效的教学策略,而非千篇一律单调乏味。二看教法是否多样化,是否有改革和创新,是否有益于激活思维、化解重难点、揭示规律、总结方法。三看教师的教学机智,重点观察对偶发事件的处理艺术。四看教学特色,一堂有特色的课凝聚了教师的大量心血,闪烁着独特的艺术光芒,甚至可能孕育着崭新的教学思想。五看教学手段的使用,先进的教学手段有其操作规范,运用得当能发挥其效,特别是对多媒体教学手段的运用。教学艺术博大精深、内涵丰富,一般意义上讲,语言艺术最关键,组织艺术、调控艺术、板书艺术是重要内容。从教学艺术上能窥测出一个教师的基本功底与发展潜力。

(5)评教学基本功。一看板书,好的板书表现在:首先,设计科学合理;其次,言简意赅;再次,条理性强,字迹工整美观,板画娴熟。二看教态,教师课堂上的教态应该是明朗、快活、庄重、富有感染力。仪表端庄,举止从容,态度热情,热爱学生,师生情感交融。三看教学语言,教师的课堂教学语言要准确清楚,讲普通话,精当简练,生动形象具有启发性、幽默艺术性;语调要高低适宜,快慢适度,抑扬顿挫,富于变化。四看操作,看教师运用教具,操作投影仪、录音机、微机等熟练程度。

(6)评学法指导。一看学法指导的要求是否明确;二看学法指导的内容是否熟悉并付诸实施。

（7）评能力和情感态度价值观的培养。一看是否为学生创设良好的问题情境,强化问题意识,激发学生的求知欲;二看是否注意挖掘学生内在的潜力,并加以引导鼓励,培养学生敢于独立思考、勇于探索、勇于质疑的习惯;三看是否培养学生关于观察、分析的习惯和心理品质;四看是否培养学生良好的思维习惯和平台,提高学生在多方面思考问题、多角度解决问题的能力;五看情感态度的培养是否以马克思主义立场、观点、方法为核心;六看社会主义、共产主义的价值观、道德观的培养是否到位等。

（8）评师生关系。一看能否充分确立学生在课堂教学活动中的主体地位;二看能否努力创设宽松、愉悦、民主、和谐的课堂教学氛围。

（9）评教学效果。教学效果体现在:一是教学效率高,学生思维活跃,课堂气氛热烈;二是学生受益面大,不同程度是学生都有进步,学习成绩都有所提高,知识、能力等目标能达到;三是学生获得科学的学习方法;四是有利于良好习惯的养成、情感态度的价值观的陶冶、学习品德的升华;五是有效利用 45 分钟,学生学得轻松愉快、积极性高,当堂的问题当堂解决,学生负担合理。

（10）评教学个性(体现特色意识)。一看教学有无个性特点;二看教师是否形成自己的教学风格。

（五）掌握评课的技巧

评课的过程是对课堂教学进行透彻的分析和总结的过程。通过评课,可以及时分析教师教学的优缺点,及时总结教师教学的得失,提出改进意见,明确努力方向,提高教学水平。评课,除需要掌握一定的教育教学理论知识、具有较强的课堂教学功底和课堂评价能力外,在评课技巧上还需要注意以下几点。[①]

1. 要抓住评课的着力点

评课者在听完一节课后可能思绪万千,有许多话要说。但是,评课绝不能尽诉其悟,面面俱到。应根据教学的目标和任务,抓住教学中的主要方面,把听课中获得的信息与思考进行归纳与分析,遴选出体现主要矛盾的问题作为评课的重点。如果这节课的目的是探讨如何在课堂教学中培养学生分析问题和解决问题的能力,评课时就应该把重点放在培养学生分析问题和解决问题能力的成功经验和存在的不足上,其他方面只作次要问题略提即可。

因此,一节课要着重看教师教学行为和学生学习方式;看"怎么教",更要看"教什么";看学生的活动,更要看学生的变化(是否"学到新东西");抓住教学中的主要优缺点等。

2. 要采用恰当的方法

最常用的方法有四种:

① 顾志跃,等.如何评课[M].上海:华东师范大学出版社,2009:33.

（1）综合法。综合法就是对一节课做评析，既有对某个细节、片段的评点，也有"居高临下"的全方位分析、评价。用综合法评课有利于总结、宣传教学经验；有利于其他教师理解优秀教师的教学思想，提升自己的专业水平等。

（2）片段法。片段法就是对典型的教学片段进行有针对性的评析。可以对教学过程中的导入、教授、巩固、拓展等诸多环节中的某一环节进行剖析，可以对教学过程中的学生的自学、讨论、自主实践等诸多环节中的某一环节进行评析，可以就教学理念、师生关系、教学方法、教材处理、现代信息技术运用、课堂氛围营造等方面中的某一方面引证片段进行评析。

（3）评点法。评点法是指针对授课者实施的教学活动次序情形，及时作分析、点化、评议。这种方法实际上是一种对现场行为主体的评点，是对典型教学活动的分解性评析。由于评点法及时、实在、更贴近教学生活，所以更适合教师培训，特别是新教师培训。

（4）表格法。表格法与前面的评点法一样，都是从评课的技巧与方式上讲的。表格法就是根据评课标准，制订一个比较科学、全面的课堂教学评价表，并根据这个评价表评估课的优劣。表格法简洁地体现了评课标准，不仅能科学、全面的评价一节课，而且使用方便，所以评课常常使用表格法，尤其是竞赛型教研活动更钟情于表格法。

3. 要坚持激励原则

评课要坚持求实，但是如果不善于变通和激励，往往会产生适得其反的效果。

我们要倡导、建立一种新的评课文化。"评课"这个词本身就容易给人一种潜在的影响：你是来评价我的，我是来接受你评价的。在这样一种文化当中，我们的教师是最缺乏作为教师的独立性的，也是最缺乏对教学的专业评价权利的。新课程呼唤的是每一个教师都能够成为教学的主人，我们需要一种新的评课文化来哺育、滋养教师，使得每一个教师在教学中成长起来。这里就有一个评课者与被评者之间怎么建立起一种民主的、建设性的、对话的伙伴关系的问题。

评课活动应成为领导和教师真诚对话、心灵交流的平台以及教学探讨、科学研究的园地。只有这样，才能充分发挥评课活动的导向作用、教研作用的激励作用，不断开创教育教学工作的新天地。

4. 要因人制宜、因课而异

对新教师的课，评课时要以热诚、商量、启发的语言为主，对不足、弱点、失误等情况视教师的承受能力，中肯、策略地指出，使其坚定进取信心。对进行教改实验的教师的课，评课时不应求全责备，能总结出一两条新鲜经验加以推广就好，要鼓励教师勇于探索、积极创新。对优秀教师的示范课、观摩课，评课时要按较高的标准要求，突出重点，集中研讨，让听课者畅谈听课收获，以便起到示范带动的作用。对比赛性优质课，要以较高的标准全面衡量，突出优点，指出不足，客观评价，好中选优。对集体备课的课前课,应各抒己见,互相切磋,从严要求,集思广益,充分发挥教师群体的聪明才智,尽量获得更上一层楼的效果。

5.要注重理性分析

评课本质是一种价值判断。评课者将根据自身的教育理念、所掌握的教育理论对被听的课进行判断。在新课程改革的大环境下,每个评课者又会根据新课标的要求、素质教育的要求进行评判。这些判断、评价都将受评价者自身素质和所处环境的制约。因此,对同一堂课、同一种教学行为,不同的评价者会得出不同甚至相反的结论。

追逐时髦,脱离实际,只套些时尚的理论和时髦的评语,是没有多大的指导价值的。评课,是对教师和学生在课堂上的活动及其由此引起的变化进行价值判定。课堂不是舞台,学生不是道具,教材不是剧本,教学不是表演。课堂应该回归到本来的面目,教学是艺术,但艺术并不等同于表演。

评课必须以符合学科教学实际的“评价指标”来规范教学,以建立在学科教学实践基础上的理论来阐发思想和点拨教师,以帮助教师反思总结,改进教学。“正确的评价思想”和“对症下药的具体分析”是点评一堂课的总体要求。

6.要抓住教学亮点

评课人员要抱着学习的心态,善于发现教师教学过程中的闪光点,允许教师创建自己的教学模式,形成自己的教学风格。要鼓励和保护教师在课程实施过程中的创新意识和创新行为,鼓励教学追求鲜活适宜,切忌单一枯燥。在评课过程中要看教学方法的改革与创新;要看预设,更要看生成。

我们在评课时,反对不着边际的“纸上谈兵”,力求说出自己的一点感受、一点反思、一点认同或者一点异见。每位老师上课所采用的方式不尽相同,给你的印象各有个性特点,评课者应该善于发现授课者的教学特点,并将其展示给其他听课者,这是培养个性化教师的佳径。

总之,评课并不仅仅是评一评授课者的课如何,还有更深层的价值,即通过评别人的课,展示自己的教学水平和科研深度。评课不仅研究授课者的思想,更体现出评课者对教育的独特感悟。这样去评一堂课,即使公开课、研究课本身的优点得以发扬,又使他人从评课者的评议中有所收获。

案例:“财产留给谁”评课稿

今天听了余老师的《财产留给谁》一课,感触很深。她那清晰的思路、灵活的教法、活跃的气氛,给听课老师留下了很深的印象。由此可见,这节课执教人,准备得充分。纵观整节课的教学具有如下特点:“明”“准”“活”“强”。

从教学理念上看,突出了一个“明”。学生是学习的主人,教师是学习活动的组织者和引导者。在这方面,余老师在课堂中处理得很好。余老师通过家庭情景剧的形式,不断设问,处处关注学生学习的主观能动性,学生自始至终处于被肯定、被激励之中,时时感受到自己是学习的主人,教师给学生留有较大的学习的空间,如思考、讨论等,提出问题后让学生充分思考并给予适时的点拨。

从教材处理上看,呈现了一个"准"。教学目的明确、全面、有针对性。整堂课以家庭情景剧不断发展为主线,每一个环节流畅自然,使学生能一目了然的理解"我们享有继承权""继承权的实现方式""当继承权发生争议的时候"的内容。余老师能突破难点但不能突出重点。本课的重点是"当继承权发生争议的时候",在这个问题上讲得不够细致。只能了解,不能达到深入培养学生注重情义、互谅互让、相互尊重、相互宽容、协调解决继承问题的情感。

从教法运用上看,抓住了一个"活"。余老师运用情景教学法,符合八年级学生的心理特点,引导学生践行法律和道德,逐步形成正确的人生观、价值观和基本的善恶、是非观念,学做负责任的公民,过积极健康的生活;余老师运用提问讨论法,较好地运用了45分钟的课堂教学时间,激发了学生的学习兴趣,有利于培养学生的学习能力。

从教学技能方面来看,体现了一个"强"。该堂课显示了余老师驾驭课堂和教材的能力,如知识点透彻,能将我们享有继承权、法定继承、遗嘱继承权、遗赠、当继承权发生争议的时候的知识点联系到一起,构成一条知识线,知识面广,能将政治学科知识有机结合,在驾驭课堂上表现在教师应变能力强,对学生的回答的问题,能用自己储备的知识进行拓展、引导。

俗话说:"人无完人,金无足赤。"教学本身就是一门缺憾的艺术,因此在余老师的课堂上也存在一些值得探讨的地方:

1. 留给学生思考问题,讨论问题的时间不够充分。余老师整堂课围绕着家庭情景剧案例进行分析、归纳、总结,但总体上来讲内容太多,学生不易吃透。应分两堂课进行讲述,效果会更佳。

2. 余老师自己精心设计了一堂好课,但没有对学生精心准备。案例都是以呈现方式出现,其实还可让学生现场表演情景剧,充当法官、律师、小军、姑姑等,使学生身临其境地来体验。

3. 余老师运用了多媒体现代教学手段,在教学中运用的是静态图片,如果加入一些漫画,甚至动画,效果会更佳。

4. 整堂课以小军家庭情景剧为线索,案例少,且缺乏联系学生生活实际中遇到的问题。

总之,一节好课不但要需取百家之长、借他山之石,更要善于创新,上出自己的特色、风格,当然,评课是为了更好地上好课,以上观点纯属一家之言,不足之处,还请各位老师指正。

第二节 评课技能训练

评课是思想政治课教师进行教学研究的重要形式。其目的是促进教师积极进行教学研究和改革,以便提高教学质量,培养出大量的社会主义现代化建设者和接班人。评课对于推进素质教育的实施,加强师资队伍建设,全面提高教学质量有着不可低估的作用。在了解评课的基本类型、评课的重要作用和基本要求的基础上,我们还需要进一步掌握评课训练的基本要求、内容和方法,在实践中加强评课技能训练,使自己真正掌握评课这门技能。

一、思想政治(品德)教师评课技能训练的基本要求

(一)在学习中积累教育教学原理与教学实践结合的方法

在评课的过程中会大量运用一些教育教学原理来指导评课活动的开展,因此就需要在平常的学习中不断积累相关的教育教学原理。同时,这些原理也会在教学实践中得以体现。没有理论指导的教学是没有高度的,是不深刻的;同样没有理论指导的评课也是不深刻、不全面的。

通过对现代教育教学理论、素质教育的理论观点的运用,结合教学实践,对一堂课的优缺点、成功经验与典型失误、有待解决的突出问题,要从理论上作深刻剖析,从理论上找到根源,从实践上指出解决的方法,做到以理析课、以理导课、以理服人。

(二)在实践中强化评课的技能技巧

评课技能的掌握不能仅仅停留在评课的理论知识上,也不能仅仅认为只要学习掌握了一些理论知识就能评课,就能评好课。评课必须是基于教学实践,在实践中去运用知识,评课技能的真正掌握是通过对一堂堂鲜活的课堂教学全面的观察,深刻的剖析,去发现问题、分析问题、解决问题;通过不断的实践训练,灵活应对不同教师、不同课型、不同学生做出恰如其分的课堂评价,不断在实践中去强化评课的技能技巧。

二、思想政治(品德)教师评课技能训练的内容和方式

思想政治(品德)课程评课技能的训练必须基于实际的听课、说课活动的开展,具体可以通过见习观摩研讨专家或同行评课,也可根据实际利用微格实验室开展实例练习评课等。具体训练内容和方式如下:

（一）观摩研讨专家、同行评课

1. 训练内容和要求

结合专家点评观看思想政治（品德）优秀课堂教学，分析专家点评内容，学习评课。

要求：

（1）认真做好观摩听课记录。

（2）完整记录专家点评内容。

（3）学习专家点评内容和结构。

（4）小组研讨专家点评内容。

2. 训练方式与步骤

小组观摩—个人发言—小组研讨—个人修改。

（二）实例练习评课

1. 训练内容和要求

观摩思想政治教师课堂教学，在撰写评课稿的基础上，从局部和整体、学生和教师、发扬和扬弃等方面进行评课。

要求：

（1）精心组织，提前联系见习观摩学校（教研组）。

（2）认真做好听课记录。

（3）撰写评课稿，做好评课的充分准备。

（4）虚心听取授课教师和同行的意见。

（5）相互学习点评内容。

【相关链接】

评课稿的撰写：一般来说，评课根据不同类型，从表达来看，可分为口头评课和书面评课。对于书面评课，在评课开始前，一定要充分准备好评课稿。评课稿的撰写必须基于听评者认真的听课记录，必须基于听评者对评课技巧的掌握。评课稿的主体内容应和评课内容保持一致，主要评价一堂课的教学思想、教学内容、课堂结构、教学艺术、教学基本功、学法指导、能力和情感态度价值观的培养、师生关系、教学效果、教学个性（特色）等。根据不同评课类型，不一定要面面俱到，具体方法可参照前面讲到的评课方法相关内容指导来撰写评课稿。评课稿，不宜过长，做到言简意赅，切中要点，体现亮点。

2. 训练方式与步骤

小组观摩—个人发言—小组研讨—个人修改。

(三)小组听课,相互评课

1. 训练内容和要求

以小组为单位,开展小组互助式听课、评课。在听课、评课过程中,彼此交流,发表观点,大家都受到启发。评课教师站在授课教师的角度,剖析教学目标、重点难点、问题解决方法;研究授课教师的教法学法设计、教学环节;比较小组内不同授课教师突发事件的处理能力、教学组织能力,以此帮助自己寻找适切的教学方法,达到最佳的教学效果。

要求:

(1)小组分工,授课教师精心准备教学设计。

(2)听课教师做好听课记录。

(3)做好评课要点准备。

(4)做好全程评课观点记录,以便共同研讨。

2. 训练方式与步骤

先让授课教师自评、反思;然后由其他人谈感想,可以是换位思考的新课堂设计,也可以向授课教师提问,由授课教师来答疑、解释,让评课教师与授课教师在反思、争辩中达到相互启发、共同提高、共同发展的目的。

附录

资料:全国第四届思想品德(政治)优质课评选一等奖教学设计及评价
《文化创新的途径》教学设计

重庆外国语学校　肖志农　李　静

一、本课地位

本课内容为《文化生活》(人教版)第二单元"文化传承与创新"第五课"文化创新"的第二框。如何进行文化创新既是一个社会热点,具有很强的思想理论性,也具有很强的探索实践性。在前面的学习探索的过程中同学们基本明确了文化的交流、传播和发展,也明白了文化的继承和发展需要创新。那么,怎样进行文化创新便是本课探讨的内容,也是本单元的重点、难点和落脚点。

二、教学目标

(一)知识目标

(1)文化创新的根本途径:立足于社会实践。

(2)文化创新过程中要认识、处理好的两对基本关系:传统文化与现代文化的关系;民族文化与外来文化的关系。

(二)能力目标

(1)分析判断能力:结合具体实例初步具备分析判断文化现象中的正确与错

误、先进与落后、高雅与庸俗等的能力。

(2)实践探究能力:在合作、探究中体验生活、生成认识、构建知识的能力。

(3)思辨创新能力:结合具体实例初步具备正确认识和处理传统文化与现代文化、民族文化与外来文化关系,提出富有创意的方案的能力。

(三)情感、态度和价值观目标

(1)激发学生热爱祖国优秀传统文化的热情,关注世界文化发展。

(2)积极参加文化学习、创作活动,具有积极学习借鉴各民族文化优点,特别是对中华文化发展创新的态度。

(3)要坚持辩证的观点对待传统文化与外来文化;坚持先进文化的发展方向,反对文化生活中的"守旧主义""历史虚无主义"和"封闭主义""民族虚无主义"等错误倾向。

三、重点难点

重点:(1)文化创新过程中要处理好的两对关系。

　　　(2)文化创新过程中要坚持的正确方向。

难点:(1)如何正确处理传统文化与现代文化、民族文化与外来文化的关系。

　　　(2)文化创新的根本途径。

四、教学构思

(一)设计理念

(1)教学过程中努力贯彻新课程的理念,充分调动和发挥学生这一学习的主体和主人的主动性、积极性和创造性,让学生"自主、合作、探究、创新"地学习,体现新的学生观。

(2)教学过程中引导同学们观察文化现象、体验矛盾冲突、引发辩证思考、合作探究解决、生成构建知识、启发正确观念、反思践行提升,体现新的学习观、知识观。

(3)教学过程中大胆突破教材局限,重新生成和整合知识结构,从中国和世界两个角度深化对文化正确方向的理解。

(4)教学过程中以典型的文化现象——"奥运会开闭幕式"的品评、设计、展示等活动贯穿始终,充分发挥和体现思想政治课新课程改革的方向和特点。

(5)教学过程中积极创设情境,调动同学们的生活经验,激发同学们的创造热情,通过文化创新途径的实践与探索培养同学们的思辨能力、实践能力和社会责任感。

(二)教法学法

(1)教法:情景教学法、实践探索法等。

(2)学法:合作学习法、自主探究法等。

(三)教学手段

多媒体辅助教学等。

五、教学过程

(一)课前视频:《茉莉花——文化南京》

观看视频:感受南京独特的文化内涵,拉近与学生的情感距离,提出探讨课题:文化创新的途径。(视频内容:雅典奥运会闭幕式上中国文艺表演)

在极其富有争议的视频欣赏、玩味中,积累复杂的情感体验,等待宣泄。

◆自由辩论:

正方:惊喜多过遗憾

反方:遗憾多过惊喜

在民主与开放的自由辩论中,让学生初步领会到文艺表演无论是惊喜多过遗憾,还是遗憾多过惊喜,都需要在传统文化与现代文化、民族文化与外来文化中找到平衡点,坚持先进文化的发展方向。

◆现场调查:

1.您最想在北京奥运会开幕式看到什么?

2.您最不想在北京奥运会开幕式看到什么?

3.你希望北京奥运会开幕式有什么突破?

为模拟设计"2008 北京奥运会开幕式"收集素材。

理论储备:教材及温馨提示

◆自主学习:

阅读教材和相关资料,整合文本,生成知识,为创意做好理论储备。

感悟经典:《他山之石——开幕式精彩瞬间》

◆观看视频:

借助极富视觉冲击力、情感震撼力的视频,激发学生激情创意的灵感。

◆创新设计:设计点火仪式和开幕式。

◆合作探究:结合实践调查、理论准备以及"他山之石"的启发,写出具体创意片段。

◆创新与竞争——创意展示(分组展示):分组展示创意片段,说明元素取舍和使用。

自评,陈述本组构思中精妙之处;互评,修缮别组构思中的瑕疵。通过自评互评让学生发现文化创新应该继承传统、推陈出新;面向世界、博采众长,坚持正确方向,克服错误倾向。文化创新的根本源泉是社会实践。

◆生成与构建:在学生自评与互评基础上的点评总结生成文本的体系创建。

◆知识小结:知识结构图(见板书设计)

六、板书设计(略)

七、资料链接

温馨提示(一)2008 年北京奥运会

开幕时间:2008 年 8 月 8 日 20 点(考虑时代风貌、现代气息)

主会场:中国北京,国家体育场"鸟巢"(注意主办方传统文化、民族文化的展示)

观众:几十亿中、外观众(考虑中外观众的需求)

主题口号:同一个世界,同一个梦想

("同一个世界、同一个梦想"集中体现了奥林匹克精神的实质和普遍价值观——团结、友谊、进步、和谐、参与和梦想,表达了全世界在奥林匹克精神的感召下,追求人类美好未来的共同愿望。)

三大理念:绿色奥运、科技奥运、人文奥运

(绿色奥运强调人与自然的和谐;科技奥运体现科技进步和社会发展的和谐;人文奥运则体现人与人、人与社会甚至国与国之间和谐等。)

温馨提示(二)"北京奥组委"开幕式创意方案征集要求

1. 主题突出,特色鲜明,内涵丰富,充分体现中国风格、人文风采和时代风貌;

2. 蕴含"绿色奥运、科技奥运、人文奥运"三大理念;

3. 传播奥林匹克精神,营造欢乐友好的奥运庆典氛围,为与会者创造出四海一家的感受;

4. 促进世界对中国的了解,增进中国人民和世界人民的友谊;

5. 创意方案的艺术表现形式要创新,并充分运用高科技手段展示奇思妙想,令人耳目一新。

八、教后评价(反思)

本节课在参加了"全国第四届思想品德、思想政治优质课评选活动"的高中组现场授课,受到专家评审组和现场听课老师的一致好评,荣获全国一等奖。全国著名特级政治教师、本届优质课高中评审组主任沙福敏教师在总结大会上对本堂课的创新设计和教学方式作了全面的介绍和高度的评价。她总结道:"从教学方式的选择与教学实效性的关系来看,教学方式的多样化正是课堂改革中出现的可喜的现象,它已经改变了教师一人讲、满堂灌的教学方式。多种多样的教学方式可以说是异彩纷呈,但是教学方式的选择必须把握好教师教学的核心主旨,离开了教学主题,教学的任何形式都是不可取的。要真正记住有实效性是课堂教学的核心,一定要防止偏离主题的形式化。这次大赛我们看到了启发讲授式,合作探究式,情景体验式,信息技术与学科教学整合式等多种教学方法,各有所长,也都发挥了各自不同的教学作用。重庆的李静老师在讲《文化创新的途径》这课中,从一个大家都非常关注的有些争议的张艺谋导演的雅典奥运会闭幕式上8分钟的表演的品评与思辨入手,学生非常兴奋,又到2008年北京奥运会开幕式的点火和文艺演出的创新设计,教学过程中既有学生的现场调查,又有充分发挥学生想象力的小组合作探究,还有小组间彼此的评价。在教学方式的设计上既有体验式,又合作探究式,还有教师的启发讲授,多种教学方式的整合提高了课堂教学的整体效益。最后还要求学生把他们的设计通过 E-mail 等方式发给北京奥运会组委会,让学生非常兴奋。"

思想品德、思想政治课堂教学实践是发挥其育人功能的主阵地和主渠道。在认真研读《大纲》和《课标》的基础上，深入解读课题文本，我们逐步形成了对思想品德、思想政治课的课堂"四个维度"的定性要求，即"力求科学性以求真，浸透思想性以求善，追求艺术性以求美，讲究有用性以求实"。本堂课传播的知识是准确无误，传播的观点是全面而不是片面的；学生的知识得到丰富和更新，能力得到提高与扩展，情感、态度、价值观得到巩固与提升，是一堂不存在科学性问题的高效率的课。本堂课教师把自己的角色定位为学生学习的组织者、学生学习引导者、学生学习合作者，学生闪光点的发现者和向学生学习的学习者的"五位一体"；学生的知识参与、思维参与、情感参与、行为参与的积极性得到充分调动，是教师的角色定位准确，学生参与的积极性得到充分调动的课。本堂课是预设与生成融为一体，既重视学习过程又重视学习结果的课；是合理使用音像资源，信息技术与学科教学有机整合的课；也是师生互动交流，促进双方完整生命成长的课。因此，在本次优质课现场授课中引起广泛而热烈的反响，一定程度地给正在思想政治新课程改革的道路上艰难探索的同仁们起到了实验性、示范性和抛砖引玉的作用。

《文化创新的途径》教学点评
重庆市教科院政治教研员　刘　云

本堂课的设计理念是先进的。以典型的文化现象——"奥运会开闭幕式"的品评、设计、展示等活动贯穿始终去探索"文化创新的途径"，选材典型，环节精巧，教法灵活，活动充分，体现思想政治课新课程改革的方向和特点。教学过程中引导同学们观察文化现象、体验矛盾冲突、引发辩证思考、合作探究解决、生成构建知识、启发正确观念、反思践行提升，体现新的学习观、知识观；充分调动和发挥学生这一学习的主体和主人的主动性、积极性和创造性，让学生"自主、合作、探究、创新"地学习，体现新的学习观；积极创设情境，调动同学们的生活经验，激发同学们的创造热情，通过文化创新途径的实践与探索培养学生的思辨能力、实践能力和社会责任感；大胆突破教材局限，重新生成和整合知识结构，从中国和世界两个角度深化对文化正确方向的理解。

本堂课的教学实效是优质的。知识传播准确无误，观点全面；学生的知识得到丰富和更新，能力得到提高与扩展，情感、态度、价值观得到巩固与提升，是一堂不存在科学性问题的高效率的课。本堂课教师把自己的角色定位为学生学习的组织者、引导者、合作者，学生闪光点的发现者和向学生学习的学习者的"五位一体"；学生的知识参与、思维参与、情感参与、行为参与的积极充分，是教师的角色定位准确、学生参与的积极性得到充分调动的课。本堂课是预设与生成融为一体，既重视学习过程又重视学习结果的课；是合理使用音像资源，信息技术与学科教学有机整合的课；也是师生互动交流，促进双方完成生命成长的课。

第八章　思想政治教师教研技能

学习目标

1. 明了思想政治(品德)课教师教研的重要性及内容。
2. 掌握思想政治(品德)课教师教研的基本步骤和方法。
3. 能准确运用教研技能在思想政治(品德)教育教学活动中进行教学研究。

思想政治(品德)课教学是一种以学生不断扩展的生活为课程基础,以马克思主义为指导,向学生传播马克思主义理论知识,引导学生科学世界观、人生观和价值观,揭高他们思想政治觉悟和道德品质的实践活动。这种教学实践活动是其现象显示给我们的,这些现象又体现出与思想政治(品德)课教学本质的统一。要研究现象背后的本质,必须提高对思想政治(品德)课教学研究的技能和水平,才能真正全面、系统地总结思想政治(品德)课程教学的经验,使它进一步上升为理性认识,服务于思想政治(品德)教育、教学实践活动。同时,加强自身的教育教学研究技能,也是作为教师这个角色本身的内在性要求。因为教师的任务并非仅仅只是教学,研究是其角色的应有之意。长期以来,教师的这种研究特性被忽视,使当前的教育教学事业和教师自身遭遇一系列困境。要使思想政治教育事业和教师发展争得双赢,必须重视教育教学研究能力、技术的培养和发展。

第一节　思想政治(品德)课教研概述

就目前的整体情况而言,在思想政治(品德)课程教学过程中,很多教师对教育研究这一问题存在着不恰当的认识,进而忽视自身的研究角色,在实践中难以真正获得自身理论素质和教学教育能力的提高,在很大程度上沦为技能型教师,无法真正贯彻、深化思想政治课的教学目标,适应教学改革的要求。其结果是学生及教师自身都难以真正获得成长。另一方面,由于缺乏研究意识,很多教师难以真正对教学本身进行必要的经验反思和总结,这既妨碍了教师自身的成长,也使思想政治课程教学难以获取更多的养料,难以获得实质性发展。针对这种情况,必须转换思路和观点,加强思想政治教师的教研能力,使广大一线教师由"教书匠"成长为专家型、研究型教师。

一、思想政治(品德)课教研重要性

(一)教师专业化发展的要求

专业化通常是指一个群体通过努力逐渐获得专业标准,成为社会结构中的专门职业并获得一定社会地位的过程,是超越经验化和随意化的过程。目前,我国教师的专业化程度还比较低。虽然迄今为止,各级教育工作者在教师职业专门化方面进行了持续不断的探索和努力,我国政府也已经以法律的形式,对教师的专业地位进行了明确规定,如 1993 年的《中华人民共和国教师法》规定,"教师是履行教育教学职责的专业人员"。但实际上,教师职业在现实社会中还没有具备像医生、律师等职业的学术性质与专业地位,其专业化程度只能算是"准专业"或者"半专业"。① 这种局面一方面使教师群体的准入门槛难以被界定,另一方面使教师教研难以真正有好的外部环境。教师的专业化是指教师职业具有自身独特的职业要求和条件,国家对教师这一职业也有专门的认定和管理制度,同时这一职业获得社会的高度认同。当然,在教师专业化程度中,其中最重要的还是教师自身主体专业性的成长,这是获得专业化认同的关键,因为在此过程中教师才能真正获得专业自主。"教师的专业性发展明确要求教师必须根据自身教育教学的具体情况开展研究,必须从知识的传授者、道德示范者的传统角色中挣脱出来,对自己的实际情境和教育行动加以反思、研究、改进,提出最贴切的改进建议",②这就要求教师要加强教育教学研究,才能真正在教师素养、能力上得到综合发展,只有如此,教学理念、教学方式方法才会有根本性的改变,才能适应每一轮课程改革的实施。换言之,教师角色的重新建构的支持源泉就是教师的专业发展,即教师个体的、内在的专业素质的提高。它要求教师始终是一个持续的学习者,并有能力对自己的教育行动加以思索、研究、改进,逐步提升自身业务水平,从某种程度上讲教育需要这种专家型的教师。也唯有如此,教师和学生在教育过程中才能都获得成功。总之,在大力倡导素质教育的今天,进行新的课程改革在很大程度上取决于教师专业性的发展,而这一切都依托于教师研究能力的发展。教师本身也只有加强教育教学研究,才能真正使自己成为一个血肉丰满的"人格"形象,使教学本身对自己和学生来说都成为一种享受,使自身具备一个教师群体独特的职业素养和能力。教师这个职业才能真正成为我们毕生的事业,教师的专业性也才能真正获得社会认同。

---

① 申继亮.教学反思与行动研究[M].北京:北京师范大学出版社,2008:36.
② 陈如平.因小而精彩[N].中国教育报,2009-04-06(3).

（二）课程开放性得以实施的要求

科学、有效的课程应具有开放性。这里的"开放"通常是与"封闭"相对应的。教师教育教学本身是将教材及价值观、思想通过一定的教学形式、方法转变为教学内容的过程。要想使教学本身不受制于教材及一些外在的因素，在教学过程中真正做到因材施教，与时俱进，使教学鲜活生动，走出封闭性的教学模式，教师教育、教学研究才显得尤其重要。换句话说，教材是死的，教参是死的，资料也是死的，只有教师，是活的教科书，教师的教学研究成果是课程的重要内容。传统教学由于对教学对象、资源、方法等研究不够，难以真正实现教学的开放性。这种研究性活动的缺乏，使教师在教学过程中往往缺乏相关的素材，教学活动往往偏重于从教材出发，制订出一整套程序化的教学计划，教学活动多以讲授为主，每一节课必须在规定的时间内完成预设的教学内容，地点一般为教室，教学评价注重结果，教学活动往往缺乏灵活性与自由度，缺乏对智慧的挑战和对好奇心的刺激，难以实现情感目标和价值目标。加强教师教育教学研究，才能真正使教师无论在教学内容、教学形式，还是在教学时间、教学地点、教学评价、教学资源方面都具有积累和创新，在教学过程中充分运用，实现课程开放性。如在研究基础上关注青少年的现实生活，在教学内容上从不同层面反映青少年方方面面的生活，引导青少年主动体验和探究活生生的思想和生活，在学习活动中发展，在发展中学习；及时关注并整理反思青少年生活的新问题、社会中的新信息、科学技术的新成果，并将之整合到课程内容之中，在使用教材过程中注意创造性；关注教学方法及形式的研究，以丰富多彩的活动为主要教学形式，强调寓教育于活动之中，让学生更多地通过实际参与活动，动手动脑，深切体验，而非仅仅通过讲授来实现教学目标。总之，只有加强教师教育教学研究，才能真正实现课程的开放性。

二、思想政治（品德）课教研内容和对象

思想政治课程教研的内容和对象，实际上都是以教学为基础的，教研是围绕教学而开展并为教学服务的。每一个中小学教师都有能力围绕自身的教学实践开展教学研究活动。而且，教学第一线教师的教育教学研究成果更具有说服力和可信度，而这些成果的最直接的受益者归根到底还是那些积极投身研究活动的教师们。

（一）思想政治（品德）课教研内容

思想政治课教学研究的内容相当广泛，概括起来主要有两个方面：一方面是本学科教育教学理论与实践理论的研究；另一方面是思想政治专业理论与运用的研

究。[①] 它包含对教学对象、教学内容、教学方式方法、教学理念、教学背景等相关内容的研究。甚至可以说,教育教学研究内容是广泛而深刻的,对教师自身、学生及时代精神的研究应当贯穿教育教学的全过程。例如,"政治课教学中的四个'实'"重在教学理念研究;"让课堂彰显生成的活力"重在教师课堂教学理念与能力研究等。

(二)思想政治(品德)课教研对象

要推进思想政治教学研究工作的深入,必须明确在研究思想政治课程教学理论与实践过程中关注的对象。

1.思想政治(品德)课教学规律

教学规律是体现教学本质的种种必然性,包括种种属性、特性的必然性,其联系、关系的必然性,其发展、变化趋势的必然性等。思想政治教育教学也有其自身的规律。通过分析教学现象,揭示教学规律、探索教学规律的运用,能使思想政治课教学的经验上升到理论的高度,这对思想政治课程教学将起到指导性的作用。譬如教学过程中的认识规律,具体—抽象—具体,这可以说是一个比较普遍的认识性规律,但对思想政治课程教学来说,这个规律却更显重要,需要我们在教学研究中加以重视。应当说,教学内容、方式方法的选择,往往是以此为基础的。

2.思想政治(品德)课教学对象

中小学思想政治课教学面对的是青少年,他们正处在世界观、人生观和价值观的养成阶段。要上好中小学思想政治教育课,必须对这个群体进行深入的理解。一是要把青少年这一对象当作一个抽象的群体来研究,充分了解这个群体的总体特征;二是注意研究这个时期青少年群体的个体特征。它包括不同时代、不同阶段青少年群体的特征研究,也包括不同个体的青少年的特征。只有对授课的对象充分了解,才能真正上好课,做好研究。例如,"学生插话也精彩""青少年学习动机研究进展""青少年自尊与人际关系研究"等,这些论文的研究重在教学对象的研究。

3.思想政治(品德)课教学内容

中小学思想政治课教学内容不是固定不变的。它是根据时代的变化、社会发展的需要和青少年自身发展的需求而不断变动的。如果不对思想政治(品德)课的内容进行关注和研究,就难以真正将社会真实的变化和需求转化为教育的理念和教学的内容。思想政治课教育也就难以达到其自身的目标,难以真正塑造合格的公民。例如,"克隆技术的哲学的思考""正确理解'真理是客观的'""价值量计算的一个常见误区"等,这些论文的研究重在思想政治(品德)教学内容的研究。

4.思想政治(品德)课教学基本方法

要想达到思想政治(品德)课教学目标,根据实际需要贯彻教学内容,采取何

---

① 彭隆辉,等.中学思想政治课教学与改革新论[M].武汉:武汉大学出版社,2011:132.

种教学方法成为其中的重点,甚至是关键。因为思想政治(品德)课教学面对的教学对象是一群在心智上不太成熟的青少年,只有在生动、合宜的教学方法的推进下,才能真正对其具有吸引力,使思想政治教育的教育目标内化为学生的人生观、价值观和世界观。在此基础上促进学生的长足发展。例如,"高中政治课有效教学的实施策略""主题式案例教学法在政治课堂的实践""巧借试卷提高讲评课的有效性""构建'121'课堂提高教学质量"等,这些论文重在思想政治(品德)教学方式方法研究。

三、思想政治教师教研能力提高方法

思想政治教师教育教学研究能力提高的方法非常之多。本书主要介绍其中行之有效的两种主要研究方法——教育观察法和教育行动研究法。

(一)在教学实践中进行观察研究

1.教育观察法概念

观察法是成本最低、最自然、最直接并可以不断重复的一种研究方法。观察可以获得大量的第一手资料,是教育研究的基础。从广义的角度看教育观察,其包括所有日常的观察活动,也包括亲身的感受和体验性活动;从狭义的角度看,教育观察法主要是指教育者按预定计划、明确选择观察范围、条件和方法,有目的地观察处于自然条件下研究对象的语言、行为等外部表现,搜集事实材料、分析研究、获得深入认识的一种教育研究方法。本书所指的教育观察法是指研究者通过感官或借助于一定的科学仪器,在自然状态下,有目的、有计划地考察和描述客观对象(如教师、学生的某种心理活动、行为表现等)从而获取事实资料的一种科学研究方法。但其缺点也是明显的:第一,缺乏控制;第二,只适用于研究外在行为,无法判断"为什么"此类因果关系的问题;第三,短期的观察可能会有疏漏;第四,观察本身可能会影响观察结果;第五,难于用数量表示;第六,不适合大规模的宏观调查,具有偶然性和片面性。

2.教育观察研究的类型

根据教育教学实施的要素来讲,教育观察研究可以分为对教学主体的观察、对教学对象的观察、对课程和课堂的观察研究等。

(1)对教师主体的观察研究。教育教学的主体通常是教师。对教师主体的观察既包括教师对自己的观察,也包括对同事、同行的观察研究。即是包括自我观察和观察他人。

一是自我观察。通常表现为一边讲课一边观察。观察对象主要是教师自身及学生的反应。通常这种观察是通过对自身的表现效果来实现的,比如学生的神态、反应等,也包括教师对自身语言姿态的留意。

二是观察他人。通过听课、评课等方式,观察其他教师同行教材运用、讲解能力、提问技巧、教学沟通、多媒体运用、学生行为管理、教学准备、组织策略等的观察,当然也包括教师的课堂观察能力、学生的非学习性行为、教室内外的情境等的观察。

(2)对教学对象的观察研究。观察可以获得大量的第一手资料,是教育研究的基础,是检验教育科学理论、观点是否正确的重要途径。认真观察学生,才能真正以"学生为本"。在教学研究过程中,思想政治课教师应经常到学生中去,适当参加学生举行的各种课外活动(如比赛、晚会、郊游)。在与学生接触的过程中,必须注重对教学对象,即学生的观察。它包括对学生的身心特征的观察;对学生知识能力及学习方式方法的观察;对学生学习态度的观察;对不同班级、不同年龄班级学生的特点的观察等。在观察过程中,要避免带主观色彩去观察,要客观、公正、全面地看学生的表现。当然,除了观察以外,我们还可以通过班主任了解学生、运用问卷法了解学生、采用访谈法了解学生,甚至可以通过家访了解学生。只有如此,才能真正了解学生,将教学推向真正的发展。而且观察法运用范围也最为广泛——最适合青少年,可以在自然状态下得到青少年行为的真实表现,可以直接、客观地记录观察对象的行为,不受主观影响。这样得出的数据资料在教育教学中才更具有参照意义和作用。

(3)对课程和课堂的观察研究。观察课堂及教学需要观察教案及执行情况,观察教学演示、启发提问、师生互动等。重点在于观察教学过程中的特点和教学原则的运用,观察执教教师及学生的语言、姿态等,还要注意听取同学们听课的心理反应和感想。对课程和课堂的观察,既涉及对整个班级、群体的集体性观察,也涉及对个案反应及特征的关注。只有如此,才能真正在不断的反思和总结中做到因材施教,教学相长、学学相长。

(二)在教学实践中进行行动研究

在教学研究中,除了观察反思外,要将这种经验认识、理性认识回到教学实践中予以指导和发展,还需要在教学实践中运用行动研究的方法。事实上,行动研究既是教学方法,也是一种行之有效的教育教学研究方法。

1.行动研究的含义

最早的行动研究往往被理解为"行动"和"研究"两者结合,是指实际工作者根据自身的需要,对自身工作进行研究。它适合于对迫切需要解决的问题进行研究。教育行动研究是通过改变教育行为,进而通过一系列的行为和从中学习来改善教育的方法。它要求教师或教育者(有时也包括家长)有计划、有步骤地对所从事的社会或教育实践中产生的问题及其依赖的背景进行反思,在实际工作过程中寻找课题并进行研究,由实际工作者与研究者共同参与,使研究成果为教师或教育工作者理解、掌握和应用,从而达到解决问题,改变社会的行为。运用在现实教育教学研究中,它通常表现为教师通过自身的教育教学活动将教育理念、方法等体现在其日常的教育教学实践活动中,以研究解决教育教学实践问题。它与传统的教育科学研究的最大不同在于,它是一边实施,一边观察分析结果,随时调整修改行为,一步步研究、一点点攻克、最终解决问题。它也更强调教师日常教育教学活动的自觉性、反思性,其研究结果具有普适性,可以应用于实际工作。需要注意的是,行动研究主要是适用于教育实际问题而不是理论问题的研究。如对已确诊的问题所施行的改革措施,像困难学生的教育措施、不良心理行为的矫正、环境因素的变革、教学方法的实施运用等。也正是基于对实际问题解决的这种适宜性,使行动研究方法得到很快的发展。而行动研究本身对教育教学活动也日益显示出其助推性功效。

2. 教育行动研究的分类

行动研究作为一种常见的研究方法,在教育教学研究中的类别也十分丰富,常见的分类有以下几种。

(1)按照行动研究参与者数量及直接受影响的学生范围分。按照行动研究参与者数量及直接受影响的学生范围,可以把行动研究分为教师单个体行动研究、协作性行动研究和学校范围内的联合行动研究。

单个体行动研究通常是教师个体为了解决自己在教育教学实践中遇到的问题,改变自己的课堂教学而进行的以个体为主体自主寻求解决问题的解决方案的研究。主要对课堂气氛、课堂管理、教学策略或者教学材料、学生的认知或者社会性发展等问题进行实践及反思、改进。

协作性行动研究往往由两个或两个以上的教师构成团队,或者包括几名教师、管理人员、大学或者其他校外机构的人员。其目标主要是关注班级的变革,甚至是跨学校、跨学区的多个班,主要解决一些教师课堂教学中的共同问题。例如,某一年级的思想政治教师一起实验新的教学方法,探索新的方法对学生成就和态度的影响等。

学校范围内的联合行动研究是学校层面的改进。它是由专业研究人员、教师、政府部门、学校行政领导等组成的较为成熟的研究队伍进行的教育教学研究,是一种比较理想的群体合作、协同攻关、共同研究的行动研究类型。它能充分发挥领导、教师、研究人员协同研究的作用,它关注的是提高全体学生的学习及学校的改革和重构。这种研究是基于全校教师有共同的关注点或者兴趣。只有这样,才能在学校正式的组织和协调下,组织相关的学生、教师专家共同参与到资料收集、教学和行动方案的选择、措施效果的评估工作中。

需要注意的是,采用某种行动研究并不意味着排斥其他类型的行动研究。个体和合作行动研究可能会很自然地作为学校范围联合行动研究的一部分。[1] 单个教师的行动研究的特点是规模小,研究问题范围窄、力量单薄,很难从事深入的、细致的、说服力强的研究。协作性行动研究的特点是可以发挥多个教师的集体智慧

---

[1]　申继亮.教学反思与行动研究[M].北京:北京师范大学出版社,2008:11-12.

和力量,但可能在理论的指导方面较欠缺。学校范围内的联合行动研究则成本及协作组织能力要求较高。

（2）按研究的侧重点分。按研究的侧重点,教育行动研究可分为为解决教育者自己在教育教学实践中遇到问题而进行的研究和对自己的教学实践进行的批判、反思研究。前者侧重于解决实际问题,改善教学实践活动;后者侧重于强调行动研究的批判功能,强调以理论的批判与观念的反思来引导行为改进,促进教育者个体主体自觉性的成长和发展。

（3）从参与者对自己行动所做的反思分。从参与者对自己行动所做的反思,教育行动研究可分为内隐式行动研究、行动中的反思以及对"行动的反思"三种。一是内隐式行动研究。强调教育者通过观察和反思自身日常行为来了解教育者内隐的知识及特征,甚至发现教育者自身内隐的价值观问题和文化成见等。二是行动中的反思。这种行动研究不以任何现存的理论和技巧解决问题,而是针对具体行为的独立情境进行反思研究。三是对行动的反思研究。这种行动研究是指教育者将自己抽离出行动情境,客观地对自身的行动进行整体性的反思研究。这种将自己的个体实践性知识外化及整体化的方法,不仅可以帮助参与者应付更加复杂的社会问题,而且可以帮助他们与其他人更好地进行沟通,从而使知识得以交流、分享和增长。

四、思想政治教师教研形式

结合教育教学工作,中学思想政治教师常见的教研形式主要有教学反思、教研小论文、教研小课题等几种形式。

（一）教学反思

反思是德国哲学家黑格尔首先提出,指对思想本身进行反复的思索,即指思想的自我运动,简单地说就是对过去经历的再认识,是一种创造性的学习。美国著名学者布鲁克菲尔德在《批判反思型教师 ABC》[1]中指出,没有反思的教学是"天真的教学"。天真的教学一厢情愿地认为我们总能正确地理解自己在做什么,我们总能理解自己所具有的影响,天真的教学中我们也总是设想自己的教学行动所具有的意义和重要性与学生们所领会到的完全一致。但实际上,在真实情境里,任何教学是无法预设和假定的。但由于长期以来,许多教师缺乏反思意识,使其对自己和学生都缺乏批判性立场,无法真正赢得教学成功的机会,更无法有目的地对学生施加真正的影响。美国著名学者舒尔曼指出:"教师知识结构＝规则的知识＋教学案例＋实践智慧知识。"美国教育家波斯纳的教师成长公式:经验＋反思＝成长。朱

---

① Stephen D. Brookfield. 批判反思型教师 ABC[M]. 张伟,译. 北京:中国轻工业出版社,2002:1.

永新教授曾说过:案例＋反思＝名师。由此可以看出:因反思而来的实践智慧知识是教师教学的一个重要组成部分。通过教学反思,可以提醒教师谦虚、谨慎、不骄、不躁,让教师静心专注教学研究,发现自身不足,保持更高的工作激情,真正领悟到"学而不厌,诲人不倦"的境界和乐趣,在反思中借鉴他人完善自我,在总结经验中提升自己的理论素养,在教学研究中提高教育教学质量,让自己成为新时期的一名学者型、专家型的教师。

1. 教学反思的含义

教学反思是教师将经验转化为实践智慧,进而改进教学实践的工具,是教师凭借自身努力成为更优秀、更成熟、更有思想的专业人员的工具。[①] 它可以是个体反思也可以是集体反思。个体反思俗称总结,可以是课后思,也可以是周后思,每单元结束后的反思、甚或月后思、期中思等阶段性反思,也可以以一个学期、一个学年或一届教学的宏观反思。而集体反思,也称对话法,是指与同事一起观察自己和同事的教学实践,与他们就实践问题进行对话、讨论,是一种互动式的活动,它注重教师间成功的分享、合作学习和共同提高,有助于建立合作学习的共同体[②]。教学反思能促进教师积极主动地探究教学问题,有助于教师成为研究者,有利于增强教师的道德感和成功感,提高专业素质和能力,促进教育教学质量的提高。教学反思的内容主要包括以下几点:(1)探究教育教学中存在的问题,并使教育过程更优化。(2)反思教育教学实践合理性,尤其是教育中的道德和伦理问题,促使教育行动规范化。(3)反思师生共同发展的路径,促进教师"学会教学",促成学生"学会学习",并尽可能使二者统一起来。这其中最重要的是通过教学反思,逐步培养教师自身的问题意识、学理意识和方法意识。(4)反思教育教学情境中各种方法与技能的有效性。

2. 教学反思的主要阶段

教学反思是教师对教学活动进行的审视和分析,从教学活动的过程来看,教学反思在教学活动的前、中、后三个阶段均存在,它们是相关联的。同时,三个阶段的教学反思也可以独立地进行分析。

(1)教育教学活动前的反思。通常在课堂教学实施前进行,也是备课的一个重要内容。

在以往的教学反思中,人们往往只关注或重视教学后反思,忽视或不做教学前反思。事实上,教师在教学前的反思不仅可以对自己教学设计再次查缺补漏、吸收和内化,更是关注学生,体现"以学生为本"这一理念体现或再现的过程。而教育教学活动前反思主要包括教育教学条件分析和选择两个步骤。

第一步是教育教学条件分析。主要包括环境分析与对象分析。环境分析主要

---

① 申继亮.教学反思与行动研究［M］.北京:北京师范大学出版社,2008:83.
② 雷毅颖.教师教学反思的类型和方法［EB/OL］.http://www.xqqedu.com/Art_Show.asp? ArtId＝5474.

包括社会和学校背景以及教育教学条件。环境分析要注意三性,即层次性(微观环境和宏观环境)、整体性(环境的不同层次和要素相互联系形成整体,调查时不可将之割裂开来,取其部分不计其余)和变化性(对特定时期内环境发展的大体趋势和可能出现的变化作出估计)。对象分析是对教育教学反思的内部条件进行分析,主要是对教学材料和内容、教师自身的特征和能力以及学生特征和需要的分析。

第二步是确定合适并可行的教育教学方案。即在环境分析及对象分析的基础上,确定教学目标、教学内容、教学方法、组织形式等。在此基础上重点关注以下内容:教学整个起点设计是否合适;学生的需要和满足这些需要的目的、目标;以及达到这些目的、目标所需的教学模式和教学策略等是否符合学生的年龄和心理特征;教学重点难点的确定是否准确;教学内容的深度和范围对学生是否适度;哪些学生需要特别关注;哪些条件会影响课程的效果等。在确定和选择教育教学方案的过程中,应坚持两个原则:一是合宜性原则。适合才是最好的,要结合环境、对象、教师等多重要素的整体特征,选择最适合的方案,这个方案未必是最好的那个;二是可行性原则,即教育教学方案的选择,必须是在教师能掌控、学生能接受的范围内,并且不会引起资源分配危机。

(2)教育教学情境中的反思。此阶段反思通常在课堂教学中进行,与教育教学过程同步进行。

在教育教学进行过程中,有许多不可预料的情况发生。教师要在和学生不断的互动作用中,根据学生的学习效果反馈,对教学计划进行适宜的调整。但要注意的是,绝不可因此让学生牵着鼻子走,失去教学的主动性。要做到这一点,要求教师在教学过程中要全身心投入到教学活动中,调动各种感官捕捉反馈信息,快速、灵活地作出调整和反应。但是这种调整不是大修大改,否则容易干扰教学活动的连续性,使课堂管理发生问题的可能性增大。教师在教学过程中的反思,可运用录音和录像技术为以后的教学后反思提供信息。教学过程中的反思内容主要包括:学生的参与状态、交流状态、达成状态,预设与生成的处理等。它要求教师要将反思和教育行动融为一体,而不是从情境中撤出来反思各种办法和行动后果,具有很强的同步性,对教师现场的把控能力的要求也比较高。

(3)教育教学活动后的反思。教育教学活动后的反思通常在课堂教学结束后进行,需要对所选教育教学目标的适用性以及根据这一目标选项的教育教学策略作出判断并进行改善和改进。它主要围绕教学内容、教学过程、教学策略等进行。教学内容方面要通过反思确定教学目标的适用性;教学过程方面要注意反思教学是怎样进行的,是否如我所希望的发生了什么? 怎样用教和学的理论来解释我的课? 怎样评价学生是否达到了预定的目标? 上课时改变了计划的哪些内容? 为什么? 是否运用其他的教学方法会更成功? 为什么? 下次我可以尝试哪种方法? 是否有些问题一直困扰我? 怎样才能找到答案? 根据这些问题,教师在一定程度上可以判断自己是否成功地完成了教学目标,并对下一步教学进行重新计划。除了自我反思外,反馈也是很重要的一种反思途径。通过学生的反馈,教师可以接收到新的信息,以对自己的教学作出正确的评价,意识到教学中存在问题,对自己的教学活动与倡导的理论、行为结果与期望进行比较,明确问题根源,重新审视教学思想,寻求新策略,形成新感知,发现新问题,开始新循环。

总之,课前课中课后,静心沉思,及时反思得失成败,并进行必要的归类与取舍,课后写出"再教设计"或对教学方案进行修订,才能真正促进自身教学水平的提高。换句话说,教师在教育实践中对教育意义的主动探求,推动提升着现代教师的教育责任感和理论思维能力,使教师对教育、学校乃至自身的存在与发展有更深入的理解。而这种不断反思所加深的理解就是教师工作创新、教师获得发展的首要条件。

3. 培养教学反思能力的方式方法

教学反思能力培养方式可以分为两大类:从外部环境出发的培养方法,即强调研究者或者培训者对反思过程的引导、控制,一般会人为安排、创设反思情境和活动;从教师出发的培养方法强调发挥师范生或者教师自身的主观能动性,把反思和日常教学活动融为一体,培训者在这里可能不会出现,即使出现也是作为建议者、倾听者、咨询者、合作者、激发者,而不是试图控制教学反思过程与情境。[①] 新教师(师范生)教学反思能力培养的方法通常有以下几种方式,常见的是撰写反思日记和行动研究方法。

(1)课后小结。课后小结是指教师在每堂课后及时进行的反思性总结。课后小结可详可略,一般附于每节课的教案之后,主要内容是总结教学的成功、失误之处并在总结的基础上对类似课型或类似问题提出的新的教学设想,并将之逐步形成教学风格和策略。

(2)评课。评课是在某堂课后进行,选取班级中部分有代表性的学生按照预先设计好的教学设计上课。课后由教师和学生进行讨论,由学生根据他们的学习体验,说明类似课程应以怎样的一种方式进行教学更符合学生的实际。它能帮教师了解学生的真实思维过程,帮助教师汲取学生的智慧。

(3)撰写反思日记。一堂课或一天的教学工作结束后,教师写下自己的感受,并与指导教师共同分析。

(4)行动研究。即教师对他们在课堂上所遇到的问题进行调查研究。

案例:"在文化生活中选择"教学反思之"找课题关键词,扩展学习宽度"[②]
【实录片段】今天我们讨论的课题是:"在文化生活中选择"
师问:关键词是哪个词?
生答:我、我们。
师问:还有?

① 申继亮.教学反思与行动研究[M].北京:北京师范大学出版社,2008:84.
② 陈吉虹."在文化生活中选择"教学反思[J].思想政治课教学,2012(2):38.

学生表情：短暂无声，出现困难。

教师引导：个人、企业（文化生产单位和文化经营部门）、国家。今天我们一起共同探讨三者的选择。

【观课评价】江北蒋老师：新课程不仅要求教师如何教，更重要的是指导学生如何学习。对文化生活方式如何选择，从个人、企业、国家三个层面进行思考分析，打开了学生的学习思路。

【改进思考】学生出现困难的第二问，应给予时间思考，教师只需提示思考线索，而不是结论。

该反思案例是对教学情境中某一问题进行的反思，老师们在集体观课后，针对课堂上发生的问题提出看法，并给出改进建议，这是典型的促进教师职业发展的教学反思。

（二）教研小论文

教研论文的写作是教学研究的重要组成部分，是提高自身业务素质、教学水平的有效手段，更是青年教师专业成长的重要形式。

思想政治课教师撰写教研论文，就是对本学科教育理论、实践进行具有独创性的经验总结和理论论述的过程。[①] 撰写教研论文有利于我们全面系统地总结思想政治教学的经验，提高我们的理论素质和教学教育能力，并通过这些教研论文，为教学改革与发展提供可供参考的模式借鉴。

1. 教研论文主要类型

思想政治课程教研论文大致可以分为研究论文、经验总结及研究报告等。

（1）研究论文。包括理论研究、叙事研究、评价与测试研究、比较研究、历史与文献研究、内容分析等相关的研究论文。

（2）经验总结。在教研论文中，那些对教学实践有意义的（结果的理论或实践价值），来自教学实践中具有典型性、普遍性和针对性问题的经验，或者是那些有体悟，并钻研出一定解决思路和办法的经验教训，都可以作为经验总结型的教研论文呈现出来。

（3）研究报告。研究报告，是基于调查和研究而形成的论文形式之一。它可以包括观察研究、调查研究、实验研究、个案研究等类型的研究报告。

2. 教研论文的写作过程说明

教研论文有多种形式，但写作教研论文的过程，却是基本一致的。通常如下：确定选题—收集资料—拟订题目—列出写作提纲—撰写初稿—修改文章—定稿、投稿。

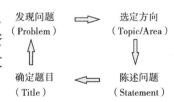

① 彭隆辉，孙继儒. 中学思想政治课教学与改革新论[M]. 武汉：武汉大学出版社，2003：129.

（1）如何确定选题。确定选题是整个论文及研究的基点，从某种意义上说选题的好坏决定了论文的价值。从总体上讲在确定选题的过程中主要需要把握两点：一是把握选题的原则；二是注意选题的来源。

首先，确定选题应该遵循以下原则：一是要从宏观着眼，微观入手。我们应谨记："由小到大，大小并重"这一选题原则，最好是小题大做。选择重要的小课题，捉住其本质和核心，多方面多层次地进行挖掘，有理有据地阐述自己的新观点，把一个重要的小问题彻底解决，论文就会有分量、有价值。二是处理好研究内容的新旧关系问题。一般来讲，就课题新旧程度而言，有全新型、半新型、较旧型课题之分，一般应选择半新型课题进行研究。选择已有一定研究成果的课题，一是寻找一个新颖的角度进行研究；二是加大其深度和广度。三是根据选题需要性的原则，在选题定势时，一般重点着眼于当前需要研究和解决的问题，兼顾今后或从长远来看需要研究和解决的问题；四是应该以研究热点问题为主；五是选择交叉领域课题容易出成果；六是选择理论与实践性结合的课题最有意义；七是结合自己的科研基础、个人兴趣和专业特长。

其次，可从以下几个渠道发现教研论文的选题：一是从问题入手，敏锐把握并充分利用对教学现场的灵感；二是积极参与教研活动；三是留心观察与思考，点滴积累与记录（读书笔记、文摘卡、教案、教学日志）；四是捕捉研究空白，在别人研究的基础上发展研究成果；五是有意义的、来自教学实践，具有典型性、普遍性和针对性，并有可能解决的问题；等等。

案例1：从问题入手
➢ 发现问题
➢ 分析问题
➢ 提出改进建议、对策
➢ 围绕问题论问题
➢ 结合案例谈对策

案例2：捕捉研究空白
如何在思想政治教育教学研究中找到研究空白呢？

一般来讲，可以从以下角度努力：在教学实践中发现问题；通过分析他人的研究发现问题；在课程学习的基础上分析理论或实践的发展方向和态势；在课程学习的基础上分析理论或实践的发展方向和态势；比较国内外的研究成果，特别是追踪发达国家相关领域的研究成果；在学科交叉领域发现问题。

步骤如下：发现问题→文献查阅及分析或实证调查发现研究空白或新问题→确定选题。

（2）资料收集。在选题确定后，还需要围绕课题进一步进行资料的查找、收集、整理,以确定具体的范围和内容。资料收集的方式多种多样,搜集的内容也不一而足。但正如我们前面说的那样,要做生活的有心人。尤其在此阶段,重要的是对资料进行全面的整合分析整理,将之以文字形式表述出来,加以利用。为有效地进行文献的查找,应该对课题提出一系列的疑问,然后分析这些疑问与课题的关系,以确定想要查询的信息或问题是某一数据、某一概念还是某一观念等。在查阅到相关资料后,还要对文献资料进行加工整理,也就是通常所说的处理信息,它包含整理和加工两项工作。像文献综述等,就是在这一工作过程中逐渐完成的。

(3)拟订题目。选题确定后,根据搜集到的资料,还需要根据相关问题研究的实际情况,选择合适的切入点和表达方式将选题确定在一定的范围内,开始具体的研究。通常来说,题目的拟订需要遵循以下原则:第一,题目宜小不宜大,宽窄要适当。大处着眼,小处着手,将研究内容和主旨锁定;第二,题目要具有概括性,充分、准确地把握研究问题的主旨和脉络;第三,题目要恪守学术性。选题要有时代特色和学术前沿性,凡是难以提出自己见解的题目最好不要去选;第四,题目要突出新颖性。创新是论文的精华,要把自己有特色的地方、与以往研究不同的地方详尽地描述出来,否则创新就无法体现;第五,题目要体现简约性。题目的结构及字数要简洁明了,不能过于臃肿,不知所云;第六,好题目是改出来的。好的论文题目是在文章撰写的过程中不断调整、修正中得以完善的。

案例:研究论文题目的表达

研究论文题目的表达式可以是立论式的,也可以是非立论式的。

如立论式题目揭示了论文的中心论点,或者提出了对某个问题的解决办法,反映了作者的研究成果。读者从题目内容便知道作者的基本观点和见解。例如:思想政治学习的动机不可忽视、思想政治教学改革是必要的。

非立论式的论文题目包括:A.论题类、B.关系类、C.界定类、D.探讨类、E.评驳类、F.提问类。非立论式题目仅表明作者研究问题或论述的范围,没有表达作者的基本观点和见解,或作者的观点和见解难以用一个短句概括。

A.论题类:有论证的标志词"论""谈""议""说""关于"等。如:浅谈思想政治教学中的模仿。

B.关系类:一般是论述事物之间或事理之间的关系。通常用并列连词"和""与""及"等。如:社会主义核心价值培育与思想政治教学。

C.界定类。通过标题来界定论文内容的范围和研究对象,使读者了解论文的中心。以结构助词"的"为标志词。如:思想政治课教学评价的几个问题、中学思想政治教材建设中的若干问题。

D.探讨类。表明作者对某个领域,某个课题进行探索,并与读者共同切磋商讨,常用"探讨""浅见""初探""探析"等。

E.评驳类。一般以"评""析""辩"等为标志词,表示要给予评论、批评或反驳,形成以"破"为主的研究论文。

F. 提问类。用提问的方式表明论文研究的问题与范围,以引起读者的关注和兴趣。如:思想政治教师如何搞科研、如何提高学生的思想政治意识。

论文标题拟订过程中也会出现需要加副标题的情况,通常在正标题过长、语意未尽、表达不充分等情况下,我们可以添加副标题。

(4)列出写作提纲。在拟订提纲的过程中需要根据现有的资料,整合出合理的结构以展示相关内容。

案例:"90 后青少年思想政治课程教学的问题与对策"一级目提纲

一、90 后青少年的身心特征

二、当前思想政治教育存在的问题

三、对策

对 2~3 级目的整理可根据实际情况进行调整。关键是形式要真正展示和符合内容。

(5)撰写初稿。撰写初稿时一般从占有资料最多的部分入手,从自己最熟悉的部分入手,并将思维集中于表达的内容上,暂时不要过多拘泥于语言、语法、措辞等。撰写初稿过程中,要注意三种不同形式的教研论文,基本构成部分和写作要求分别如下。

表 8.1　教研论文的基本构成部分

研究论文的基本组成部分	研究报告的基本组成部分	经验总结的基本组成部分
■题目	■题目	■题目
■署名	■署名	■署名
■内容摘要	■内容摘要	■内容摘要
■关键词 3~5 个	■关键词	■关键词
■前言(序言、引言)	■前言	■问题提出(引言)
■本论(正文)	■研究方法	■正文
■结论	■研究结果及分析过程	■结束语
■注释	■讨论	■注释
■参考文献	■小结	■参考文献
■附录	■注释	■附录
	■参考文献	
	■附录	

表 8.2 教研论文各部分的写作要求

项目	写作要求
内容摘要	■简明扼要,文字简短、内容全面、重点突出,一般不超过 200 字 ■要采用第三人称表达方式 ■概括文章的主要内容:研究问题;研究目的;研究方法;研究结论 ■突出说明文章的新颖和创新之处通常是成文之后提炼而成 ■内容摘要不是文章某个重点段落的重复 ■内容摘要的类型:报道型摘要、指示型摘要
关键词	■点明、强调、概括文章要旨的关键概念或术语 ■关键词通常会在文章中多次重复,但并不是重复最多的词语就是关键词 ■关键词一般以 3~5 个为宜
前置部分	■(序言、引言、前言、问题的提出、课题的由来) ■引出问题 ■交代研究背景 ■回顾相关的研究成果(文献回顾) ■表明作者的见解、观点或主张 ■阐明文章中的主要概念、内容 ■概述实施研究的价值和意义
主体部分	■阐述研究方法、过程、结果 ■论点:明确、简明、新颖 ■论据:翔实、相关、全面 ■论证:充分、合理、有据 ■层次分明,逻辑性强,要点清楚,内容安排得当;注意合理分段
结束语	■再次重述文章的主题(句) ■再次明确重申作者的观点 ■提出解决问题的办法与对策 ■展望本研究领域的前景 ■指出本研究的不足 ■结论或结束语的写法:总结式、评论式、问题式、建议式等
注释	包括:脚注;夹注;尾注

续表

项目	写作要求
参考文献	■真实反映文章观点的可靠依据 ■体现作者严谨的科研态度 ■体现对前人/他人研究成果的尊重 ■给读者指引资料检索 ■参考文献的标注方法:著者. 年代. 书名[M].出版地:出版社名称,页码. 作者. 年代.文章题目[J].期刊名称,期刊期号:页码. 注:M＝专著、C＝论文集、A＝论文集内文章、J＝期刊文章、N＝报纸文章、P＝未出版的会议论文、D＝博士论文、MA＝硕士论文、DB/OL＝联机网上数据库、M/CD＝光盘图书、J/OL＝网上期刊、EB/OL＝网页文件。
附录	■便于读者理解文章内容 ■便于读者深入进行相关研究 ■图、表、问卷、试卷等

(6)修改论文。好的论文都是修改出来的。三易其稿从某种意义上讲是必须的。修改论文的过程中,注意从结构、内容等多重角度综合审慎地思考,以使论文涉及的内容与承载内容的结构和形式能够相匹配。在此过程中,要对论文中提出的主要观点进行一再的确认或订正。可以说,订正观点,增删材料、完善结构、润色语言、调整语句都是在修改过程中需要关注的重要问题。当然,在修改过程中,也要学会借助外力,多听他人的意见,如教学同伴是最好的评判者。在论文修改直到完稿的过程中,要注意不妨将每一次的改稿"冷处理"一段时间,多给自己一些思考的空间。

(7)定稿、投稿。论文定稿形成后,就涉及发表的问题。教学研究是一种科学研究,科学研究的目的是增进知识,而这需要通过平台交流和展现,这就到了我们常说的投稿阶段。任何一篇文章的发表,都需要有针对性地投稿。这就要求我们在投稿前,阅读欲投稿期刊近年来发表的文章,了解投稿期刊对来稿的要求,再次审阅文章是否适合发表在该期刊上。稿件发出后要注意及时关注稿件的处理情况,一般一定周期后稿件将被采用或弃用。需要注意的是,被退稿的论文并不是不好的论文,也不能说明自己的研究是无用功。只能说它不适合相关刊物,或者某些方面存在着不足。作者可结合相关杂志提出的修改意见进行修正和完善。

(三)教研小课题

针对思想政治(品德)课教育教学各要素存在的问题,借助研究方法进行研究,探索解决问题的办法,而展开的专题研究,通常称为教研小课题。思想政治(品德)方面的教研课题有很多方面,比如,关于新时期的时代特点与思想政治课教学的研究,关于现阶段中学生特点及其主要对策的研究,关于思想政治课课程标准和教材建设及其使用的研究,关于思想政治课教学手段及其现代化的研究,关于思想政治课情感教学的研究,关于思想政治课考试及成绩评定的研究,关于思想政治课与社会、家庭影响关系的研究等。

1.教研小课题的主要类型

教研小课题:根据研究内容不同,可以分为教学对象研究、教学内容研究、教学的方法研究等;根据课题主管单位不同,可以区分为不同级别的课题研究。当然,总体上一般可分为以下三个类别:

一是探索性研究。一般是在调研专题的内容与性质不太明确时,为了探索前人从未研究过的内容而进行的研究。比如研究新领域、提出新概念、新原理等。这种研究,主要是为了发现问题,从而得到关于调研项目的某些假定或新设想,以供进一步调查研究。这类研究难度比较大,持续时间也比较长。通常来说,一般要经过三个过程:首先,收集资料,提出问题并进行研究假设;其次,在问题及假设的基础上寻求规律;最后,提出新的观点或新的理念。从思想政治课来说,其教育教学相关的系统理论要素如下:(1)形成本学科的一些科学的概念;(2)利用这些科学概念表述有关原理、原则等;(3)对这些原理原则进行论证;(4)利用这些原则对某些教学现象作出评价、说明。

二是描述性研究。这种研究通常是利用已有的资料,按不同地区、时间或人群特征等分组,把相关事情及现象的情况真实地描绘、叙述出来。作为思想政治课程教育教学课题研究中的一类,它是思想政治这一科学发展的基础。

三是解释性研究。对教育教学中存在的问题进行原因及关联性分析等研究,被称为解释性研究。

四是发展性研究。即对前人研究的成果做进一步的深入探讨,对某些问题发表不同于以往的看法的研究。如对思想政治课中的许多观点提出新的看法,形成新的突破。

2.思想政治教师教研课题研究的基本步骤

进行思想政治课教师教学课题研究的步骤如下:准备阶段、实施阶段、总结阶段。[①]

(1)准备阶段。这个阶段是教学科研不可缺少的重要阶段,准备工作做得是否充分,对科研的成效产生直接影响。准备阶段主要完成确定课题、制订研究方案和计划的过程。

第一,确定课题。课题选择决定整个科研的取向,也是决定科研质量高低的重要因素。课题选择的好坏,关系到研究是否有价值,是否能出新意,是否会成功。确定课题,首先是确定选题;其次是对课题的价值性进行论证;三是要注意可行性,

---

① 彭隆辉,等.中学思想政治课教学与改革新论[M].武汉:武汉大学出版社,2011:134.

要根据客观现实和研究者的主观能力对课题研究的可行性进行论证。

在确定选题的过程中,方法很多,常有的有以下几种:一是质疑法。就是指通过怀疑,在已有的结论和基本理论中发现新问题的方法。已有的一些结论、习惯、常规和行为只存在相对的正确性,他们必定还有不完善的方面,或者还会在新的实践中提出新的问题。这些新问题有的明显可以看出,而不少问题要通过怀疑才能发现。怀疑是对事物和理论重新进行审定,从中发现新问题。思想政治课教学理论和教学实践的水平,目前处于较低的状态,许多问题都值得怀疑,值得研究。但是,怀疑不是随心所欲地乱猜疑,怀疑要有根据。与事实、经验相背离的东西可以怀疑,经不起逻辑推敲的东西可以怀疑。总之,只有事实确凿,逻辑合理,怀疑才能对原有理论构成"威胁"。二是变换思考角度法。这种方法就是从多种不同的角度,对原有的结论和理论进行新的认识,摆脱原有的思维定式,另辟蹊径,提出新的认识方法和认识结论。这种方法,发现问题的可能性是很大的。比如,以往研究教学法问题,较多的是研究教师教学的特点和规律,后来变换角度思考,发现学生学的方法和规律也非常重要,这样对学生的学法研究也会逐渐多起来。三是类比法。就是将本学科与其他学科研究对象相类比,找出彼此的相同、相似之处,然后借用其他学科的相关理论,迁移到本学科中来,找出本学科的研究课题。比如,运用系统论来分析思想政治课系统结构问题、社会主义核心价值理念形成与发展的关联性基础问题等。四是探究法。就是指从一般的现象性认识到本质认识。这需要我们以问题为基础,深入实地研究和考察,从中发现背后的规律和本质。

在选题初步确定后,还需要通过初步查阅资料,确认选题的价值。这里主要是两项工作,一是避免重复研究,二是在收集资料的过程中找出新的研究点和切入点。资料收集既要收集理论素材,也要收集事实素材。理论素材是指与自己的研究有关或可做正反面理论根据的理论观点、理论原则及各种其他材料。这些理论素材是前人或他人的研究成果,可以作为确定研究课题的证据,包括哪些问题已经基本解决,哪些问题还有待进一步补充和修正,从而找准自己研究的突破点。这项工作做好了,可以避免重复劳动。二是收集有关事实素材。进行教育教学研究,必须要有事实材料。事实材料是指建立论点、证明论题的有关典型事例、数据等客观素材。事实素材包括历史材料和现实材料。历史材料来自书籍、文件和报刊。这些素材中的有关资料和典型事例对于我们选题的典型性和代表性甄别都有一定的作用。当然,要想使课题价值性得到确认,就要注意素材搜集的原则:第一,材料收集要具有典型性和代表性;第二,事例和数据要都是真实的;第三,要对资料进行选择和分析。把收集到的材料进行分类排队,在此基础上,筛选出要用的东西。

第二,设计研究方案与制订工作计划。当然,无论多好的选题,都要能够操作执行。这就要求我们作好研究方案和研究计划。教学科研研究计划,是关于课题研究全过程的总体设想,是全部研究工作的框架安排,由以下几个部分组成;一是课题概述,包括课题名称、研究范围、研究界定;二是研究背景及目的、意义的说明;

三是课题研究的文献综述(或称为国内外研究现状);四是课题研究内容的说明;五是研究方法的说明;五是研究对象的说明;六是研究程序的说明,说明研究的步骤、研究的时间安排及各阶段的任务、要求、检测指标等;七是课题研究的创意、突破点和特色;八是研究成果的说明,主要说明成果采取的形式,成果的去向等;九是研究人员的说明,包括全体研究人员名单、课题组负责人及各成员的分工,各成员的条件;十是经费预算,说明所需经费的总金额、主要用途、分期使用数额等。

(2)实施阶段。准备阶段主要是基础工作,主体工程要在实施阶段完成。这一阶段主要根据研究计划中设定的研究方法和步骤对相关内容进行研究。在具体研究过程中可根据实际情况对计划进行适当性调整,完成预期目标和任务。

(3)总结阶段。对课题整体情况进行整理分析,形成成果。同时思考其可能存在的继续研究的可能性。

第二节　教研技能训练

一、思想政治教师教研技能训练的基本原则

没有规矩,无以成方圆。思想政治教师教研技能训练要想达成既成的目标,必须要依据一定的原则。具体说来,在思想政治教师教育教学研究技能训练的过程中需遵循以下原则。

(一)明确"教师是研究者"

"教师即研究者"观点的核心思想一般可概括为:改进教育实践,关键要靠真正进行教育活动的教师发现自己实践中的问题,思考解决办法来实现,教育改革的真正关键在于使教师得到发展,扩大他们的专业自主性。明确"教师是研究者"才能真正提升教育教学研究技能。

首先,教育系统本身是一个复杂的非线性系统,教育教学不可能被简化为简单的技术控制过程,因此教师应该是学者、研究者,而不是匠人。他们一方面具有课堂教学所必需的知识以及技能、技巧,另一方面还应具有对教育目的、教育行为的社会与个人后果、教育的伦理背景以及对教育方法、课程原理基础等更宽广的教育问题的探究、处理能力。否则,教师就很容易受技术型教师观的影响,成为技术型教育教师。这类教师视野被狭隘地限定于科目内容及传授方式上,因而既不能透彻地了解这些科目内容背后的目的,也不能深入了解其教学活动在学生身上产生的实际效果[1]。

---

[1]　申继亮.教学反思与行动研究[M].北京:北京师范大学出版社,2008:37.

其次,教育教学研究能力是教师专业素养结构中不可或缺的组成部分。作为教师,教学研究能力是其中之义。教学和研究,如同鸟之双翼,缺一不可。教学研究本身为教学积累素材,提供好的视野,更重要的是它使教师具备良好的观察能力和反思能力,使生活本身可以成为教学的素材。它使教师长期在教学中的积累可以得到提炼和升华。从教师自身成长和教学质量提高两方面来讲,教育教学研究能力是教师专业素养结构中不可或缺的组成部分。

最后,现代社会已不满足于教师仅是传统上的文化的继承者、给予者,当代教师更应该是知识的创造者。这就要求教师要以研究者的心态置身于教学情境之中,以研究者的眼光审视和分析教学理论与教学实践上的各种问题,对教育教学行为进行观察、反思,对出现的问题进行理论及行动探究,对积累的经验进行总结,使其形成规律性的认识,真正实现"教师即研究者"的定位。

(二)加强自身的理论素养

理论素养是一名思想政治教育者必备的基本素质,是工作能力的奠基石和顶梁柱。教师的基本理论素养直接决定了他的教育气质,教师的知识渊博程度直接影响着他的教学品位。所以,教师要不断学习,终身学习,不断用新的理念、新的文化充实自己,博采众长,做一名有内涵、理论素养底蕴深厚的老师。教师在完成具体任务和解决具体问题时,表面上看起来直接运用的是一些技巧或技能,但背后真正起核心和基础作用的是教师自身的基本理论素养。强调教师的理论素养,实质是强调理性思考的能力,特别是规律性思考,避免就事论事,避免从表象入手,避免凭感觉、经验办事。教学水平或科研水平说到底,实质上是一个理论水平和思想水平的问题。如果教师缺乏必要的理论素养,面对教学内容,难免既发现不了问题,也分析不了问题,更拿不出对策。事实上,教师的理论素养将影响这个人的人生视野,并最终影响个体的思维、情感和行为模式。尤其是作为思想政治教师,其理论素养中极为重要的一项,即是思想政治素质。只有加强自身的政治理论素养,才能使教师在教育教学工作中具有正确的政治方向、政治立场、政治观点和高度的政治纪律性、政治鉴别力、政治敏锐性。加强理论素养,需要做到以下几点:

1.坚持理论学习,提高理性思维能力和感性敏感力

加强理论素养,表现在具体的现实层面,首先就是要精通马列主义、毛泽东思想和邓小平建设有中国特色社会主义理论,并能够运用它解决改革开放和社会主义现代化建设中的现实问题,加强政治上的敏锐性和鉴别力;其次,也是非常重要的是,要拓宽视野,多阅读其他相关学科和非相关学科的书籍、文献,加强自身的问题敏感性。而对于相关问题的敏感性和鉴别力事实上建立在理性思维和感性感悟力的双重提升上:(1)提高理性思维能力。现代教师研究能力的增强,依赖于其理性思维能力的提升。理性是辨明、认识、阐述和评论真理能力的总称,是进行逻辑推理的能力和过程,它与感觉、知觉、感情和欲望相对。理性是人的本质属性,它能

促成动因或激发动机。其最高品行是不满足于现象的偶然排列,而要透过现象把握深藏于现象背后的规律。实践的困惑和迷茫反映出对理论理解的浅陋和偏离,只有将实践中反映出来的问题上升到理论层面加以剖析,才能探寻到根源,使主体的合理性水平得到提升和拓展。如此,方能使教师能真正通过事物的表面现象看到问题的本质,在工作及生活中真正把握事物的内部联系和客观规律性,避免满足于表面工作而不能深入一层,避免使自己成为一个缺乏创见的"以其昏昏,使人昭昭"的教育者。(2)感性秩序的重建。在现代社会发展的过程中,理性及理性思维的重要性被提升到了一个前所未有的高度。它造成的直接后果是,人们逐渐对很多鲜活的社会事实丧失最起码的敏感性和思维力。增强理论素养的一个重要表现,就是要重建思维的感性力量。

2. 要树立终身学习的观念,培养高境界

理论学习不是一蹴而就的事情,是一个持之以恒,持续一生过程。这个过程,是一个艰苦的过程。不能将学习当成阶段性的任务,更不能将理论当作工具来学习。我们应该把学习作为一种生活方式,坚持活到老,学到老。要知道理论掌握得越多,思想境界自然就会越高,胸襟也会越宽广。五是要树立学以致用、用以促学、学用相长的观念。坚持以学习上的进步促进工作上的前进,不断培养分析新矛盾、解决新问题、研究新情况、摸索新经验的学习精神,切实让理论学习成果进入思想、进入决策、进入实践。

3. 加强系统的理论学习

要真正增强理论素养,系统的理论学习是必需的。任何新观念的内化一般都要经历接受、反应、评价、组织和个性化等五个由浅入深、由不稳定到稳定的过程。只有以主体身份投入到系统的理论学习中,作为教师,我们的教育教学观念、教育教学行为和能力才会有本质性的提高,从而成长为专家型教师。这种系统的学习,一是将知识作为系统性的科学知识来学习;二是学习的方式也必须具有一定的系统性。换句话说,教师的理论学习,不单是一个理论学习的过程,还应当包括通过实践学习,吸收他人归纳出来的已经获得确证的知识,拥有"实践的智慧"。而要获得这种实践的智慧,就必须在理论指导的基础上提高教师的自知与自我意识,使学习真正系统化。深刻的自知之感,能保护个体不致坠入错误表述、偏见和虚假意图的深渊,"意味着独立的自我意识和自我控制能力的形成,它把个体对自身发展的影响到自觉的水平"。[①] 它可以使教师在自我专业发展需要和意识下成为具有深厚理论素养的教师。

(三)将新课程理念转化到教育教学实践及研究中

加强教师教育教学研究,除了要本着研究者的姿态,加强自身的理论素养外,

---

① 叶澜. 教育概论[M]. 北京:人民教育出版社,1991:217-218,219.

还要结合新时期学生及社会发展的需求,将新课程理念的要求转化到教育教学研究中来。

一是注意研究新课程理念本身,并从理论和实践的角度分析研究,找出其转化为教育教学过程的方式、方法。新课程理念要求学生具有爱国主义、集体主义精神,热爱社会主义,继承和发扬中华民族的优秀传统和革命传统;具有社会主义民主法制意识,遵守社会法律和社会公德;逐步形成正确的世界观、人生观、价值观,具有社会责任感,努力为人民服务,具有初步的创新精神、实践能力、科学和人文素养以及环境意识;具有终身学习的基础知识、基本技能和方法;具有健壮的体魄和良好的心理素质,养成健康的审美情趣和生活方式,成为有理想、有道德、有文化、有纪律的一代新人。基于此,新课程理念强调教学要面向全体学生,提高学生的科学素质,指导学生进行探究性学习。它要求教师在教育教学过程中要加强以下教学技能:如导入技能、语言技能、板书技能、教态变化技能、演示技能、讲解技能、提问技能、反馈强化技能、结束技能、教学组织技能等,最终将新课程理念融入其中,并尝试研究将理念转化为技能及过程的方式、方法。

二是结合教育教学的实际情况,在教学实践中寻找新课程理念存在的发展性空间。新课程倡导"以学论教,教是为了促进学",倡导:(1)教师教学的有效性首先体现在能否调动全体学生的学习积极性,促进学生对知识的主动建构;(2)教师与学生,学生与学生之间保持有效互动,教师在教学中应始终是学生学习的促进者、指导者和合作者;(3)应该重视学生对知识的真正理解;(4)使学生获得对学习的积极体验与情感;(5)应该促进学生形成良好的思维品质和学习方式,等等。应该说,这些理念都是人本教学理念的体现。但是,在教学过程中,我们还是会遇到一些现实性的困境与难题。如何结合教学情况,在教学行动及反思中寻找新的突破和发展,也是将新课程理念转化到教学研究中的体现之一。

(四)做生活的有心人,用心观察并反思

观察的作用在于,它通过对他人示范行为及其结果的观察而形成一些新的认识。它包括观察与反思,在此基础上,人们不必直接做出行为,不必亲身体验强化,就可提高科研教学的效率。思想政治课教师工作在教学第一线,他们的研究与思考都与他们自己的教学有关,可以在教育和生活中获得第一手的鲜活资料,这些都可以作为形成和检验更为基础的教育理论所需要的材料。它是我们理性认识和理性分析能力提升的感性和经验基础。一般来讲,教师在日常工作和生活中本着新课程理念观察学习,应注意八个"关注点":(1)关注学生的潜能;(2)关注学生的多元智能;(3)关注弱势群体;(4)关注评价中的"无法量化"或"不确定"的内容,尤其要关注德育中的道德评价和学习过程中"情感态度与价值观"的评价;(5)关注"违规事件";(6)关注对学生的"无意伤害";(7)关注教师自身的行为效应;(8)关注学生生活中的反评价因素;等等。在观察的基础上,教师要正确使用个体内化方

法。个体内化的基础是观察学习,而要真正做到个体内化,必须注重反思,如此才能真正将新课程理念转化为教师及学生的主观认同和行为体系。

（五）贯彻理论与实践、教学与研究相结合的原则,将理性认知转化为教育行动

思想政治课教育教学研究,要贯彻理论结合实践、教学与研究统一的原则。在教育教学研究中,我们除了做生活的有心人,观察教育对象及相关现象和事实外,必须结合理论研究,将理论转化为我们自身的教育思维、情感及行为,注重教学与研究的相辅相成,如此才能真正推进教育教学研究的长足发展。事实上,以理论为基础的实践是教师研究发展的基础和生命。但研究中所含创新之义是在实践的超越中获得的。当然,这里所说的实践,更大程度上是指的教育实践。真正善于研究的人,是对活生生的人和实践感兴趣的人。只有这样的人,才能在为使人类与社会变得更美好的教育研究事业贡献自己智慧、力量与生命的同时,使自己也变得更加美好。

二、思想政治教师教研技能训练的内容和方式

新教师(或师范生)教研技能的培养与训练主要通过教学反思、教研论文和教研调查报告(或教研小课题)来进行。其中,重在教学反思。教学反思是整个教研技能的基础,甚至是核心。

（一）训练的内容和要求

教学科研是求新、求真的过程,更是一项既费脑又费时的艰苦工作,任何一个教学科研成果的产生,都来之不易,需要经过较长的时间和一整套的过程。需要不断地学习、训练和深化。一般来讲,思想政治课教师教学研究技能的训练可以循序渐进,主要从以下三个方面展开、深入。

1. 教学反思

针对微格教学环节教学、主题教学、一课时教学及时进行教学反思,包括对教学进程、难易程度、学生接受情况、师生互动情况、突发事件的解决、教学思路的设计、教学目标的达成等内容的反思,并撰写教学反思记录。教学反思必须做到"有感而发,有感而记"。可以是反思日记,也可以是周记等多种表现形式。

（1）教学反思写作的具体要求。撰写教学反思要注意相关的原则和要求,才能事半功倍。一是问题性原则:从自己感受到的问题或困惑出发来写;二是具体性原则:从实践的真实发展过程来写;三是评价性原则:不仅记录事件的发生与发展,更重要的是分析其发生的原因,探讨解决的对策。遵循此原则,在写反思日记之前,需要根据不同的教学要素,应综合思考如下问题:①根据学生和教材的特点,我们教学目标是什么? 今天的教学是否达到了预期的目标? 为什么? ②今天的教学

对学生都有哪些帮助,举例说明。③今天的教学内容是否有助于学生未来的发展? 为什么? ④今天采用了哪些教学方法,进行了哪些教学活动? 其优点、缺点各是什么? ⑤今天是否设置了特殊的教学情境? 其目的是否达到? 为什么? ⑥今天的课程教学中令我印象最深刻的是什么? 为什么? ⑦我在今天的教学中采用了哪些方法来评价学生的学习情况? 自己觉得这些方法好吗? ⑧今天的教学对我将来的教学有何帮助与启示?

(2)反思日记的基本内容。一是日记的日期与事件发生的时间;二是对一天(一段时间)中所发生事件的概括性记录;三是对令人兴奋、疑惑的或已经证实的一两个事件进行深入、详细的记录与分析,分析的维度如下:①对事件的所有可能的解释;②事件的意义;③已经学会的内容;④提出的问题;⑤自己对事件的看法;⑥在此事件中,我的责任是什么……

(3)教学反思格式。在开始学习教学反思时,我们可以参照以下格式。

授课题目_____　　授课时间_____　　日记记录时间_____

1. 教学成功之处

(教学目标是什么? 为什么达到了? 课程教学过程中学生的精彩回答、课堂教学中的"偶发事件"的精彩处理等)

……

2. 教学的遗憾之处

(描述事实,并对其进行分析)

……

3. 自己最深的感受、最想说的一句话

……

但是,这种格式化的方式也会束缚我们的思维。随着我们对反思日记的深入理解,并且形成良好的反思习惯后,我们可以尝试多种不同的反思日记形式。

2. 教研小论文

学习优秀教研论文,对文章的研究对象、切入点、研究方法等进行分析,解决师范生教研论文写作中存在的选题难等问题。在此基础上,以思想政治(品德)课程教学内容、教学对象或教学方法为研究对象,撰写2 000字左右的教研小论文。

撰写教学论文的若干要求如下:一是要选题得当。好的选题是成功的一半。二是着力构思总体框架,结构合理,逻辑严密。也就是将选题落实为具体的逻辑框架。其实质就是在研究目标的指引下,在正确的理论原则的指导下,在对事实的科学认识的基础上,进行复杂的思维活动和理论思考,使科学事实上升为科学理论。具体说来,构思框架既要回答"是什么",又要回答"为什么",最后提出一些新的科学理论,这个过程就是提出科学概念、作出科学判断,进而构建理论体系的过程,在这个过程中,也就解决了"写什么"和"怎么写"的问题。形成科学理论是教学科研实施阶段的高级任务,是一项艰巨的脑力劳动,关键在于要拓展思路。构思总体框架,大体上分三步走:第一步是确定论点体系;第二步是确立论证体系;第三步是拟好写作提纲。三是注重写作过程中,观点突出,一目了然。四是语言规范。五是引文精当,有引必注。

3.教研调查报告(小课题)

通过学习优秀教研调查报告,对教研调查的对象、切入点、调查方法等进行分析,学习报告写作的基本要求,解决师范生教研调查报告写作中存在的选题难等问题。在此基础上,以思想政治(品德)课程教学内容、教学对象或教学方法为研究对象,拟订教研调查小课题申报材料及课题报告。

(二)训练的方式和步骤

1.训练方式

以个人为主,在个人—小组—个人的交流修改过程中,开展教研技能不同内容的训练,以提高教学研究技能。

2.训练步骤

以反思日记为基础,在小组课题的基础上,完成研究报告和教研论文。

可以自行分组,也可以由教师分组。完成从选题到完成某项研究的过程。如"新课程理念的贯彻与执行",这一问题如何转化为课题、选题,并形成反思日记、教研论文、课题报告等。

第九章 思想政治教师信息检索技能

学习目标

1. 明了思想政治(品德)课教师信息检索的重要性及内容。
2. 掌握思想政治(品德)课教师信息检索的基本步骤和方法。
3. 在训练中提高教师信息检索技能。

对一个思想政治教师来说,教学和科研的长足性发展都离不开信息检索。信息检索的意义主要在于:第一,它可以使我们有效地继承前人经验,提升教学、科研水平。通过信息检索和文献阅读,我们可以避免科研工作的重复劳动,节省科研经费和工程投资,使自己的教学科研成果始终处于领先水平;第二,研究过程中课题的确定、规划的制订、方案的取舍、难点的攻关,成果的鉴定和总结,都离不开信息检索;第三,有助于教师综合素质的发展。由于知识剧增,学科越来越多,越分越细,任何人都不可能在学校里学完工作所需要的全部知识。在学校里,最重要的是培养获取知识的能力。信息检索是教师独立获取知识的一项很重要的能力。通过信息检索,思想政治教师可以掌握情报检索的知识和方法,找到所需要的资料,掌握解决问题的方法,弄清知识的来龙去脉,锻炼和培养分析问题和解决问题的能力。

第一节 信息检索概述

思想政治(品德)课程信息检索在教学及科研中固然有其重要的作用,但这些作用要真正展现出来,服务于我们的工作、生活,必须了解思想政治(品德)课程信息检索的特点、来源、方法及途径等。

一、思想政治(品德)课程信息检索特点

思想政治(品德)课程信息检索的内容和类型相当广泛。按上述研究内容、对象划分就已经非常庞杂。按照资料的载体形式分,思想政治课教学资料可至少分为以下三类。第一类是文字性的参考资料。包括各种典故、寓言、史实、故事、谚

语、诗词歌赋、当代真人真事、典型社会现象等。第二类是图像类资料。包括图片、照片、图表、图解图示等。第三类是影像资料。包括音乐、电影、电视片段等。这些既可以在教学中广泛使用，也可以适用于教学研究。

二、思想政治（品德）课程信息检索的来源与方法

思想政治（品德）课程信息来源实际上很多，甚至包括通过问卷调查，实地观察、访问等方法得到的信息，这些都有利于我们有效地进行思想政治（品德）课程教学和研究。不过，就狭隘的信息检索来说，主要是文献检索方法。本章主要就这部分进行探讨。

（一）思想政治（品德）课程信息检索的来源

思想政治（品德）课程信息检索来源主要有四类，具体如下：

1. 印刷型文献，获取方式主要是手工检索

通常包括书籍、杂志等。在图书馆、书店、资料室等地方通过手工检索可以获取。当然，按照文献具体来源分，印刷型资料可分为以下三类：个人文献、官方文献和大众传播媒介。个人文献主要指个人的日记、自传、回忆录及信件等。官方文献主要指政府和有关组织的记录、报告、统计、计划、信函等；大众传播媒介主要指报纸、杂志、图片等。这些印刷型资料获取的主要方式是手工检索。

2. 电子文献数据库，获取方式主要是网络检索

电子文献数据库在某种意义上构成了虚拟图书馆的主体。正是这些数据库组成了我们所谓的虚拟图书馆。事实上，虚拟图书馆也是一种网络信息利用工具。它针对某一学科或领域的研究者的需要，将互联网上与之有关的各种资源线索，包括与该学科或领域有关的研究机构、实验室、电子书籍、学术期刊、会议论坛、专家学者等的网页地址，进行系统地收集、核实并加以组织，以网站、网页或数据库形式提供给用户浏览或者检索。

3. 一般的互联网搜索

互联网信息资源由连接在网上的计算机中的无数信息、网上的各种信息工具以及网络通信渠道三方面构成。网络信息资源的特点是数量庞大、增长迅速；更新频繁、变化无常、分布散乱；良莠混杂。这些信息虽然庞杂，但这些网络学术信息却不能唾手可得。它需要我们掌握一定的搜索引擎及用法。搜索引擎按其工作方式主要可分为三种，分别是全文搜索引擎（Full Text Search Engine）、目录索引类搜索引擎（Search Index/Directory）和元搜索引擎（Meta Search Engine）。我们常见并使用的是全文搜索引擎。它是真正意义上名副其实的搜索引擎，国内著名的有百度（Baidu），国外最有代表性的则有 Google、Fast/AllTheWeb、AltaVista、Inktomi、Teoma、WiseNut 等。它们都是通过从互联网上提取的各个网站的信息而建立的数据

库中,检索与用户查询条件匹配的相关记录,然后按一定的排列顺序将结果返回给用户。目录索引中最具代表性的莫过于 Yahoo、搜狐、新浪、网易搜索。元搜索引擎最著名的有 InfoSpace、Dogpile、Vivisimo 等。中文元搜索引擎中具代表性的有搜星搜索引擎。除上述三大类引擎外,还有以下几种非主流形式:一是集合式搜索引擎,如 HotBot 在 2002 年底推出的引擎。二是门户搜索引擎,如 MSN Search 等虽然提供搜索服务,但自身即没有分类目录也没有网页数据库,其搜索结果完全来自其他引擎。三是免费链接列表(Free For All Links,简称 FFA)。这类网站一般只简单地滚动排列链接条目,少部分有简单的分类目录。

4. 专门研究机构的数据库

许多研究机构在社会调查的基础上,基于一定的数据及资料积累,形成了专门的社会科学资料数据库,其中许多资料可以作为我们研究中的借鉴。比如,中国人民大学中国调查与数据中心(National Survey Research Center at Renmin University of China,NSRC)的中国人文与社会科学调查数据库。中国人民大学中国调查与数据中心成立于 2009 年 3 月,是由中国人民大学直属的跨学科、跨院系的综合性科研机构。中心的宗旨为科学、系统、全面地采集、整理、存储与开发中国经济与社会调查数据,进行调查方法与相关技术的研究开发,实施具有重大科学与现实意义的大型科研项目,为科学研究和政府决策提供数据支持。其中国人文与社会科学调查数据库以承担的众多的经济与社会调查项目为依托,建成了中国社会调查数据库,整理、存储了我国大量的经济与社会调查的数据,提供给科研机构、政府部门和事业单位相关人员使用。中国人文与社会科学调查数据库是我国第一个大型的、开放性的人文社会科学调查数据库,按照国际上先进的数据库标准与技术建立,是国际社会调查协作组织(ISSP)调查数据库和东亚社会调查(EASS)数据库的结点数据库,目前已有数千名单位用户,包括国内外主要的大学、科研机构及政府机关和企事业单位。被视为对中国社会进行定量科学研究最重要的数据来源之一。

(二)思想政治教研信息检索方法、途径

按照检索结果及获取的途径可以做如下划分:

1. 按照获取信息的内容划分

按照获取信息的内容划分,信息检索可划分为:(1)数据检索:以文献中的数据为对象的一种检索。如查找某种现象的量化资料;(2)事实检索:以文献中的事实为对象,检索某一事件发生的时间、地点或过程,如查找鲁迅生于某年;(3)文献检索:以文献原文为检索对象的一种检索。

2. 按照信息检索的手段划分

按照信息检索的手段划分,信息检索可分为以下两种:(1)手工检索;(2)计算机检索。

（1）手工检索。手工检索工具按编著方式可分为：目录、题录、文摘和索引。[①]

①目录。目录是对单独成册出版的文献特征的记载或其他特征的记载和描述，主要用于检索国内外的图书、期刊。如检索期刊目录有《全国报刊简明目录》《中国报刊大全》《中国科技期刊简介》《中文科技期刊联合目录》和《全国西文期刊联合目录》等。这些工具可帮助我们直接索取所需要的报刊原文。

②题录。题录是以文献中的"篇"作著录单元的检索工具。在日常生活中，人们往往称题录为索引，如《全国报刊索引》本身就是一个典型的题录型检索工具。

③索引。索引是指将特定范围内的某些文献中的有关知识单元，如主题、著者、地名、分子式、号码等，按照一定的原则和方法编排并指明其出处的一种检索工具。索引在文献检索领域有广泛的应用，不同的标目系统构成不同的索引，例如，按照文献外部特征编制的刊名索引、篇名索引、著者索引、引文索引等，按照文献内容特征编制的分类索引、主题索引。比较著名的索引有：《科学引文索引》（美国）、《中国科学引文索引》、《科学评论索引》（美国）、《科学技术会议录索引》（美国）等。

④文摘。文摘是一种报道文献内容浓缩后的检索工具，它以精练的语言把文献信息的重要内容、学术观点、数据以及结构准确地摘录下来，并按一定的著录规则与排列方式编排起来，供读者查阅。根据对文献内容揭示的深度或报道的详细程度，文摘可以分为三种：一是指示性文摘：以读者对论文内容不产生误解为原则，主要揭示文献主题、内容梗概、交代文献探讨的范围和目的，一般为 100～150 字；二是报道性文摘：概括叙述原文中的重要事实情报，包括研究对象、目的、性质、手段、条件、方法、基本观点、推理结果等，是对原文内容的浓缩，一般为 500～800 字；三是评论性文摘：即在上述类型文摘的内容基础上，还包括文摘员的分析和见解。我国的文摘检索刊物一般由分类目次、文摘正文、辅助索引三部分组成。目前国内外出版的文摘型检索工具已达 4 000 多种。比较重要的有：《化学文摘》（美国）、《科学文摘》（英国）、《工程索引》（美国）、《中国学术期刊文摘》《期刊工作文摘》等。

总体来说，手工检索主要适用于纸质印刷书刊文献，特别是早期文献信息的查找。其主要优点是检索时间和范围都不受限制。但是手工检索耗时多，查找效果往往不如计算机信息检索好。

（2）计算机信息检索。计算机信息检索主要适用于已经数字化的近期文献信息和动态性信息的查找。目前这种信息检索方式甚至在某种程度上已经代替了手工信息检索，成为信息检索中的主流。其优点可以从文献型数据库中以文献的发表年份、文献中提及的人名等查找相关文献，并且速度快、耗时少、查阅范围十分广泛。如果愿意，我们甚至可以查到国外刚刚出版的期刊论文的信息，其缺点是追溯时间受到一定的限制，检索费用也相对昂贵。

---

①　信息检索基础［EB/OL］.［2009-12-14］. http://hi. baidu. com/tsunwin/item/0e7c58717d997116d0dcb3de.

三、思想政治教师信息检索能力要求

无论通过哪种方式、方法进行信息检索,其目标都是服务于我们的教学和研究工作。而要使用好这些检索工具,达到预期的教学、研究目标,必须注意以下原则:

(一)能及时判断并准确检索信息

在加强自身信息检索能力的过程中,首先我们要学会并锻炼的是判断信息的有用性和有效性。而且这种判断,要求及时、准确。因为很多我们教学和研究需要的信息和资料来源于工作和生活中的细节,许多甚至稍纵即逝。比如,行走在街道上,看见的一些现象;与人交流时的灵光一闪;看电影、电视过程中的体会及电影本身的可用性……如果没有及时准确的信息判断力,这些信息是很难被捕捉和保存的。这种能力看起来简单,但真正具备并非一日之功。它要求我们对思想政治(品德)课程相当熟悉并具备一定的理论素养和反思能力。如此才能灵活采集生活工作中的信息资料,并在浩如烟海的网络信息中甄别闪光的珍珠。

(二)熟练运用相关信息搜索引擎

信息搜集,除了搜集现成的信息外,还要注意在现有信息资料的基础上,熟练运用搜索引擎,丰富并深化相关知识。运用好这一技能,既要求使用者本身能有良好的专业素养,对相关信息认识全面,也要求使用者要熟练运用相关信息搜索引擎。如此方可从不同角度完善和丰富相关信息。熟练运用相关信息搜索引擎,需要注意以下几点。

一是要注意搜索关键词的提炼。选择搜索关键词的原则是,首先确定你所要达到的目标,即我要找什么资料? 然后再分析所需要信息的共性及特性,最后从这些方向性的概念中提炼出最具代表性的关键词。有了关键词,往往就能迅速找到需要的资料。而且多数时候你具备了这项技能,基本上不需要用到其他更复杂的搜索技巧。

二是细化搜索条件。搜索条件越具体细化,搜索到的结果也会越精确。

三是用好搜索逻辑命令。搜索引擎基本上都支持附加逻辑命令查询,常用的是" + "号和" − "号,或与之相对应的是逻辑命令 AND、OR 和 NOT。用好这些命令符号可以大幅提高我们的搜索精度。

四是精确匹配搜索。除利用前面提到的逻辑命令来缩小查询范围外,还可使用" " "(注意为英文字符。虽然现在一些搜索引擎已支持中文标点符号,但顾及其他引擎,最好养成使用英文字符的习惯)来进行精确匹配查询。

(三)能准确筛选信息

当信息采集及保存工作完成,分类及筛选工作也是很重要的。要注意将搜集到的有用信息整理分类,尤其是要注意筛选。这种筛选分两类:一是在搜集信息的时候进行筛选。从繁杂的资料筛选对课程教学及研究有用的信息和资料。二是在搜集到的信息中进行筛选,哪些符合相关教学及研究。在此基础上可形成文献综述等相关资料。

四、信息检索的步骤

信息检索是一项实践性很强的活动,它要求我们善于思考,并通过经常性的实践,逐步掌握文献检索的规律,从而迅速、准确地获得所需文献。一般来说,信息检索可分为以下步骤:(1)明确查找目的与要求;(2)选择检索工具;(3)确定检索途径和方法;(4)根据文献线索,查阅原始文献或二次文献。

第二节　思想政治教师信息检索技能训练

一、思想政治(品德)课程信息检索的原则

思想政治(品德)课程信息检索训练的技能本身并不复杂,把握训练的原则是训练的起点。只有遵循以下原则,这种训练才真正有了依托和支撑。在很大程度上,这些原则保证了信息检索训练的有效性和方向性。

(一)明确信息检索的目的与要求

全面准确地分析检索的目标,是开展检索的基础,也是提高检索效率、保障检索工作顺利实施的关键。要做好信息检索,必须明确信息检索的目的。在使用信息检索的过程中,既有一般性的日常积累性的搜索,也有特定目标的信息检索。不同的目的,信息检索的要求实际上有很大的不同,对其内容和形式的要求也不尽相同。因此在开始检索之前,必须明确自己的检索目的,是需要该课题系统而详尽的信息,还是需要该课题最新的信息,或者只是需要该课题的片段信息解决一些具体问题。明确信息检索的目的,也是明确以下内容的过程:(1)明确信息检索的主要内容。找出检索相关的教学和研究需要解决的关键,从而归纳出几个既能代表信息需求又具有检索意义的主题概念,包括哪些是主要概念,哪些是次要概念,概念之间的相互关系,等等。(2)明确检索内容涉及的学科范围。搞清其所涉及的学科领域,是否属于多学科或交叉学科,以便按学科选择检索工具(系统)。(3)明确课题需要的文献类型、语种、地区、时间范围等。

(二)确定检索途径和方法

根据确定的检索途径和检索方法,利用检索语言在检索工具中进行查找,获得

检索结果,是检索工作的真正实施,也是检索原则的充分体现。如果发现检索出的文献不符合检索课题的要求,还需要对检索策略进行及时的调整。所调整的方面包括对检索工具、途径、方法与技术的选用调整,以获得最佳的检索效果。常见的检索工具形式是各种连续出版的检索刊物。根据检索目的和信息需求选择恰当的权威的检索工具将直接影响检索效果。首先应从检索需求出发,考虑该课题所属学科及其相关学科领域内有哪些检索工具(系统),然后根据检索工具(系统)的质量、性质、文献类型、时间范围、检索人员以往的经验等,选定符合要求的检索工具(系统)。在利用检索工具查找文献时,主要是通过各种检索途径来查找文献线索。所谓检索途径,就是利用文献信息的某种特征作为检索标识来查询相关信息的途径,又称为检索点或检索入口。根据文献信息所具有的物质属性与价值内涵,信息特征可分为外部特征和内容特征。一般来说,每种检索工具都为检索者提供多条检索途径,所以要从检索课题的已知条件和要求出发,从文献的外部特征和内容特征入手,选择合适的检索途径进行检索。如果检索课题要求的是泛指性较强的文献信息,则最好选择分类途径;如果要求专指性较强的文献信息,则最好选用主题途径;如果事先已知文献题名、著者、号码等条件,则可以利用题名途径、责任者途径、号码途径进行检索。

（三）根据文献线索,尽量查阅原始文献

大多数情况下,检索工具(系统)只能提供文献信息的线索,用户若要阅读原文,还需要通过馆藏目录、馆际互借、原文传递、直接向作者索取等渠道或方式获取原始文献。

（四）注意保证信息获取全面性与正确性的策略

信息检索总是根据一定的课题进行的,但对所研究的课题,并不需要其全部信息。要想在数量庞大、类型复杂、内容专深、文种多样的信息海洋中迅速、准确地查找到满足要求的信息,必须制订查找信息的策略。(1)先国内后国外。首先,利用国内检索工具或用中文编辑的报道外文的检索工具入手检索。这样,检索者可以从自己熟悉的文字很容易掌握课题的概况,并可以从中选择出切题的关键词、主题词,为进一步查找外文检索工具提供方便。(2)检索时多选几个同义词、近义词。信息语言复杂多变,作者使用的语词不尽一致。为了避免漏检,检索时应尽量多选几个同义词、近义词作为检索词。(3)巧妙地利用上下位词的关系。检索时要求查全率高而不计查准率时,可利用上下位词进行检索。(4)尽量避免从字面出发选择检索词。在检索时,应尽量从内容上进行选词,以避免有关问题因选词不当被漏检。(5)变换检索词的词序。某些课题,在检索中反复查找而没有结论时,应考虑倒置词序的可能。检索词序的准确与否是检索成败的关键。(6)利用参见系统,扩大检索范围。绝大多数检索工具中的主题词表或主题索引中均设有参见项,检索时分别查找各有关的标题,以获取某一课题的全部信息。①

二、思想政治教师信息检索技能训练

加强并提升思想政治教师信息检索技能,需要在上述原则指导下进行适宜的训练。训练内容和步骤大致如下:

(一)训练内容

信息检索训练主要包括三大部分内容:信息收集、信息处理、说明信息来源。

1. 信息收集

教学与研究都需要大量的信息。要从不同的系统来源中选择最适合的资料和信息。

2. 信息处理

由于资料搜集是建立在大类问题搜集的基础上的,其用途各有不同。前期资料的搜集主要用于判断研究问题的确定,而后期这些资料是否能作为研究引用资料或教学资料来用,需要筛选和重新整理分析,甚至需要确认其有效性。有些收集到的资料甚至缺乏真实性和有效性。

(1)资料审查。消除资料中的虚假、差错、短缺、余冗等现象,以保证资料真实、可信、有效、完整、合格,从而为进一步整理分析打下基础。在这个过程中,最重要的是真实性审查,也称为信度审查。即看资料是否真实可靠地反映了研究或教学内容的客观情况。这个主要通过以下方式进行判断:一是根据已有的经验和常识进行判断,一旦发现与经验、常识相违,就要再次根据事实进行核实;二是根据材料的内在逻辑进行核查,如果发现资料前后矛盾,或违背事物发展的逻辑,就要找出问题所在,剔除不符合事实的材料;三是利用资料间的比较进行审核。如果资料是用多种方法获得的,可比较这些从不同渠道获得的资料有无出入,以此辨别真伪。② 除了真实性,还要看资料分量是否合适、资料的广度与深度如何、资料是否紧凑、完整,有助于教学与研究工作的开展。

(2)资料分类。资料处理的第二步是资料分类。经过真实性、准确性和适用性审查后,资料仍是杂乱无章的,必须经过进一步的加工整理,使之条理化和系统化。分类具有两重意思,一是将相异的资料区别开来;二是将相同或相近的资料合为一类。这是一个使繁杂的资料条理化、系统化的基础,它可以为教学或研究主题找出规律性的联系。

(3)资料的汇总和编辑。资料分类后,即可进行相应的汇总和编辑。汇总和

---

① 信息检索基础[EB/OL].[2009-12-14]http://hi.baidu.com/tsunwin/item/0e7c58717d997116d0dcb3de.

② 袁方.社会研究方法教程[M].北京:北京大学出版社,1997:424.

编辑资料的基本要求是:完整和系统,层次分明,能系统完整地反映研究对象的面貌;简明集中,要使用尽可能简洁、清晰的语言,集中说明研究对象的客观情况。

3.说明信息来源

教学也好,研究也好,使用不同来源的信息,都要注明出处。这就涉及资料来源的说明。当然,对资料来源的确认也是其中重要的一环。

(二)训练步骤

要训练信息检索技能,可以以某项教学内容或任务为基础训练教学资料的信息检索;也可以以某项课题或教研主题为依托,训练信息检索的技能。教师信息检索能力的训练常常与教研技能训练结合起来。

(1)确认教学或研究任务及主题;

(2)确认需要的资料的主题范围及获取资料的方式;

(3)搜集资料,尽可能搜集一手资料,对二手资料进行确认;

(4)处理信息,将之转化为理据材料,形成理论支撑;

(5)信息及资料运用;

(6)说明信息来源并进行确认。

训练1:给定主题进行信息搜索

根据教学与研究的需要,按固定主题进行搜索,完成相应的工作。在此过程中,主要包含以下内容或步骤:一是按主题直接输入;二是主题的相关内容或关键词进行搜寻。这种相关主题或关键词一方面来自自身的知识累积,另一方面可以通过搜集到的资料的内容或参考文献进行延展。这就是俗称的引文信息检索法,也称引文法。它是指利用文献后所附的参考文献、相关书目查找相关文献的方法,主要有两种方式:追溯检索法,即从文献信息密度较大的几种期刊的最近两三年中查出一批与检索课题有关的文献,再以这批文献所附的参考文献作为线索,找到第二批相关文献,以此类推获得一批与主题相关的文献;引文索引法,即利用引文索引,从被引论文开始查找引用它的全部论文的情况,通过此方法可得到与来源文献同一主题的一批相关文献,此方法用到专门的工具——引文索引,如《科学引文索引》(SCI)。当然,也可将直接利用检索工具检索文献信息的方法与引文法综合起来加以运用的方法。这种方法既要利用检索工具进行常规检索,又要利用文献后所附的参考文献进行追溯引文检索,分期分段地交替使用这两种方法,可以查到较为全面而准确的文献,是实际中采用较多的方法。检索时,可以根据检索课题的要求和对课题有关文献线索的掌握情况选择不同的检索方法,以便达到省时省力、查全查准的目的。

训练2:根据教学内容进行信息检索

根据某一章节的教学内容进行信息检索。可拆分为主题及相关资料搜索。请根据上述步骤与要求进行训练。

参考文献

James C. McCroskey, Virginia P. Richmond, Linda L. McCroskey. 课堂教学交流指南——交流在教学和培训中的作用[M]. 张艳华, 译. 北京: 中国轻工业出版社, 2006.

Robert D. Lock. 把握你的职业发展方向[M]. 钟谷兰, 曾垂凯, 时勘, 等, 译. 北京: 中国轻工业出版社, 2006.

百度文库. 世界最著名的十大演讲(白金演讲辞)[DB/OL]. http://wenku. baidu. com/view/a8cdba0116c1749ed. html.

程光泉. 普通高中思想政治课程分析与实施策略[M]. 北京: 北京师范大学出版社, 2010.

丁嘉林. 浅谈政治课的板书设计形式[EB/OL]. http://wenku. baidu. com/view/035fac3b580216fc700afde5. html.

方贤忠. 如何说课[M]. 上海: 华东师范大学出版社, 2008.

冯鸿滔. 心理学教程[M]. 北京: 中国人民大学出版社, 2012.

冯忠良, 伍新春, 等. 教育心理学[M]. 北京: 人民教育出版社, 2010.

高中思想政治课板书设计研究[EB/OL]. http://wenku. baidu. com/view/46d493f0f61fb7360b4c651c. html.

顾志跃, 等. 如何评课[M]. 上海: 华东师范大学出版社, 2009.

顾志跃. 转型中教育评价[M]. 上海: 上海科技教育出版社, 2005.

郭友. 新课程下的教师教学技能与培训[M]. 2 版. 北京: 首都师范大学出版社, 2007.

胡田庚. 新理念思想政治(品德)教学技能训练[M]. 北京: 北京大学出版社, 2009.

湖南省教育厅. 中学教育教学基本技能[M]. 长沙: 湖南人民出版社, 2006.

黄晓红. 试论板书之"前世今生"[J]. 现代阅读, 2011(8).

教育部师范教育司. 教师专业化的理论与实践[M]. 北京: 人民教育出版社, 2003.

李强华, 高耀东. 中学思想政治课教学论与教学技能实训教程[M]. 北京: 中国传媒大学出版社, 2011.

李壮成. 新课程教师论[M]. 成都: 四川大学出版社, 2010.

孟庆男.思想政治新课程教学论[M].长春:东北师范大学出版社,2007.

彭隆辉,孙继儒.中学思想政治课教学与改革新论[M].武汉:武汉大学出版社,2003.

皮连生.学与教的心理学[M].上海:华东师范大学出版社,2003.

舌战曼哈顿——联合国50周年大会特别纪念会各国首脑精彩演讲全录[M].南昌:江西人民出版社,1996.

沈毅,崔允漷.课堂观察——走向专业的听评课[M].上海:华东师范大学出版社,2008.

视频:93年国际大专辩论赛决赛——辩题"人性本善"[DB/OL]http://v.youku.com/v_show/id_XODQxMjUyNDQ=.html.

视频:普通话水平测试训练上一[DB/OL].http://v.youku.com/v_show/id_XODg2NjczNTI=.html.

视频:普通话水平测试训练下一[DB/OL].http://v.youku.com/v_show/id_XODg5NzE2MzI=.html.

视频:普通话水平测试训练中一[DB/OL].http://v.youku.com/v_show/id_XODg5NjI1MDQ=.html.

唐成和.不容忽视的课堂板书与板画[J].DOI:10.3969/j.issn.1001-8972.2011.19.097.

田丽.现代化的课堂教学中更应重视黑板板书[J].现代阅读,2012(4).

王鼎宏.新课程高中教师手册.政治.[M].南京:南京大学出版社,2012.

谢树平,等.新编思想政治(品德)教学论[M].上海:华东师范大学出版社,2006.

信息检索基础[EB/OL][2009-12-14].http://hi.baidu.com/tsunwin/item/0e7c58717d997116d0dcb3de.

许习.浅谈思想政治课的板书设计[EB/OL].http://www.diyifanwen.com/jiaoan/zhengzhijiaoxuefansi/0812261014324825063.htm.

于淑云,黄友安.教师职业道德、心理健康和专业发展[M].北京:首都师范大学出版社,2007.

袁方.社会研究方法教程[M].北京大学出版社,1997.

张学敏.课堂教学技能[M].重庆:西南师范大学出版社,2000.

周勇,赵宪宇.说课、听课与评课[M].北京:教育科学出版社,2004.